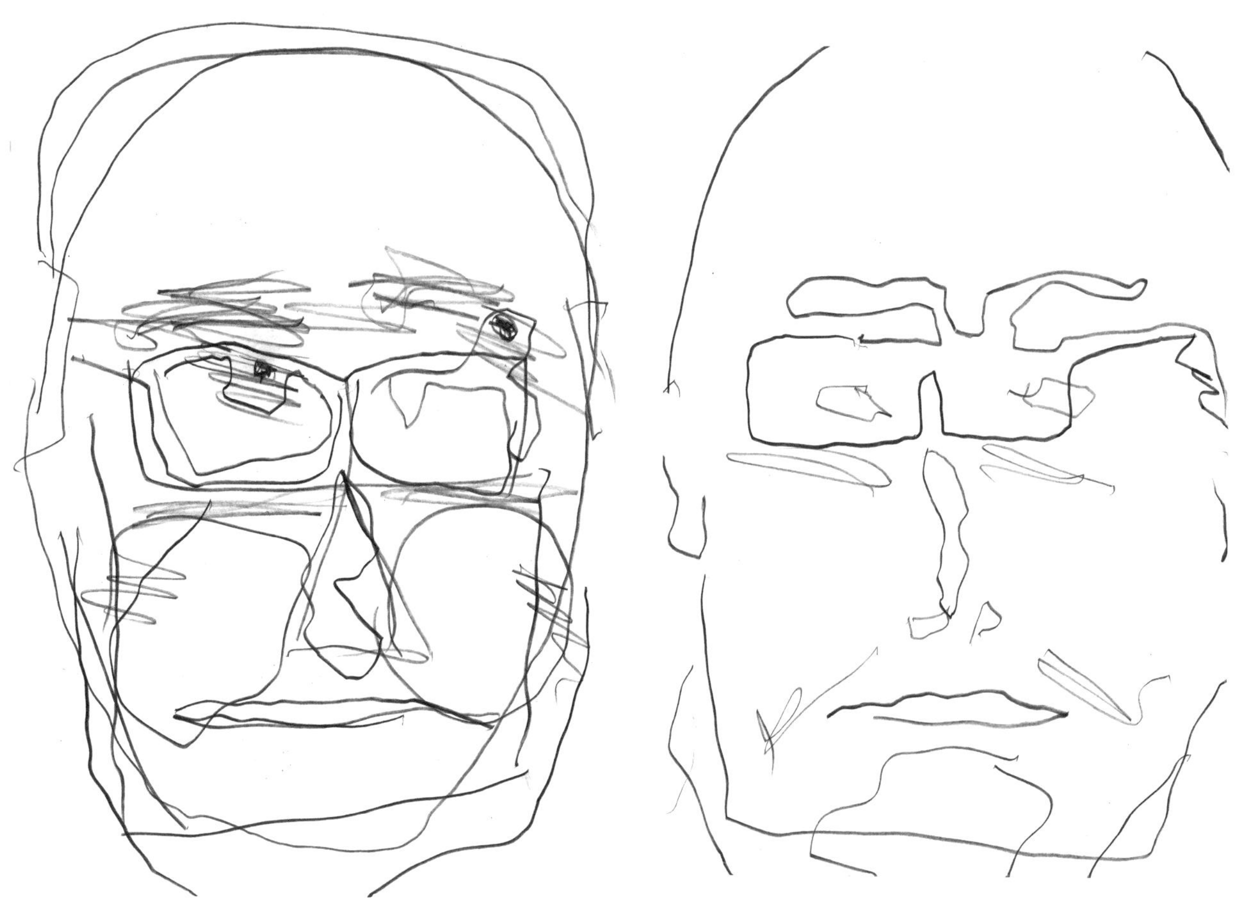

LUIS GORDILLO

who are I, tell me   dime quién eres Yo

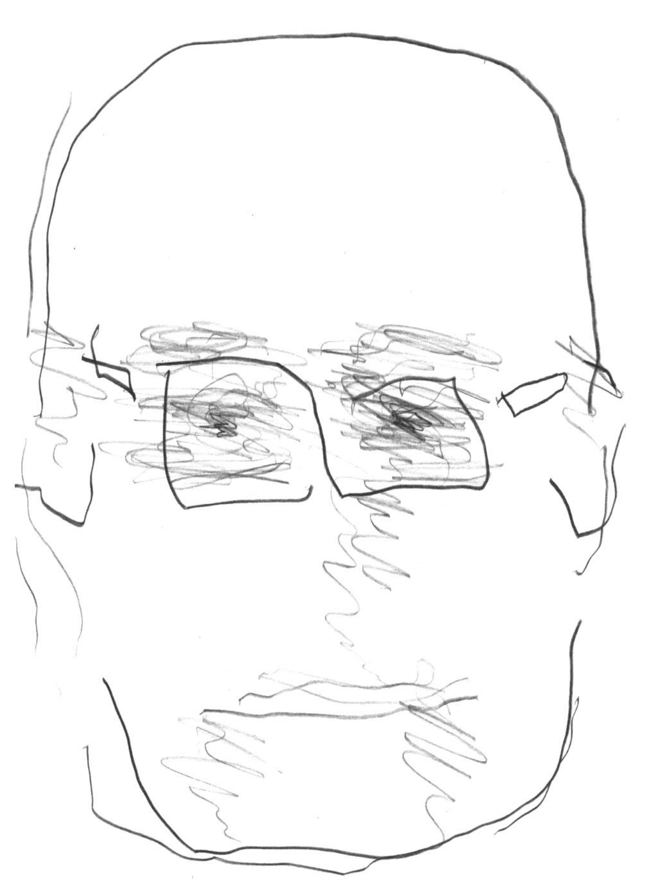

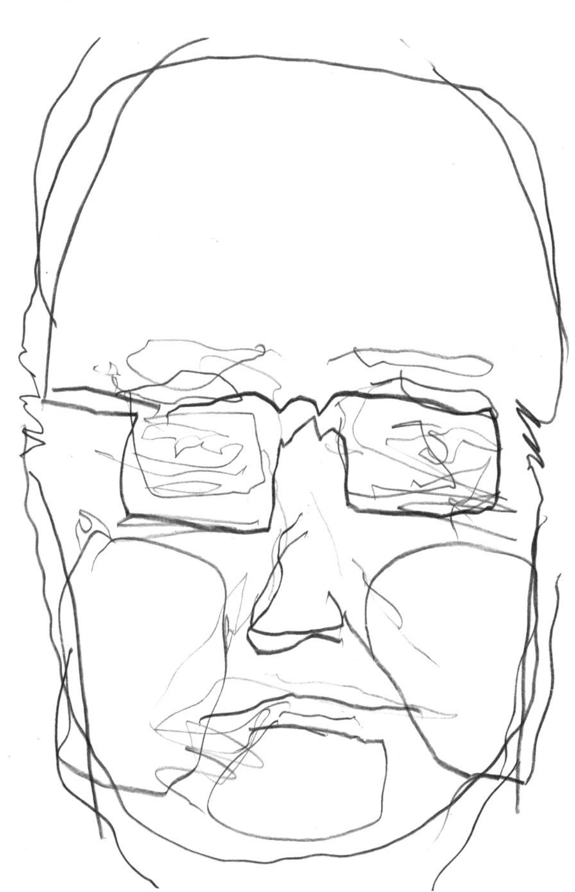

Es un honor para la Comunidad de Madrid, a través de la Consejería de Cultura, Turismo y Deporte, presentar la excelente muestra del artista Luis Gordillo, titulada *dime quién eres Yo* y comisariada por Bea Espejo. La exposición, organizada en la Sala Alcalá 31, se plantea como una revisión de su producción pictórica de los últimos veinte años. Si su última gran muestra en Madrid, *Iceberg Tropical*, celebrada en el Museo Nacional Centro de Arte Reina Sofía en 2007, analizaba su carrera desde los años sesenta hasta ese momento de cambio de siglo, esta muestra parte de esos trabajos realizados en los albores del 2000 para llegar a su producción más reciente. Al mismo tiempo, en esta exposición se abordan en profundidad las líneas de investigación más destacadas de este último periodo, poniendo la pintura en el centro y dando especial importancia a la constante retroalimentación que existe entre esta y la fotografía, el *collage* y el dibujo, un territorio muy característico del artista donde la imagen en proceso define configuraciones internas que construyen la obra.

Luis Gordillo es un artista clave en la historia del arte de nuestro país para quien la pintura ha sido el eje vertebrador de su obra. En su trayectoria, de más de cincuenta años, su obra ha sufrido ciertas variaciones relacionadas con cambios de estilo e intereses. Si en un primer momento su trabajo se vincula a la abstracción y a su admiración por los pintores informalistas, tras su paso por París será el surrealismo el que influya, sobre todo en dibujos relacionados con el gesto y el automatismo, como evidencian sus "dibujos telefónicos", de la década de los sesenta, aquellos que Gordillo realiza mientras habla por teléfono y en los que trabaja el subconsciente. Ya en los años setenta, tras haber pasado por el *pop art*, su obra se orienta hacia nuevos registros y comienza a pintar cuadros coloristas, en los que la ironía es un elemento fundamental. A partir de los ochenta, deriva hacia la abstracción menos colorista, que da paso a la incorporación de imágenes procedentes de los *mass media*, trasladadas a *collages* y pinturas. Su insaciable universo creativo hace que su obra crezca y sorprenda en cada una de sus muestras, a las que incorpora elementos como fotografías y *collages* que demuestran la enorme vitalidad de este artista, referente indiscutible de las generaciones más jóvenes. El catálogo se completa con una amplia selección de los que el artista llama "antipoemas", que surgen a la par que sus dibujos.

Por todo ello, queremos trasladar nuestro más profundo agradecimiento al artista Luis Gordillo por su generosidad y entusiasmo a la hora de realizar esta muestra, así como a la comisaria por su exhaustiva labor de investigación e implicación. También a Chus Martínez, autora de uno de los textos que forman parte de la publicación, junto con el de Bea Espejo, por introducirnos en el fascinante universo de este artista, y a todas aquellas personas, prestadores e instituciones que con su labor han colaborado en el magnífico desarrollo de esta exposición.

Comunidad de Madrid

It is a true honour for the Regional Government of Madrid, through the Department of Culture, Tourism and Sport, to present the outstanding exhibition *who are I, tell me* by the artist Luis Gordillo, and curated by Bea Espejo. This exhibition, at Sala Alcalá 31, looks back at the artist's work from the last twenty years. His previous large exhibition in Madrid–*Iceberg Tropical*, held at the Reina Sofía Museum in 2007–analysed his career from the 1960s to the turn of the century, while this show spans from 2000 up to his most recent production. *who are I, tell me* addresses, in depth, the most significant lines of investigation from this later period: Gordillo's painting work is the main focus of the show, and it also emphasises the constant feedback loop between painting, photography, collage and drawing. This approach is characteristic of the artist's work, whereby the image-in-progress defines the internal configurations that shape the piece.

Luis Gordillo is a key figure in the history of Spanish art, and painting has long been the backbone of his oeuvre. Throughout his career, which has now spanned over fifty years, his work has undergone various changes, reflecting his shifting styles and interests. His early work was related to abstraction and his admiration for the Informalist painters, but following his time in Paris he came to be more influenced by Surrealism, which can be seen, above all, in his drawings related to gesture and automatism. This is evident in his "telephone drawings", from the 1960s, created as he spoke on the phone, allowing him to work subconsciously. In the 1970s, after having dallied with Pop Art, his work began to take on a new tone, and he started painting colourist works, in which irony is a fundamental element. From the 1980s, he drifted towards a less colourist abstraction, and he began to use mass-media images in his collages and paintings. Gordillo's insatiable creative universe ensures that his work continues to evolve and astonish in each and every one of his exhibitions. He includes different elements in his shows, such as photographs and collages; this demonstrates the great vitality of the artist, who is an undisputed inspiration for up-and-coming generations. This catalogue is rounded out with an ample selection of what the artist calls "antipoems", which are created at the same time as his drawings.

We therefore wish to express our deepest gratitude to the artist Luis Gordillo for all his generosity and enthusiasm in putting together this show, and to the curator Bea Espejo, for her tireless research and commitment. We would also like to thank Chus Martínez, the author of one of the texts in this publication (alongside the text by Bea Espejo), for taking us right into the fascinating universe of this artist. We are also grateful to all those people, providers and institutions who, with all their hard work, have helped create this magnificent exhibition.

Regional Government of Madrid

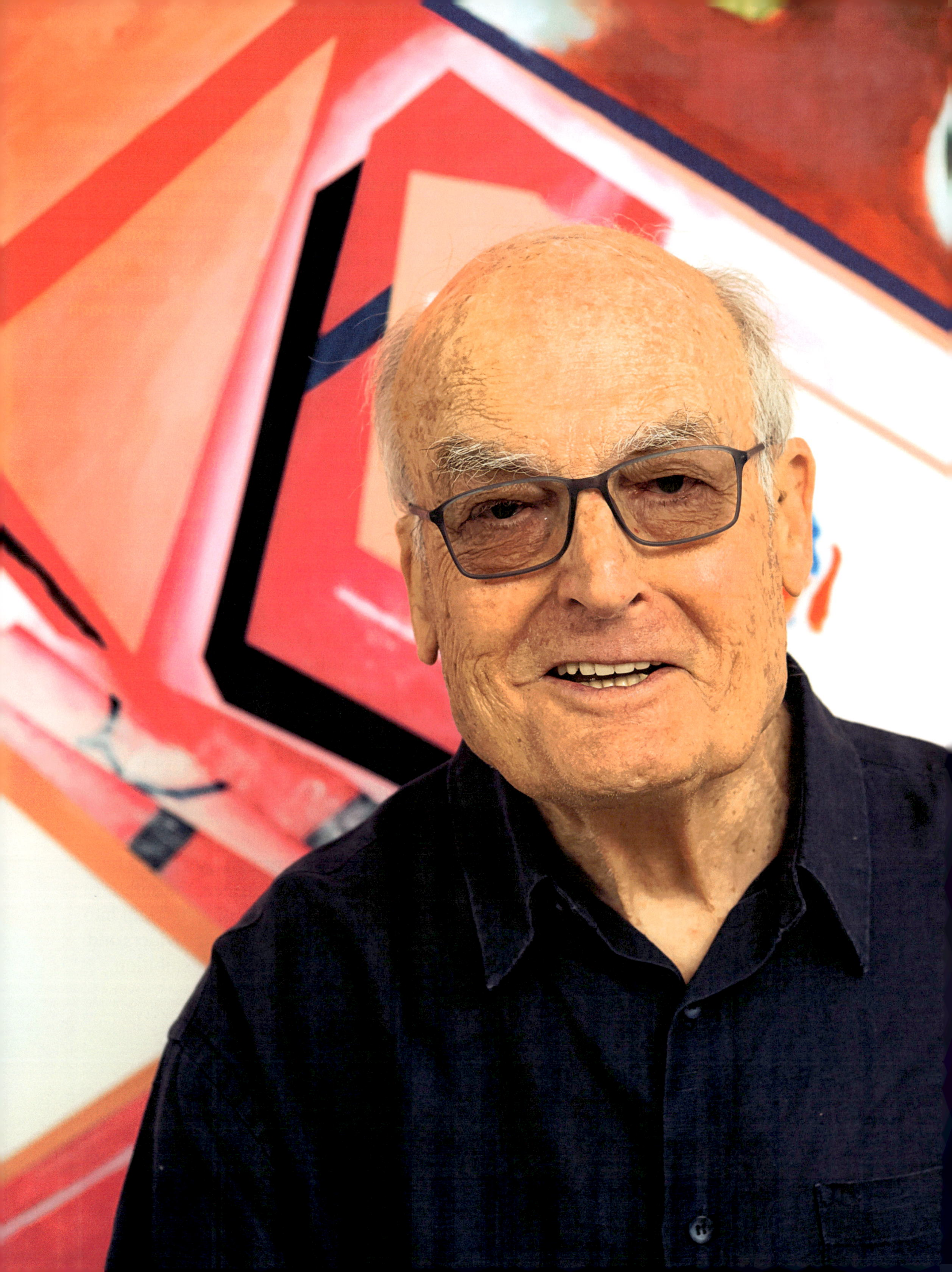

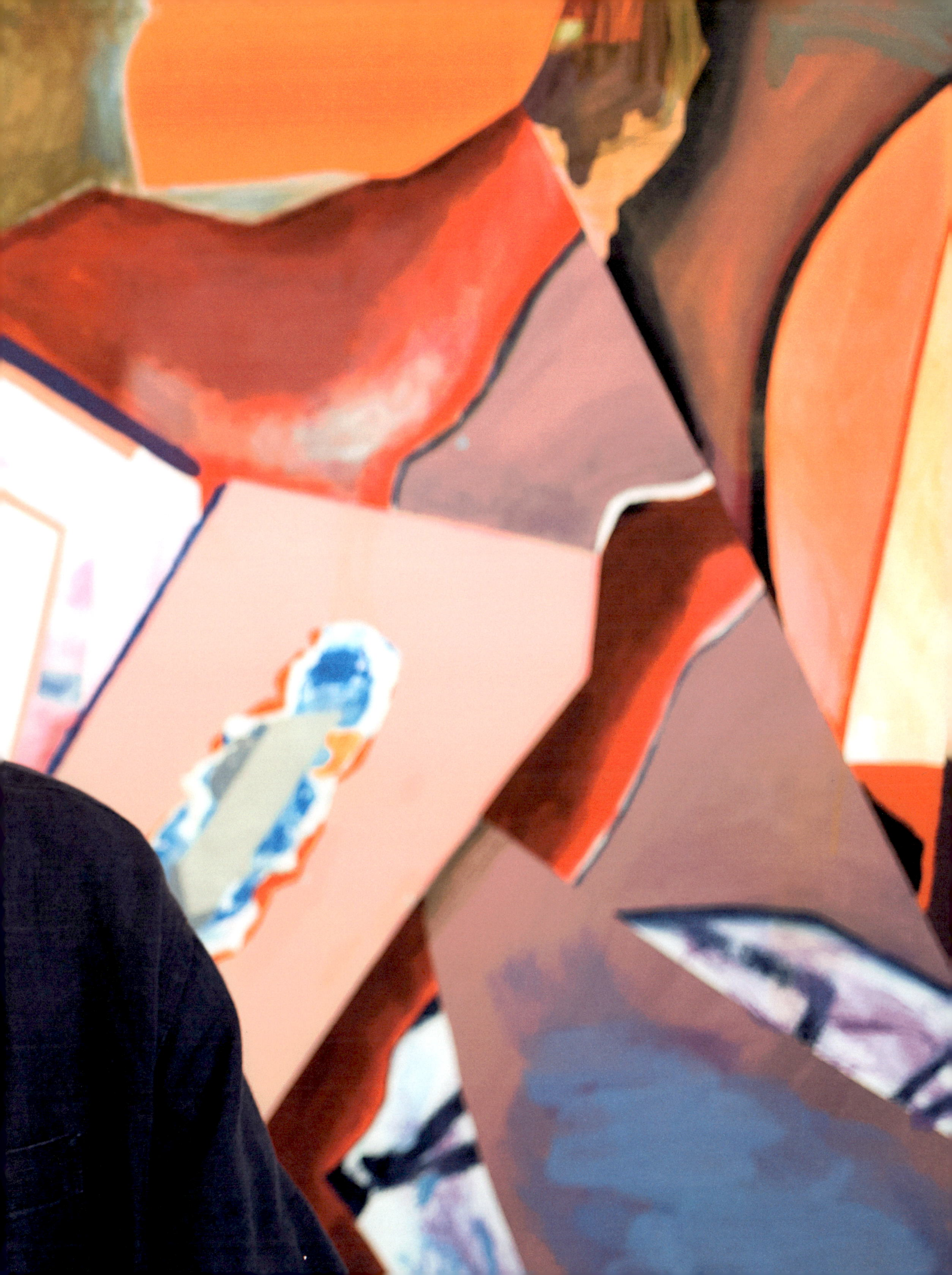

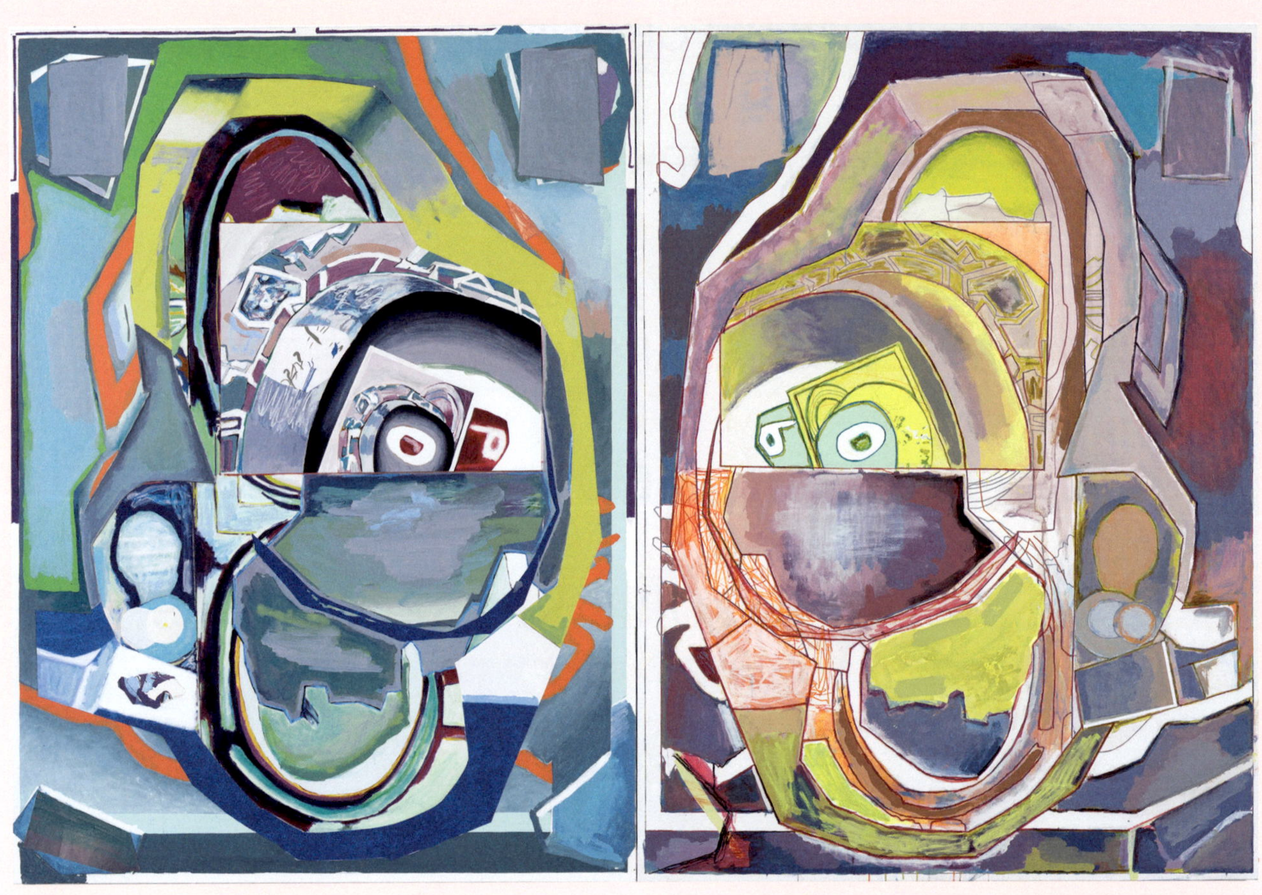

who are I, tell me   dime quién eres Yo, 2020-2022

EL DÍA ANTES
DE AHORA

Le pregunto a Luis quién es Gordillo. Levanta una ceja. Se mira las manos. Encoge los hombros. Estira el dilema como si la memoria fuera de goma. Pestañea y desvía el gesto. Gira la cabeza y se ríe. Hablar con él es como subir una montaña. Tiene mucho de viaje épico. Lo mismo ocurre al pensar su obra. Implica poner en juego todas nuestras capacidades y ampliar el punto de vista desde el cual miramos el mundo. A su lado, perderse conlleva encontrarse y esconderse implica exponerse. A ratos se expone y se esconde sin medida, como quien quiere ser visto y no visto al mismo tiempo. Otras veces te mira como si fuera un espejo y todo se multiplica mientras todo se diluye. En ese lugar impreciso es donde aparece el acoplamiento de sus ideas, aunque sean inconscientes. Allí donde llega el discurso y donde reposa el lenguaje sin capacidad de aguantarse, esa pintura como un amigo íntimo al que contarle todo. Esa terapia. Un lenguaje de supervivencia que aparece y, al tiempo, se repite. Unas obras que, en sus manos, remiten al pasado para dar un salto adelante con las mismas dudas estéticas. "Una espontaneidad espontánea", dice él, aunque yo lo llamo pensamiento dinámico.

En esa amalgama de idas y vueltas que es la pintura de Gordillo tan importante es su función comunicativa como su función de resistencia. Un equilibro entre seducción y oposición, que es donde el arte te coge y ya no te suelta. El arte que interesa, claro, como el suyo. Ese que se mantiene vivo con el tiempo. En su caso, un tiempo sin nombre, lleno de días horizontales y verticales, donde hoy es exactamente pasado mañana y ayer el noroeste de una nostalgia en forma de ratón. Una pintura llena de metáforas frías, como este texto. Ahí empieza todo, en un dilema titulado *dime quién eres Yo*. Una duda existencial y una exposición sobre la que parece haber un horizonte relativamente cercano. "¡Idiota!, ¡eres tú mismo!", se dice ya Luis desde las páginas de *Little Memories*, el libro que recoge algunos de sus textos y escritos. La dualidad entre la idea del yo y el otro siempre ha estado presente en su producción, pero en esta muestra va más allá de la retórica y se adentra por ese laberinto psíquico, emocional y artístico de su personalidad. Todo es intuición aquí. Un ejercicio del artista por sorprenderse a sí mismo en cada sala y cada planta, pensado como una forma incierta pero eficaz de conocerse y, ya puestos, de darse a conocer.

Esa hazaña es fácil para quien sabe que es un artista fundamental del arte español y un referente en las nuevas perspectivas de la imagen pictórica y de la naturaleza fotográfica. También, una de las mentes más jóvenes, rápidas, lúcidas y curiosas del contexto del arte. Un artista indiscutible, aunque a él eso cada vez le pese más y prefiera a quien le pone contra las cuerdas. Algo bulle en su cabeza igual que en su pintura, que casi burbujea, echa humo o hace ruido. En sus manos, lo pictórico deviene algo orgánico, algo que sucede, que está sucediendo o que tiene posibilidades de suceder. Por ese presente continuo circula esta exposición. Mira atrás, analizando su obra de los últimos veinte años, para visualizar al Luis Gordillo de ahora, igual de intenso y prolífico, multilingüe en sus formas y multidireccional en sus formatos, que da constantemente saltos al pasado para coger avanzadilla y llevar lo pictórico un paso más allá. Como en las mejores celebraciones, también aquí la sorpresa se enciende cuando se apaga la luz. Es ahí donde encontramos a un artista que, cuando crees que lo ves, desaparece, y que, en ese huir de sí mismo, reaparece como una pista, una huella, un estilo inconfundible.

En las últimas dos décadas, su modo de pintar sigue siendo el mismo: el artista está en la pintura, pero no siempre está pintando. Gordillo ha tenido cierta aversión a situarse dentro de un cauce único, no solo en relación con una cuestión teórica o de concepto, sino más bien con una cuestión de carácter, de manera de ser y, sobre todo, de manera de sentir. La cosa va así todavía: cuando encuentra un problema que es fecundo, lo ataja. Hace una serie de obras mientras define el problema. Y, cuando ha terminado, echa el cierre y se aleja. Al principio, cuando veía un cambio, creía que lo que pasaba era que la pintura se acababa. Pero después la llevaba a otro sitio hasta que se engarzaba con otras formulaciones. Tras ese principio, no ha habido fracturas. Ha habido momentos de duda, de vacilación y de compases de espera. Aunque produce algo menos, es raro que esté centrado en un solo cuadro. Puede haber varios en danza a la vez. A ratos, los abandona y se aleja un poco. Si se ponen muy pesados, los deja que respiren, y los cuadros van creciendo a su propio ritmo. El tiempo es un buen aliado para él incluso esos días que pasan y apenas se ven.

Dice que se asfixia en cuanto la cosa empieza a repetirse. A él lo que le gusta es el trabajo extra: romper y volver a empezar. En esa dinámica hay dos motivos por

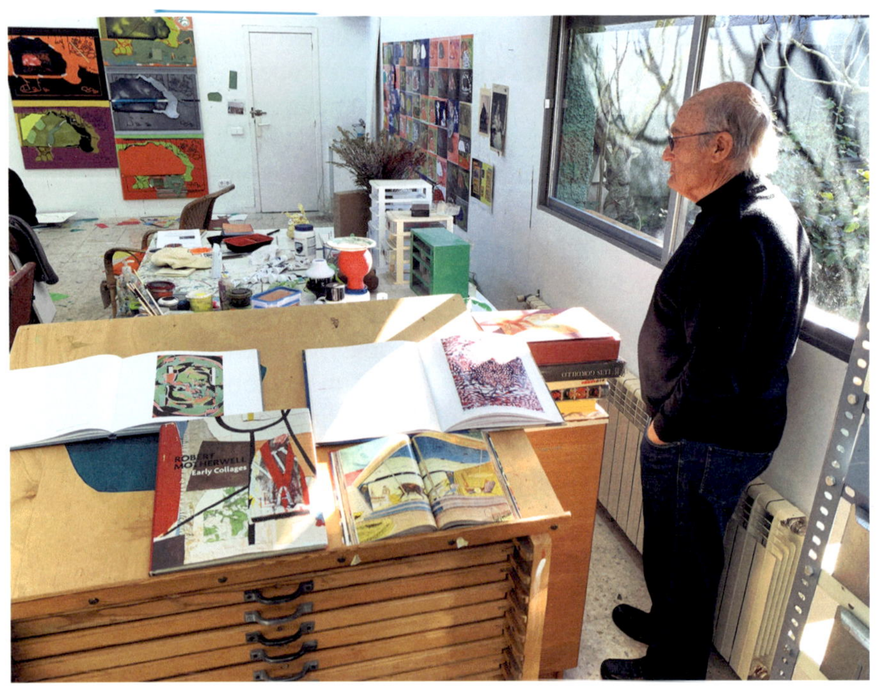

los que ha empleado métodos automáticos de reproducción y transformación. Uno: la huida de la esquizofrenia del color, de la pulsión extrema del espacio-color, que a niveles subjetivos le era difícilmente soportable. Dos: los deseos de apartarse de las gamas tradicionales de la pintura moderna. En ese camino lleva buscándose desde los años setenta, aunque especialmente ahora, cuando puede verlo todo con distancia. Ha dicho y redicho que la pintura acabó con su generación y sigue convencido de ello. Sigmar Polke y Martin Kippenberger. Esa generación alemana a la que pertenece. Sus influencias han sido los movimientos artísticos que ha usado como otra realidad cualquiera, como se usa un paisaje o un jarrón para pintarlos. La serialidad del pop, el expresionismo americano, los colores de Frank Stella. Juan Gris y el cubismo sistemático o Bacon y sus cabezas de los años sesenta. El Duchamp del *Desnudo bajando una escalera* (1911) y ese tiempo moviéndose en planos superpuestos. El primer informalismo de Tàpies, los garabatos de Twombly o las arpilleras agujereadas de Millares. Los latigazos de Fontana, el trampantojo de Magritte o el cubismo fotográfico de Hockney.

Gordillo ha sabido conciliar sus gustos e intereses con un lenguaje único capaz de entroncar lo moderno con lo contemporáneo. La suya es una especie de vanguardia *regresiva.* Algo así como una pintura rebobinada. Es capaz de armonizar la trascendente seriedad de las obras de artistas del grupo El Paso con la abstracción conceptual y lúdica de Jonathan Lasker. Lo hace sin alardear, como quien se bebe un vaso de agua en una terraza. Eso sí: se le revuelve el estómago cuando tildan su pintura de abstracta, porque no lo es. Tal vez no es figurativa, pero sí muy concreta, donde el referente de la realidad nunca se pierde. Ese pie de sus cuadros siempre toca el suelo. Ahora bien, en su intento de desalojar la pintura, ha cambiado de piel mil veces y se ha ido desprendiendo de otras extremidades. Pinta los cuadros casi diferenciando cada uno de sus latidos psíquicos, segregando las partes, cada una por su lado. Un duelo entre afectos primordiales y acuerdos culturales que primero ordena en su cerebro, luego desordena, y crea, entonces, una dinámica llena de tensiones.

Ya sabemos que toda tensión es un lenguaje y que todo lenguaje deviene conflicto. En esa *pelea* sigue. Una lucha tremenda con el cuadro, suele decir él. Una pintura que en este siglo XXI se ha liberado de las autodefiniciones estrechas y piensa la imagen como algo líquido, algo que se va y se pierde, como cuando el agua se escurre entre las manos. En ese sentido, las obras reunidas en esta exposición se entienden como contenedores cuya función es dar una forma externa a lo que fluye, a lo que se acaba. Aunque todo en su obra última está por empezar.

Todas las obras reunidas tienen algo de aventura y de prueba, como cuando él coge la cámara de fotos y todo se vuelve claro y divertido. Ese es el espíritu que persigue esta exposición de pintura, aunque en ella además de cuadros veamos instalaciones, fotografías, dibujos o *collages*. A sus ochenta y nueve años, Luis Gordillo sigue jugándosela como siempre, pero con más libertad. La obra más antigua es de 1998 y la más nueva de 2023. La que da la bienvenida en la Sala Alcalá 31 de la Comunidad de Madrid se titula *Martirologio cromático* (2006) y cerraba la muestra *Iceberg Tropical* en el Museo Reina Sofía en 2007. Hoy por hoy, es una de las mejores obras del artista en la colección del museo nacional. Ese es el primer motivo para incluirla aquí, aunque también hay algo de guiño, sí. *dime quién eres Yo* es la exposición más grande de Gordillo en Madrid desde aquella gran retrospectiva que reunía su trabajo desde 1959 y que, de manera tan providencial, sirvió para celebrar el Premio Velázquez de las Artes Plásticas que se le otorgó justo antes de inaugurar. El guiño es una *intromisión circular*. La cursiva alude a otro guiño y otro préstamo, esta vez de uno de los títulos de Luis. Esta muestra empieza donde acababa la del Reina Sofía, aunque, lejos de buscar ser una antología como aquella de su trabajo reciente, aquí más bien actúa como un impulso, como quien camina dos pasos atrás para coger carrerilla. Como una especie de mapa que dice "vengo de allí y voy hacia aquí".

Hay otro motivo por el que esta obra es la primera al entrar en la exposición. *Martirologio cromático* está hecha de acrílico e impresión digital sobre lienzo y lona plástica microperforada, y hay en ella un evidente juego de escalas. Es una instalación que supera lo pictórico y se adentra en lo conceptual. Una declaración de intenciones de su modo de entender la pintura. Lo que busca Gordillo es una escala que evite el desmoronamiento del imaginario pictórico, esto es, necesita que los cuadros tengan una *dimensión distinta*. Es justo lo que persigo como comisaria. Una respiración o una amplitud, dice él. Es curiosa la impresión óptica que produce ese soporte ampliado de la lona, que tiene algo de ojos sin pupila, sobre el que se apoya la pintura construida como varios módulos. En la Sala Alcalá 31 funciona como un gran telón que da entrada a todos los entresijos que hay detrás de una cabeza, una idea o un pensamiento.

La trayectoria del artista está plagada de incursiones experimentales y esta obra es también un ejemplo de ello. Las intenciones son las mismas que aquellas que alumbraban la tensión creativa en los setenta: frenar en seco el proceso expresivo con la finalidad de investigar, prácticamente diseccionando el cadáver pictórico. Trabajar con medios mecánicos introduce la aparición de la casualidad, el hallazgo de gamas, de acordes de colores más allá de lo lógicamente imaginable. Gracias a la calidad de aumento que permite la tecnología digital, las lonas se han convertido en un recurso más de su universo creativo. Una obra con la que el artista da fe de la ruptura con las fronteras del lienzo que empezó a finales de los años ochenta, cuando se cuestionaban las convenciones del rectángulo enmarcado que supone una pintura. Algo que no ha hecho más que ensancharse con el tiempo.

Algo de lo que no ha podido desprenderse desde los ochenta y que vemos también aquí: la melancolía celular. Es una especie de nostalgia cáustica que habita en las neuronas sensoriales. Como una pequeña memoria llena de caminos imposibles y obsesivos. Para él es una especie de materia prima, donde ya se empiezan a acumular otros juegos. Aparece en obras como *Perspectiva elástica A* (1998) o *Darwin en el ascensor* (2002). Por debajo de lo que vemos parece haber otra vida que pulula como leucocitos. Cierta idea de teatralidad. Un sistema celular gritando en silencio, como un tembleque del cuerpo. Como si el artista cogiera las células, las moviera un poco y eso creara una imagen. Gordillo define la pintura como un mapa de posibilidades, desplegando en la retícula un plano básico y estructural, como en un planteamiento de intenciones. La referencia a lo celular remite al origen de la vida y a su multiplicación, pero también a la idea de unidades que se interrelacionan para construir un todo completo y complejo. O, dicho de otro modo, elementos que forman parte de algo mayor y que tienden a un fin más allá de sí mismos. La célula, esencial asimismo en obras como *Blancanieves y el Pollock feroz* (1996), *Periscopio* (1998) o en la serie de doce litografías llamada *Celulario*, vuelve a estar vigente a través de procesos digitales. Es su forma de representar el encuentro entre lo visceral y lo tecnológico, pero también entre el alma y la máquina, donde sigue buscándose.

Quien se ha acercado a la pintura de Luis Gordillo sabe de su pasión por los contrarios. Son muchas las dialécticas cruzadas: centrípeto y centrífugo, pintura horizontal y pintura vertical, uno y múltiple, pasión y control, figuración y abstracción, geometrismo y organicismo... No hay opción en la dualidad: o trabajo directo o trabajo con estudios previos. De ese diálogo surge su energía creativa. Un movimiento pendular lleno de atracciones y repulsas donde el artista encuentra un doble baile de liberación de lo instintivo y lo contrario. En algunas obras, como *La fábrica de ostras* (2007), *Fábrica de basura esterilizada* (2007) o *Lee Friedlander in the Sixties* (2008), en que se estructura el espacio en bandas o franjas, un proceso heredado de los *collages* de los setenta en los que empleaba imágenes recortadas a tijera, se percibe una labor de descomposición y recomposición, usando fragmentos que yuxtapone creando un orden. Las telas son verticales y los bastidores independientes. Hay en ellas una relación del todo con las partes, una necesidad de crear una tensión controlada, un intento por encajar las piezas de un puzle *a priori* difícil hasta que hace *plub*, como cuando una familia da con su llave maestra o como cuando, por un instante, uno supiera que la vida tiene una explicación.

Él sabe que eso es misión imposible, tanto como conocerse uno del todo. Sus exploraciones creativas a menudo también crepitan, se erizan, se derraman y se rompen. Las de tipo acumulativo están relacionadas con el comportamiento de los líquidos, de los vasos comunicantes o incluso con el caso en que la leche hierve y se propaga. A veces, pinta un cuadro y, una vez terminado, siente la necesidad de rebosarlo con un cuadro situado al lado. Le pasó con *Abstracción objetual* (2018) hasta que pintó *Paisaje por placas* (2018). El primero lo pintó tres años antes que el segundo, pero no estuvo acabado hasta que ambos dialogaron juntos. Son iguales pero distintos. Justo el tipo de problema en la pintura que a él interesa.

En obras como *Marilyn asciende* (2018-2019) y *Focalizando-Desfocalizando* (2017), el movimiento va del centro del cuadro hacia fuera. Pinturas en que se produce una energía muy fuerte que pide un desarrollo más amplio, que puede continuar en sucesivos cuadros que se van añadiendo al primero, y a veces el límite del proceso está en las dimensiones del estudio. Hay varios planos y cierta idea de escape, que responde a esa sensación de que se asfixia con el cuadro. Empieza con una primera pieza, no especialmente grande, que luego va creciendo hacia los lados, arriba y abajo. La ampliación llega por necesidad. Esa misma que ahora le lleva a pintar las paredes del espacio expositivo lanzando una crítica de la pintura con una clara tentación: disolverla.

La idea de dúplex también se ha intensificado con los años y a menudo deviene una cadena donde el dúplex se hace tríplex y este cuádruplex. Y así en adelante, donde uno se va comiendo al otro. Ocurre especialmente en los dibujos, que tienen ese mismo pensamiento circular. Hay muchos en esta exposición, realizados casi al modo de la escritura automática. Uno le lleva al otro sin parar. Cuando ya no puede pintar, siempre está el dibujo, que es en sí mismo una respiración. Una liberación y un acertijo: exactamente *lo contrario* que el cuadro, *pero a la inversa*. Casi imposible no pensar en 1969, cuando la geometría reventó y empezó a oír la palabra *crisis* por la oreja derecha. Entonces empezó a dibujar y ya no ha parado.

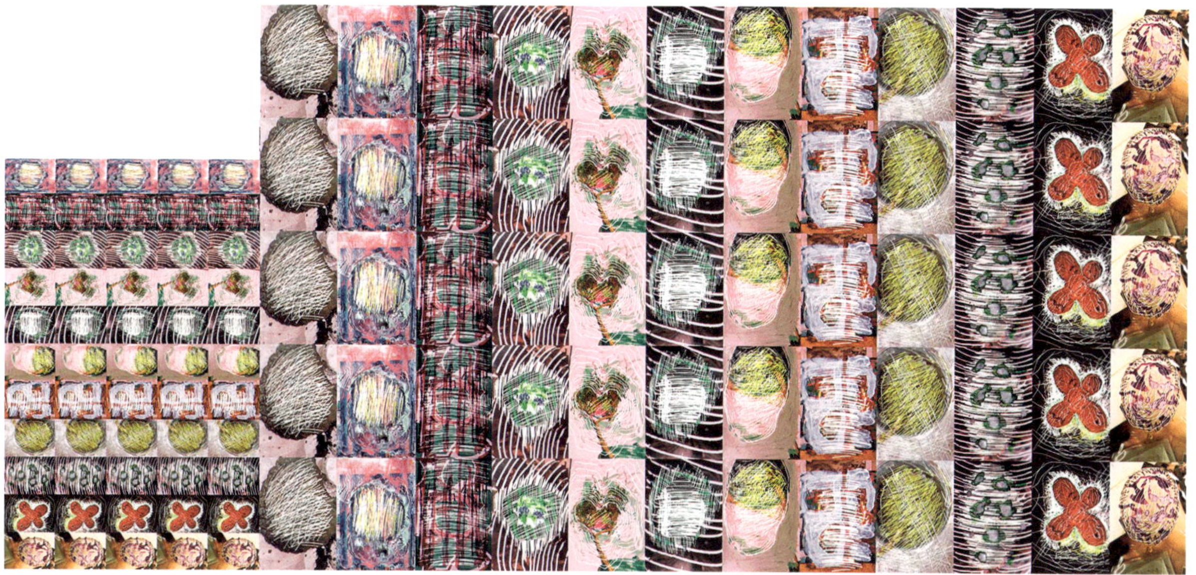

Linguistic Insistence   *Insistencia lingüística*, 2004

Tiempo atrás, cuando un dibujo le interesaba, lo convertía en una tela de varios metros. Con el cambio de siglo, el dibujo es sustituido por el medio digital como primer impulso hacia una obra. Las infinitas imágenes en la pantalla del ordenador, en esa incesante mezcla de combinaciones, multiplicaciones y cambios de color y formas, contribuyen a crear una superabundancia de materiales que impiden que el pintor caiga en bloqueos significativos. El ordenador facilita jugar con las imágenes, recomponerlas, cortarlas, combinarlas y expandirlas una y otra vez. En *Naufragio* (2020) vemos una serie de fotografías de los cacharros que va dejando en el fregadero de su estudio. A base de observarlo cada día pronto entrevió su poder estético. En las imágenes predomina un orden casi geométrico, con una estructura en forma de mosaico o de caleidoscopio donde el ritmo se basa en la repetición y combinación de unos pocos motivos muy parecidos entre sí. Algo parecido sucede en *Director de orquesta* (2022) y en *Transmigración de almas A* (2020). En estas estampaciones digitales llenas de simetría, correspondencias y ecos internos, se intensifica la sensación de que la imagen se multiplica sin control, de que Gordillo muestra una pequeña parte de lo que podría no tener fin. Todo en la fotografía puede ser deglutido y asimilado por el artista para una densificación última del cuadro: colección obsesiva de fotos de prensa y de objetos baratos reciclándose y trabajando en espiral.

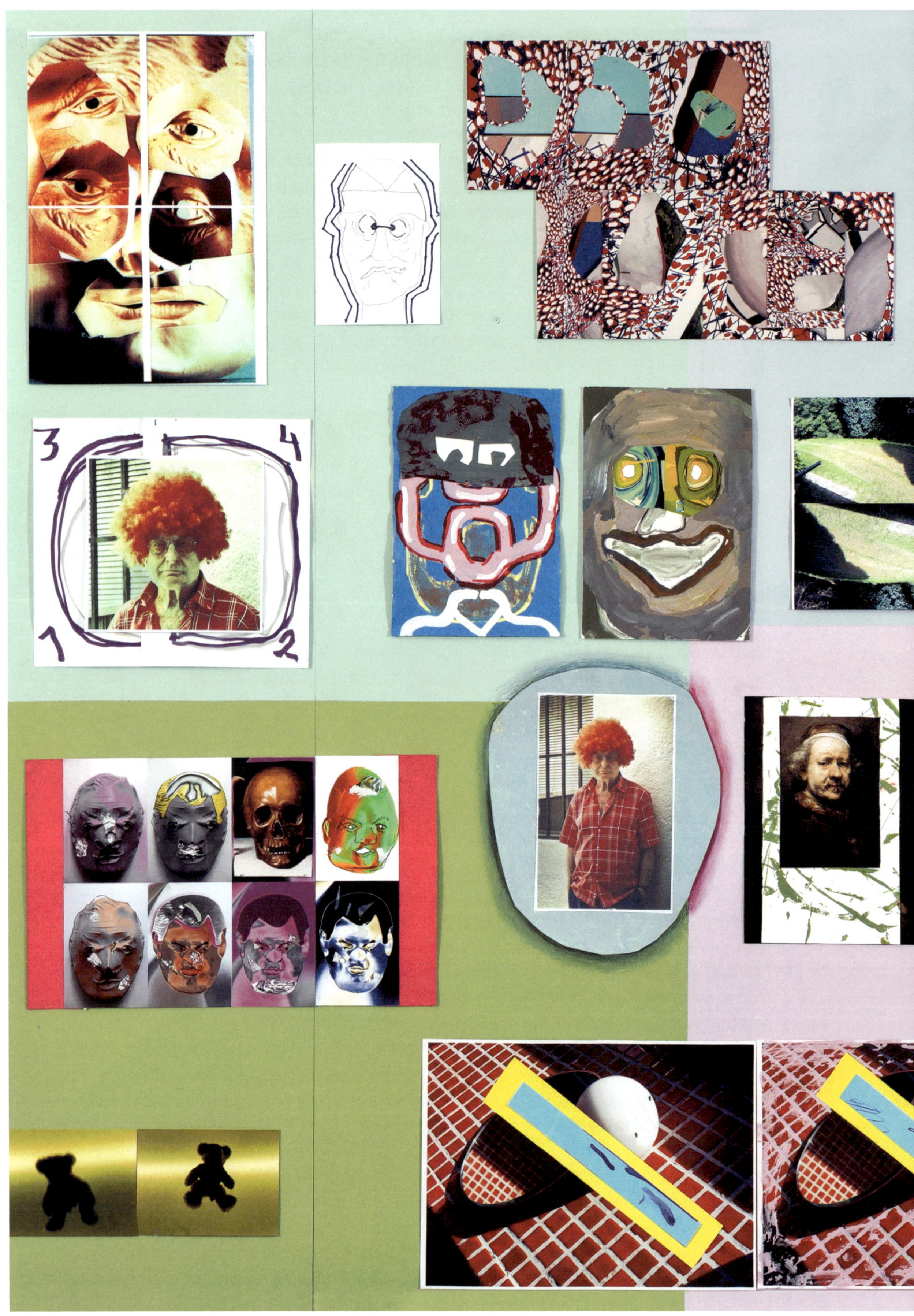

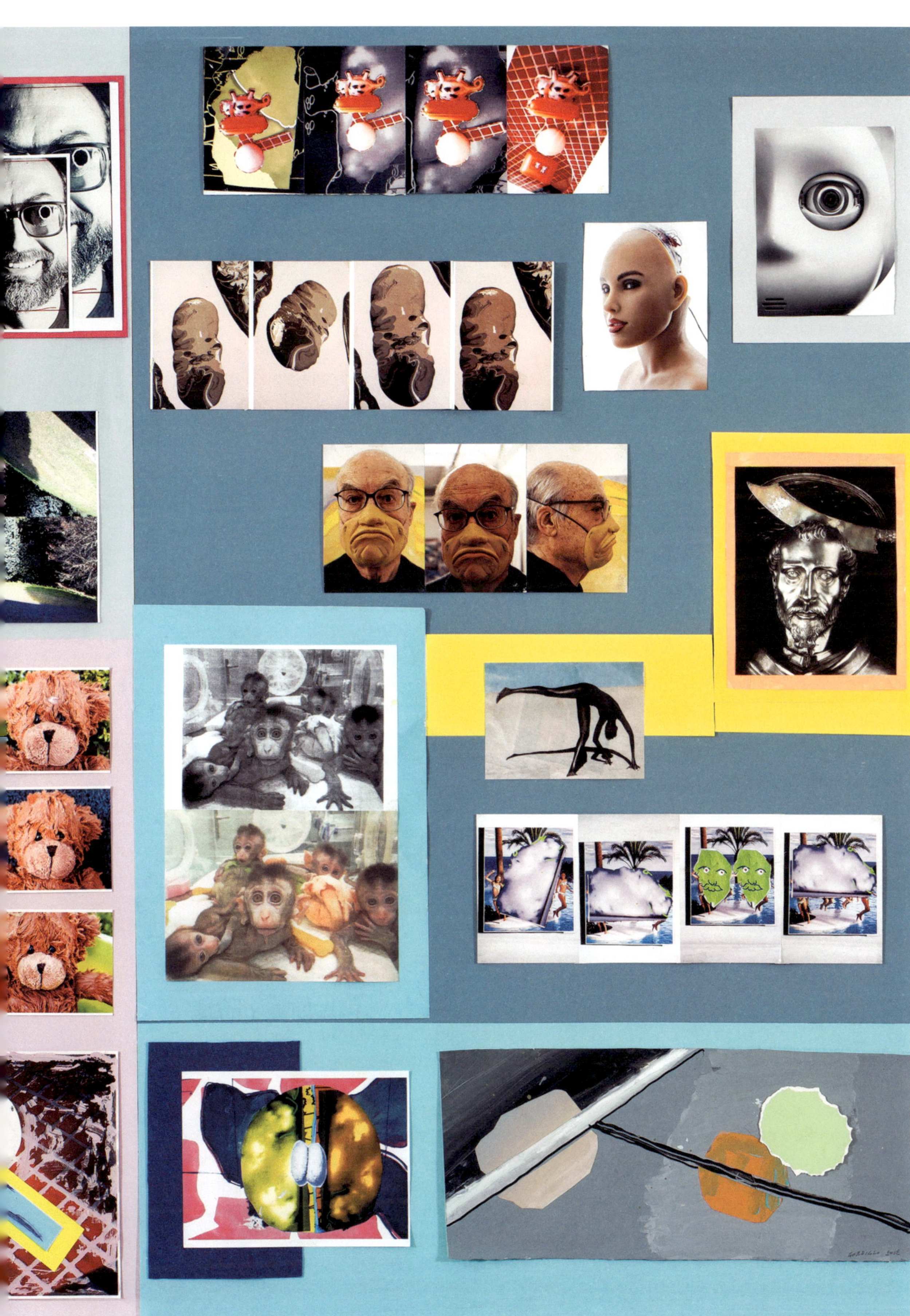

Gordilliensis Biography (detail)   *Biografía Gordilliensis (detalle)*, 2004

Al hilo de los objetos: la fotografía *Resucitando doble* (2013) surge de una máscara de plástico de Rodríguez Zapatero. Los políticos célebres nacionales e internacionales son una de sus colecciones más preciadas de imágenes, junto con los chistes y la publicidad de medicinas. Lo que hace con la máscara es darle la vuelta, de manera que lo que vemos en la fotografía es el negativo. Fue donde descubrió el valor del objeto del revés, que llevó al extremo con *Colectivo ZAPP A, B* (2010). Las que más le interesan son las repugnantes y asquerosas, confiesa. Lo dramático por encima de lo bello. Ejemplo de cómo el artista lucha con la complejidad. Cuando el cuadro queda bonito, sospecha. Pone a hervir las ideas a riesgo de quemarse. Gordillo piensa la creación como un espacio sin distancias. Neurosis la ha llamado a veces. Otras, signos de circulación hechos de dilemas simplificados.

Una jirafa asoma en el piso de arriba. Es una pequeña figura de plástico que tiene en su estudio y que fotografía hasta la saciedad. Con ella lleva la ironía a su punto álgido. También la idea de extrañeza, dos términos fundamentales en su producción última. Un tipo de extrañeza, matiza él, que es como si hubiera ratas moviéndose por debajo de la mesa. Ese estado de alerta. Ratas y ratones que no son nuevos en su pintura. *RATÓN: ¡No gravity!* acompaña *Tiempo sólido. Tiempo cosa*, ambas realizadas entre 2021 y 2022. La última es una pintura que empezó con la imagen de unas tripas. Tripas de barriga, no de cerebro. Y luego fue añadiéndole capas de imagen hasta que la terminó muchos meses después. Del proceso puede tener hasta cincuenta variaciones. El pulso es colocarlo todo en un mismo plano, como con *ROBOT: ¡Electrízame!*, de esa misma fecha. No importa tanto que la imagen resultante sea bonita, sino que las capas de la imagen funcionen. Un esfuerzo de traer las cosas a su sitio en el cuadro casi físico, gimnástico. Casi escultórico. En *Infinitivo de oso* (2021) la explosividad, la guasa y la reflexión bailan al compás. Una retranca humorística que en los títulos también es casi corpórea.

Más sobre fotografía: vaya por delante que Gordillo considera su obra como esencialmente pictórica y que la foto ha intervenido solo en determinados momentos como instrumento transformador de lo pictórico, revirtiendo los resultados al material de donde habían surgido. Aludí antes a la importancia que tienen en su obra los procesos de relación radicales y tensos, entre extremos difícilmente conciliables como son la expresión gratificante y la neutralización extrema. Es en ese extremo neutralizador donde ha intervenido principalmente la fotografía.

Y más círculos concéntricos: hay cuadros que generan fotos, pero hay fotos que generan cuadros. No puede decirse esto es lo primero y esto es lo segundo. Está todo dando vueltas y generando imágenes, como en una centrifugadora. Ahora mismo fotografía todo lo que ocurre en el estudio: desde el proceso de cómo se hace un cuadro hasta todos los cambios que se van sucediendo. No es capricho ni pose, sino que con ello está generando una especie de criatura. Le interesa mucho cómo se generan individuos o intensidades o dramaturgias extrañas, que alcanzan un sitio privilegiado en los murales.

En ellos se rompen los límites y se añaden recursos de todo tipo. Igual hay fotografías de prensa o del artista de distintos tamaños, reproducciones sacadas de sus propios catálogos o de pruebas, materiales de imprenta, cartulinas de colores recortadas o con manchas de pintura puestas con intención, cajas de cartón, caretas de plástico, restos de obras en proceso… Son una extensión de los *collages*, pero con una inteligencia más intensa e irónica. Un gran autorretrato lleno de matices. Imposible no pensar en el suelo de su estudio lleno de papeles, cartas, proyectos y descartes. También en las agrupaciones de fotos recortadas de periódicos o revistas que solidificaron como obra a principios de los ochenta, composiciones que mantenían un mismo formato y tamaño. Un mural que aquí sigue el patrón de otros anteriores, como *Huevos de dinosaurio*, que hizo en 2019 para la exposición *Vida (aún) viva*, que se celebró en la galería Aural de Madrid a finales de ese mismo año, o *Autorretrato Gordilliensis* (2020), presentado en *Memorándum*, la gran antológica celebrada en 2021 por el Museo Universidad de Navarra, de la mano del comisario Sema D'Acosta.

Si estudiamos la obra de Luis Gordillo como un todo, nos daremos cuenta de que el cambio es el rasgo más sobresaliente, la piedra angular de toda su producción. Al mudar la piel infinidad de veces, nos pone difícil eso de acomodarnos en su pintura. Mediante sus tácticas de enmascaramiento, el artista ha logrado, con ironía, obtener una sesgada fórmula antirretórica y anticompositiva que le permite salir airoso por un trayecto alternativo pero tangente de los dilemas de la pintura. Busca perderse, como siempre. Para él, cada obra es una especie de resumen de sus logros y descubrimientos. Contenedor y contenido. Lo que envuelve y lo que se desenvuelve. Da igual si encierran contradicciones de lógica e imposibilidades de pensamiento. Tienen racionalidad eficiente, control estricto, certeza rígida y los significados fijos. Muestran las tenues fronteras sin adoctrinamientos sobre sus defectos.

Todo en su trabajo es gelatina acrílica o máscara desdoblada. Todo es un mapa lleno de obstáculos. Todo es acción catártica para expulsar demonios. Circuitos cerrados llenos de dudas. Una pintura que depura y segrega energía, violenta y espontánea, abstracta pero concreta. Una interrogación. Un camino abierto, airado, marcado por un desafío agotador con el que persigue la claridad en la expresión de sus tensiones internas. O dicho de otro modo: ganarle la partida al pensamiento en sombra. Esa postura a nivel estético tiene sus ventajas, pero a nivel personal necesita un gasto ingente. Una proeza, donde nada está quieto. El cuerpo, incluso, le advierte de que ya está harto de estar al servicio de sus obsesiones, aunque también le ruega que le envuelva en ese tiempo de la imagen, consumir ese tiempo, jugar con él y caer en sus trampas, como ha confesado tantas veces.

Visto todo con distancia, podemos decir que no hay cambios radicales, pero sí matices. El cuadro para Gordillo sigue siendo lo menos inmediato. Algo que se puede enseñar porque está todo arreglado y los apuros para encontrar la belleza se han disipado. A lo largo de su carrera, ha querido protegernos del drama del proceso creativo. No es raro oírle comentar de alguno de sus cuadros, sobre todo los de la primera época, los que más le costaron y que llama "pinturas-crisis", que ahora los *ve muy bonitos, casi inofensivos, muy bien hechos.* Con lo reciente le cuesta más ser complaciente, aunque intuyo que el tiempo le ha dado cierta seguridad con lo inmediato. Una especie de conciliación, un soltar lastre de las indecisiones, las crisis, los retornos, la supervivencia final que supone pintar un cuadro, de la que parece que cada vez se recupera antes. Una batalla con la pintura que parece ser menos cruda y más amable. No es que ceda, sino que parece que acepta. Gordillo ha llegado a ese punto en que la pintura es una prueba (casi) superada de resistencia. Está más conforme con lo anteriormente no aceptado, con todo lo negado, que deviene un lugar donde cada vez parece llevarse mejor con sus miedos e inseguridades. Tal vez sea porque se ve mejor en los espejos de la angustia. O porque digiere mejor ese potaje de enredos y torbellinos internos. Hay un salto ahí. Él sabe de su lugar en el mundo de la pintura. Esta publicación es una celebración de ello.

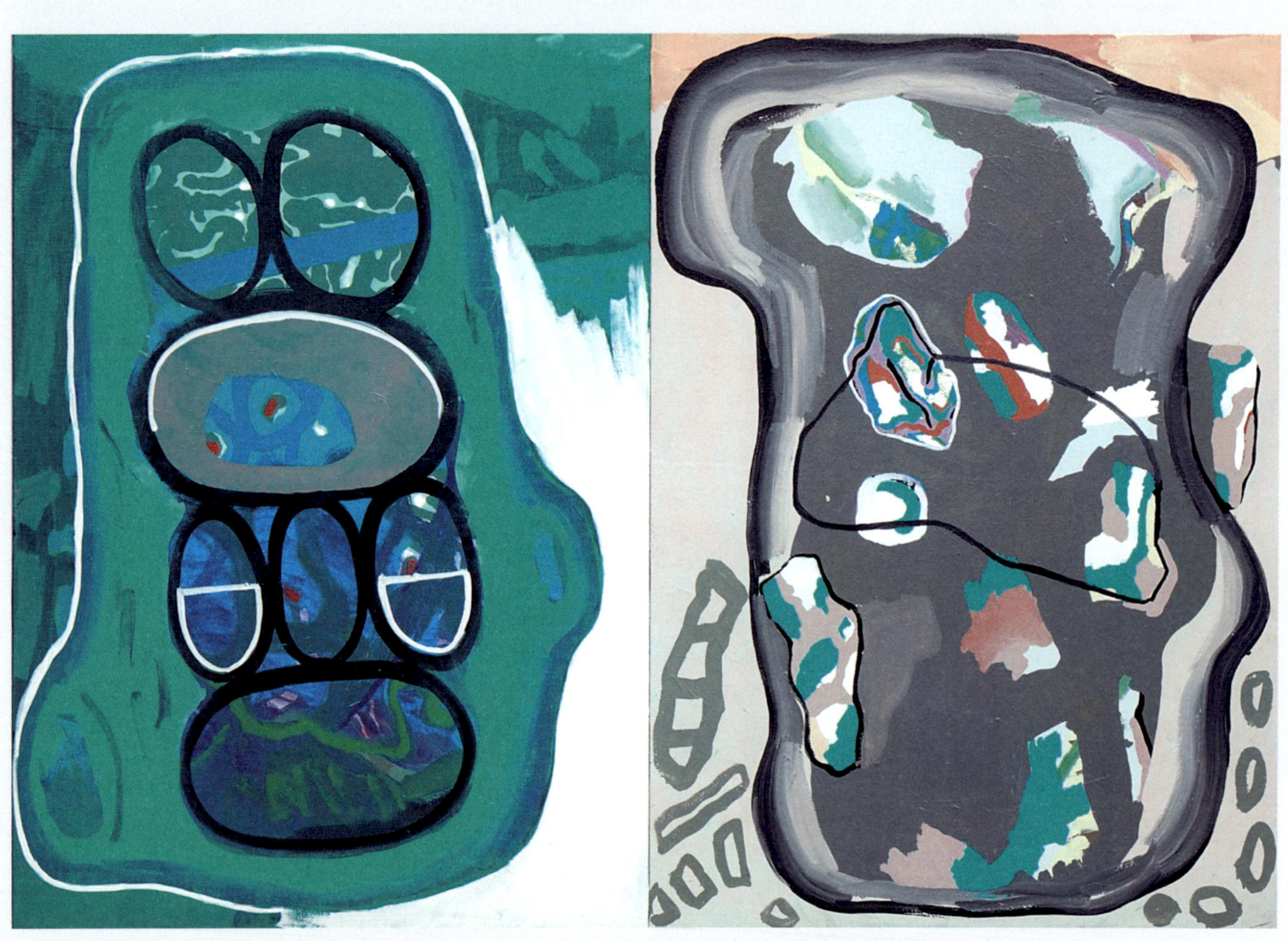

Idiot, That's You!   *Idiota, ¡eres tú mismo!*, 1984

BEA ESPEJO

THE DAY
BEFORE NOW

I ask Luis who Gordillo is. He raises an eyebrow. He looks at his hands. He shrugs. He stretches out the quandary, as if the memory were made of rubber. He blinks, and averts his gaze. He turns his head and laughs. Talking with him is like climbing a mountain. Like embarking on an epic journey. The same thing happens when thinking about his work. You have to use all your brainpower, and broaden out your perspective on the world. When by his side, losing yourself entails finding yourself, and hiding away means exposing yourself. From time to time, he exposes and hides himself again and again, like someone who wants to be both seen and unseen, simultaneously. Other times he looks at you as if he were a mirror, and it all keeps multiplying away as everything goes blurry. That hazy place is where his ideas first come together, albeit subconsciously. Right there—where the discourse reaches and where language lies, unable to support itself—is his painting, like a close friend to whom you tell everything. That therapy. A language of survival that appears and, at the same time, repeats itself. Artworks that, in his hands, reference the past in order to leap forward with the same aesthetic doubts. "A spontaneous spontaneity", he says, though I call it dynamic thinking.

This amalgam of comings and goings so defines Gordillo's painting work, and its communicative function is just as important as its function of resistance. A balance between seduction and opposition, where art grabs you and never lets you go. Compelling art, that is, like his. Art that lives on, over time. In his case, it's a time with no name, full of horizontal and vertical days, where today is precisely the day after tomorrow, and yesterday is the north-east of a mouse-shaped nostalgia. A painting full of cold metaphors, like this text. That's where it all begins, in a dilemma called *who are I, tell me*. An existential doubt and an exhibition upon which there seems to be a relatively close horizon. "Idiot! That's you!", says Luis to himself, from the pages of the book *Little Memories*, a compilation of some of his texts and writings. The duality between the idea of the self and the other has always been present in his work, but in this exhibition it goes beyond rhetoric and right into that mental, emotional and artistic labyrinth of his personality. It's all intuition here. *who are I, tell me* is an exercise, by the artist, in surprising himself in each room and on each floor; he considers it an uncertain-yet-effective way to get to know himself, and, while he's at it, make himself known.

That's an easy feat for those who know he is a fundamental name in Spanish art, and a reference figure for the emerging takes on the painterly image and the nature of photography. He is also one of the youngest, quickest, most lucid and curious minds in the art context. An indisputable artist, though this idea increasingly weighs down on him, and he prefers those who leave him on the ropes. Something stirs around in his head, just like in his painting; it's almost bubbling, giving off steam or making noise. In his hands, painting becomes organic, something that occurs, something that's happening now or has a chance of happening. This exhibition revolves around that present continuous. He looks back, analysing his work from the last twenty years, to visualise the Luis Gordillo of today, who is just as intense and prolific, multilingual in his ways and multidirectional in his formats, constantly leaping to the past to seek inspiration and thus push painting even further forward. Like in the best parties, here, the sense of surprise is heightened when the lights are turned off. That's where we find an artist who vanishes just when you think you can see him, and who, in that fleeing from himself, then reappears as a hint, a trace, an unmistakable style.

In the last two decades, his way of painting has remained the same: the artist is within the painting, but he's not always painting. Gordillo has been somewhat averse to following any single route, not only with regards to a specific theoretical matter or concept, but more so in terms of character, a way of being and, above all, a way of feeling. It's still the same now: when he finds a fruitful issue, he grabs hold of it. He creates a series of works whilst defining the problem. And then, when he's done, he locks up and goes off. In the beginning, when he saw a change, he thought that painting was over. But then he'd take it somewhere else, until it could link up with other formulations. Since that beginning, there have been no ruptures. There have been times of doubt, of hesitation and waiting. Though he now produces less, he hardly ever concentrates on just one painting. He might have several on the go at once. Sometimes, he abandons them and distances himself a little. If they get bogged-down, he leaves them to breathe, and the works gradually grow at their own pace. Time is a great ally to him, even those days that hurtle by so quickly you barely notice them.

He says he feels stifled when things start getting repetitive. He likes to go the extra mile: breaking things, and starting again. Within that dynamic, there are two reasons why he has used automatic methods for reproduction and transformation. Reason one: to escape from the schizophrenia of colour, from the extreme impulse of the colour-space, which, on subjective levels, he found hard to handle. Reason two: his urges to move away from the traditional ranges of modern painting. He has been searching for himself, along that path, since the 1970s, and especially now, when he can look back on it all from a distance. He has said, multiple times, that painting ended with his generation, and he is still convinced of that. Sigmar Polke and Martin Kippenberger. That German generation, which he belongs to. His influences have been the artistic movements that he has used as if they were any other reality, just like one can use a landscape or a vase, to paint them. The mass production of Pop Art, American Expressionism, the colours of Frank Stella. Juan Gris and systematic Cubism, or Bacon and his heads in the 1960s. The Duchamp of *Nude Descending a Staircase* (1911) and that time moving along overlapping planes. The early Informalism of Tàpies, the scrawlings of Twombly or the perforated sackcloths of Millares. Fontana's lashings, Magritte's *trompe l'oeil* or Hockney's photographic Cubism.

Gordillo has deftly managed to combine his tastes and interests into a unique language, one which is able to connect the modern and the contemporary. It's a kind of *regressive* avant-garde, like a "rewound" form of painting. He knows how to take the transcendent seriousness of works such as those by the artists in the group El Paso, and balance them out with the conceptual, playful abstraction of Jonathan Lasker. He does so without bragging about it, like someone drinking a simple glass of water in a terrace bar. Even so, it makes his stomach churn when his painting is branded "abstract", because it isn't. It is perhaps not figurative, but it is very concrete: there is always a reference point in reality. The feet of his works are firmly on the ground. Having said that, in his attempts to shake up painting, he has shed his skin thousands of times, and other extremities too. He paints his paintings almost like he is separating out every single one of his mental beats, segregating the parts, each one going its own way. A clash between primordial affects and cultural conventions, which he first arranges in his brain, then disarranges, thus creating a dynamic riddled with tensions.

We already know that all tension is a language, and that all language becomes conflict. He's still in the middle of that *fight*. A tremendous battle with the canvas, as he usually puts it. An approach to painting which, in this 21st century, is now free from narrow self-definitions, and which sees the image as something liquid, something which goes off and gets lost, like water trickling through fingers. In that sense, the works in this exhibition are understood as containers, and their function is to give an outer form to what is flowing, to what is coming to an end. Even though everything in his latest work is yet to begin.

All of the paintings in this show have a sense of adventure and trying-out, like when he grabs his camera and everything turns bright and fun. That's the spirit that runs through this exhibition of his paintings, which also features installations, photographs, drawings and collages. At 89 years of age, Luis Gordillo is still willing to take risks, as he always was, but now with more freedom. The oldest piece here is from 1998, and the newest from 2023. The one that greets visitors at Sala Alcalá 31 (of the Regional Government of Madrid) is called *Chromatic Martyrology* (2006), which in fact closed the show *Iceberg Tropical* at the Museo Reina Sofía in 2007. It is now one of the greatest works by the artist to be included in the Reina Sofía's collection. That's the main reason it has been included here, though there is also an allusion to something else. *who are I, tell me* is the largest exhibition by Gordillo in Madrid since that great retrospective which brought together his work since 1959 and which, so fortuitously, turned out to be the perfect way to celebrate the Velázquez Prize for Fine Arts that he was awarded just before the show opened. That aforementioned allusion is a circular insertion. The italics hint at another allusion, another loaned piece, this time referring to the title of another work by Luis. This new exhibition thus begins where the one at the Reina Sofía ended, though, far from seeking to be an anthology of his recent work (as that retrospective was), here the show acts like a kind of impetus, like someone taking a couple of steps back to get a run-up. Like a kind of map that says "that's where I've come from, and here's where I'm going."

There's another reason why this piece has been placed at the beginning of the exhibition. *Chromatic Martyrology* is made from acrylic and digital print on canvas and microperforated plastic sheet, and there's a clear game of scales taking place within it. It is an installation that goes beyond the painterly, and into the conceptual. A declaration of intentions, in terms of how he understands painting. Gordillo seeks a scale that prevents the collapse of the whole imaginary of painting; that is, he needs his paintings to have a *different dimension*. And that's exactly what I'm after as a curator. A breath or a breadth, he says. That enlarged canvas creates a curious optical impression; it looks a bit like eyes without pupils, held up by a structure built from several modules. At Sala Alcalá 31 it functions like a great curtain, leading to the inner workings hidden within a head, an idea or a thought.

Gordillo's career is full of experimental incursions, and *Chromatic Martyrology* is another example. In this piece, his intentions are the same as those that aimed to shed light on the creative tension in the 1970s: he seeks to halt the expressive process so he can investigate, practically dissecting the corpse of painting. By working with mechanical means, chance can come into play: interesting ranges are able to emerge, and colour matches beyond the logically imaginable can be discovered. Thanks to the enlargement made possible by digital technology, these plastic sheets have become yet another resource in his creative universe. With this piece, the artist further demonstrates his breaking with the confines of the canvas; he began experimenting with this approach in the late 1980s, when the conventions of the framed rectangle (i.e. the painting) were being questioned. These ideas have further evolved over time.

There is something which Gordillo has not been able to shake off since the 1980s, and we can still see it here: his cellular melancholy. It's a kind of caustic nostalgia, which lives inside the sensory neurons. Like a small memory, full of impossible and obsessive pathways. For Gordillo, it's a kind of raw material, in which other games begin to accumulate. It's present in works like *Elastic Perspective A* (1998) and *Darwin in the Lift* (2002). Beneath what we can see, there seems to be a whole other life, swarming around like white blood cells. A certain idea of theatricality. A cellular system, screaming in silence, like the body shaking violently. It's as if the artist were picking up the cells, moving them around a bit, and creating an image out of them. Gordillo defines painting as a map of possibilities, opening out a basic, structural plan onto the reticule, like a statement of intent. The reference to cells also hints at the origin of life and its multiplication, but also to the idea of interrelating units that come together to build a complete, complex whole. Or, in other words, elements that form part of something greater, tending towards something far beyond themselves. The cell—which is also a key part of works such as *Snow White and the Fierce Pollock* (1996), *Periscope* (1998) or the series of twelve lithographs called *Set of Cells*—prevails once again, but now via digital processes. This is Gordillo's way of representing the encounter between the visceral and the technological, but also between the soul and the machine, where he is still searching for himself.

Those who have engaged with Luis Gordillo's painting know of his passion for opposites. There are many such conflicting dialectics: centripetal and centrifugal, horizontal painting and vertical painting, one and many, passion and control, figuration and abstraction, geometrism and organicism… This duality leaves no other choice: either working directly, or working with previous studies. His creative energy arises from that dialogue. It's a pendular movement, full of attractions and repulsions, in which the artist finds a two-way dance of liberation from the instinctive and the contrary. In some works, such as *The Oyster Factory* (2007), *Sterilised Trash Factory* (2007) or *Lee Friedlander in the Sixties* (2008), in which the space is structured into bands or strips (a process inherited from the 1970s collages in which he would use cut-out pictures), we can make out a work of decomposition and recomposition in which he uses fragments juxtaposed to create an order. The canvases are vertical, and the stretcher frames are independent. In these works, there is a relationship between the whole and its parts, a need to forge a controlled tension, an attempt to piece together an inherently tricky puzzle until suddenly there's an a-ha moment, like when a family finds their master key or when, for a fleeting moment, one realises that life itself has an explanation.

He knows that such an endeavour is impossible, as is knowing oneself completely. His creative explorations often crackle, bristle, spill over and break. The accumulative-type ones are related to the behaviour of liquids, to communicating vessels or even to milk when it boils up and overflows. Sometimes, he paints a painting and, once it's finished, he feels the need to let it spill over onto the painting next to it. That's what happened with *Objectual Abstraction* (2018) until he painted *Landscape in Patches* (2018). He painted the former three years before the latter, but they weren't finished until they dialogued with each other. They are the same, yet different. This is exactly the kind of issue within painting that interests him.

In works such as *Marilyn Ascending* (2018-19) and *Focusing-Defocusing* (2017), the movement goes outwards from the centre of the painting. These are paintings in which a very powerful energy is produced, which demands a larger scale; the piece might overflow into a series of paintings added onto the first one, and sometimes the limits of this process are in fact the dimensions of the studio space. There are various planes and a certain idea of escape, a response to the sensation that the painting is asphyxiating him. He starts with a first piece, not particularly large, which then grows outwards, sideways, up and down. This expansion happens out of necessity. The same necessity that now leads to him painting the walls of the exhibition space, launching a critique of painting with a clear intention: to break it down.

The idea of the duplex has also intensified over the years, and it often becomes a chain whereby the duplex becomes a triplex, and then a quadruplex, and so on: the works successively consume each other. This happens especially with his drawings, which have that same circular thinking. There are many drawings in this exhibition, created almost in the same way as automatic writing. One drawing leads him to the next, without stopping. When he cannot paint anymore, he can still draw, which in itself is like a breather. It's a liberation, and a riddle: exactly *the opposite* of a painting, but *the other way round*. One can hardly help but think about 1969, when the bubble of geometry burst and he began to hear the word *crisis* in his right ear. That's when he started drawing, and he hasn't stopped since.

In the past, when Gordillo found one of his drawings interesting, he would then turn it into a large canvas of several metres. At the turn of the century, however, he started using digital media, instead of drawing, as the initial stimulus for a piece. Infinite images on the computer screen, in that incessant mix of combinations, multiplications and changes in colour and shape: they all help create an overabundance of materials that have prevented him from falling into any significant bouts of artist's block. The computer is conducive to playing around with images, to recomposing them, cutting them up, combining and expanding them, again and again. In *Sinking* (2020), we see photographs of the stuff he leaves in his studio's sink. After observing this situation every day, he soon noticed its aesthetic power. In these images, a near-geometric order prevails; they are structured like a mosaic or kaleidoscope, with a rhythm based on the repetition and combination of a few motifs that look largely the same. Something similar happens in *Orchestra Conductor* (2022) and *Transmigration of Souls A* (2020). In these digital prints, which are full of symmetry, correspondences and internal echoes, there is a heightened sensation that the image is multiplying out of control, i.e. that Gordillo is showing us just a tiny part of something that could well go on forever. He is willing to take in and assimilate all kinds of photography, as a way to add ever more density to his artwork: we see an obsessive collection of press photos and snapshots of cheap objects, being reprocessed and spiralling back around.

Speaking of objects: the photograph *Double Resuscitating* (2013) depicts a plastic mask of former Prime Minister Rodríguez Zapatero. Well-known national and international politicians feature in his most esteemed collections of images, along with jokes and medicine adverts. He turns the mask over, so what we see in the photo is the negative. This is where he discovered the value of the inverted object, which he took to the extreme in *Zapp Collective (A, B)* (2010). The images he is most interested in are repulsive and disgusting, he admits. Drama over beauty. An example of how the artist fights with complexity. If and when a painting turns out "nice", he is wary of it. He lets his ideas simmer, even at the risk of burning himself. Gordillo thinks of creation as a space with no distances. He's even called it neurosis at times. Other times, signs of circulation made from simplified dilemmas.

A giraffe appears, on the upper floor. It's a small plastic figure he keeps in his studio, and which he photographs over and over again. In doing so, he takes irony right to its breaking point. The idea of strangeness, too. These are two fundamental terms in his most recent output. A kind of strangeness, he explains, like as if there were rats writhing around beneath the table. That state of alertness. Rats and mice are not new in his painting. The piece *MOUSE: No Gravity!* accompanies

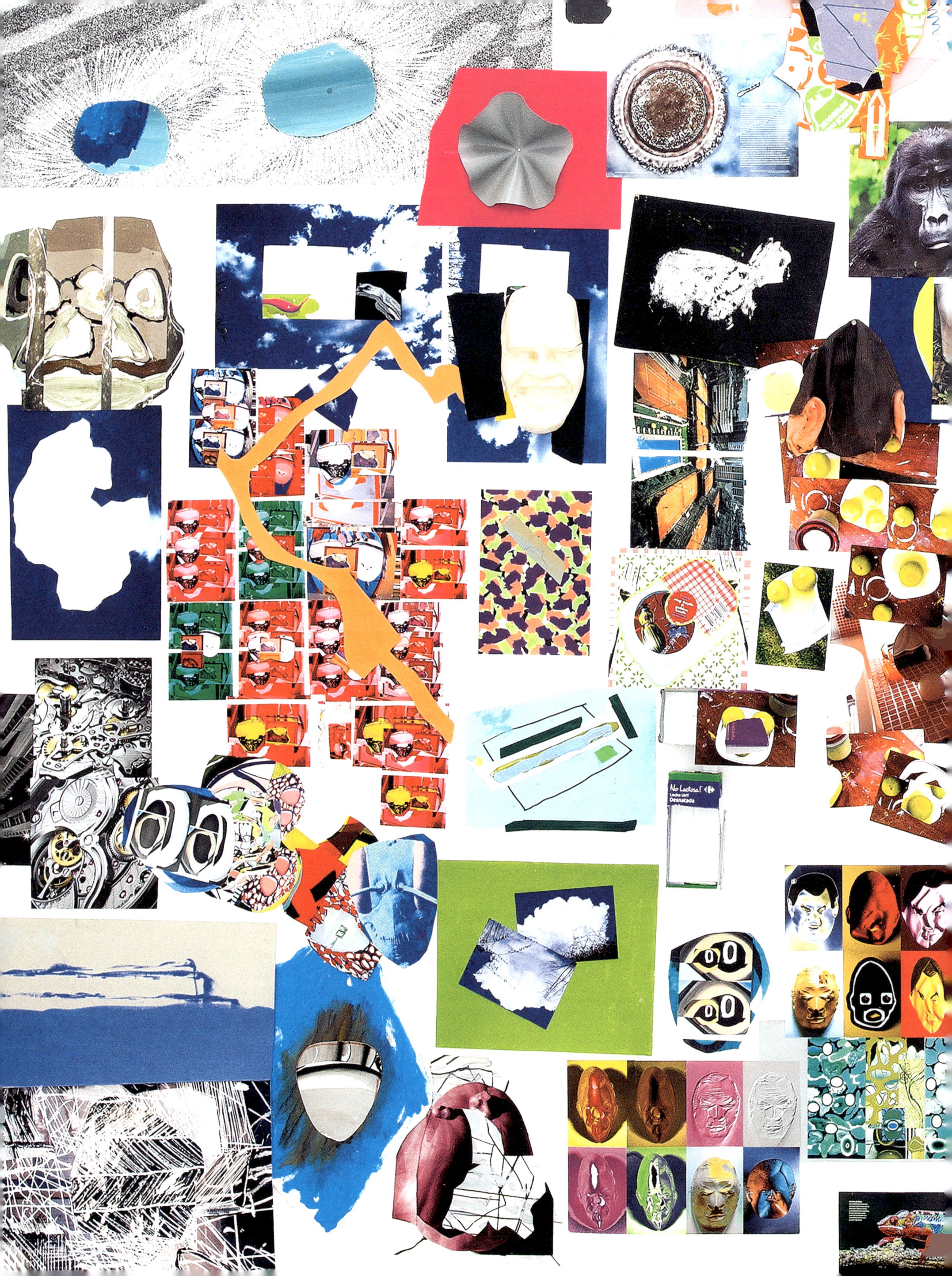

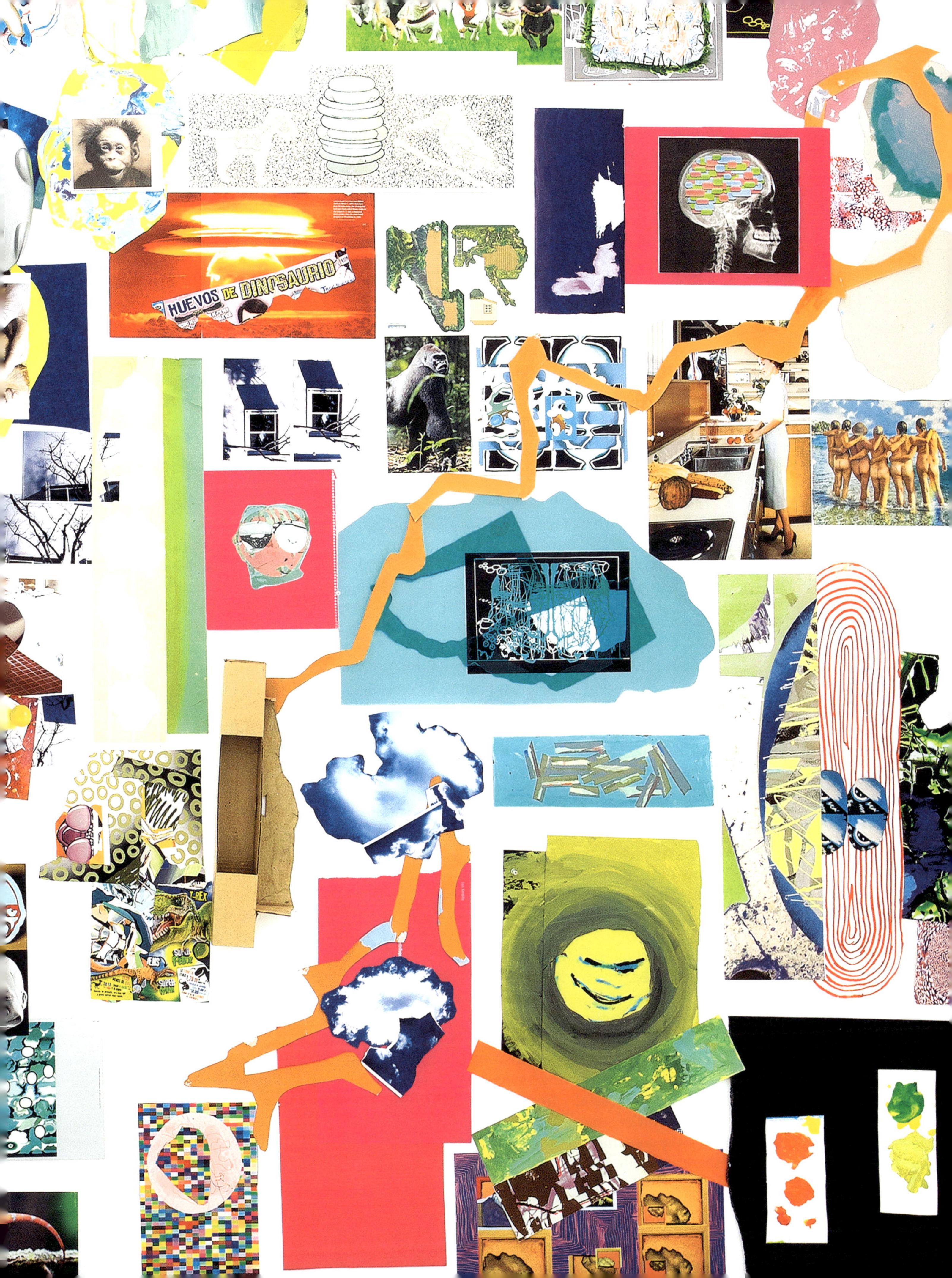

HUEVOS DE DINOSAURIO

Solid Time, Thing Time, and both were made between 2021 and 2022. The latter is a painting that started out with the image of some innards. Innards of the belly, not of the brain. And then he kept on adding layers of images, until he eventually finished it many months later. The process might include up to fifty different variations. The challenge is placing it all on the same plane, like in *ROBOT: Electrify Me!,* from that same period. It's largely irrelevant whether the resulting image is beautiful; the key thing is whether the layers of the image work together. It requires an almost physical, gymnastic effort to put things in their place, within the work. Almost sculptural. In *Bear Infinitive* (2021), explosivity, humour and reflection all dance together, to the same beat. A funny hidden meaning which, in the titles too, is almost corporeal.

More on his photography: keep in mind that Gordillo considers painting to be the key part of his oeuvre, and that photography has only come in at certain moments, as an instrument to help transform his painting, to revert the results back to the material they came from. I alluded, above, to the importance of the radical and tense processes of relation in his work, between extremes that are hard to reconcile, such as gratifying expression and extreme neutralisation. In that neutralising extreme is where, mostly, he has turned to photography.

And more concentric circles: there are paintings that generate photos, but there are photos that generate paintings too. There's no way of labelling which one comes first, and which is second. It's all spinning around and generating images, like in a centrifuge. Right now, he photographs everything that happens in his studio: from the making-of process behind a painting, to all the changes that take place along the way. It's not about capriciousness or posing, but rather he is generating, with this material, a kind of creature. He is really interested in how individuals or intensities are generated, or strange dramatics, which might then take up a prized spot in his murals.

Gordillo's murals break through the limits, and he adds all kinds of things onto them. There might be press photos, or ones taken by the artist, in a range of sizes; there might be reproductions from his own catalogues or from test pieces; printing materials; cut-out bits of coloured card, or ones with carefully-placed blobs of paint; cardboard boxes, plastic masks, the remains of works in progress… The murals are an extension of his collages, but with a more intense and ironic intelligence. A great self-portrait, full of nuance. His studio floor immediately comes to mind, covered in papers, letters, projects and discards. Or his sets of photos, cut out from newspapers or magazines, which themselves became artworks in the early 80s, in compositions that maintained one same format and size. A mural that, here, follows the pattern of earlier ones such as *Dinosaur Eggs,* which he made in 2019 for the exhibition *Vida (aún) viva,* held at the gallery Aural in Madrid at the end of that year. There was also *Self-Portrait Gordilliensis* (2020), shown at *Memorándum,* the large anthology held in 2021 at the University Museum of Navarra, curated by Sema D'Acosta.

If we study the work of Luis Gordillo as a whole, we realise that change itself is its most salient feature, the cornerstone of all his production. He has shed his skin an infinite number of times, so he makes it hard for us to settle into his painting. Via his masking tactics, the artist has managed, with irony, to come up with his very own anti-rhetorical and anti-compositional formula. In turn, this formula has allowed him to plot an alternative-yet-tangential route through the dilemmas of painting, and still emerge successfully from it. He seeks to lose himself, as always. For him, each piece is a sort of summary of his achievements and discoveries to date. The container, and the contained. That which envelops, and that which unfurls. It doesn't matter if there are contradictions in logic or fallacies. His works have efficient rationality, strict control, rigid conviction and fixed meanings. They show that boundaries themselves are tenuous, without any indoctrination about the artist's defects.

Everything in Gordillo's work is acrylic gelatine or an opened-out mask. Everything is a map, full of obstacles. Everything is a cathartic action for banishing demons. Closed circuits, overrun with doubts. A kind of painting that purifies and segregates energy, violent and spontaneous, abstract but concrete. An interrogation. An open, angry path, marked by an exhausting challenge whereby he pursues bright clarity in the expression of his inner tensions. Or, in other words: to come out on top against shadow-thinking. That stance, on the aesthetic level, has its advantages, but on a personal level it requires huge efforts. A great deed, where nothing is calm. Even his body warns him that it is fed up of being at the service of his obsessions, though it also begs him to be wrapped up in that time of the image, to consume that time, play with it and fall into its traps, as he has admitted so many times.

Looking back at it all, from a distance, we can say that there are no radical changes along the way, but there are nuances. For Gordillo, the painting is still the least immediate thing. It's something that can be shown, because it's all arranged and the rush to find the beauty in it has dissipated. Throughout his career, he has sought to shield us from the drama of the creative process. It's not uncommon to hear him saying, of his paintings—particularly those from early in his career, which he found more difficult to produce and which he calls "crisis-paintings"—that he now sees them as *very nice, almost inoffensive, really well painted*. With his more recent work, he finds it harder to be quite so obliging, although I sense that time has given him a certain sense of security in terms of the more immediate. A kind of reconciliation, a shedding of the burden of the indecisions, the crises, the U-turns and ultimate survival that painting entails, and he now seems to recover from it quicker. A battle with painting, which now appears to be less brutal, and more cordial. He hasn't given in, but rather he seems more accepting. Gordillo has reached that point where painting is a test of resistance, one which he has (almost) passed. He is more content with things that, beforehand, he did not accept, with things he denied, and this comes from a place where he seems to get on, better and better, with his fears and insecurities. Perhaps it's because he sees himself more clearly in the mirrors of anguish. Or because he now digests better that stew of entanglements and inner storms. That's a leap forward. He knows his place in the world of painting. This publication is a celebration of that.

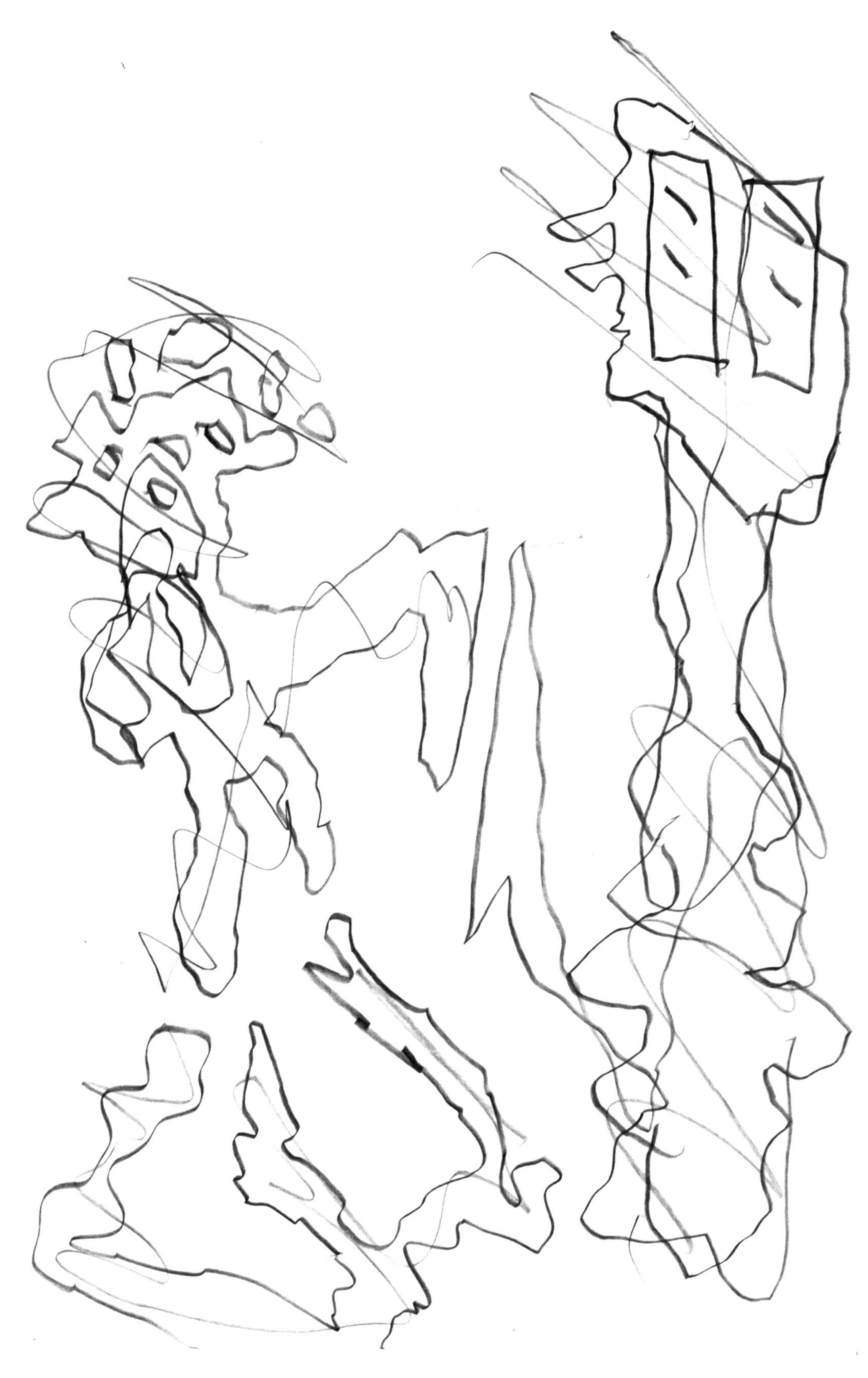

S/T, 2023

nada es fácil
dijo la palmera indolente,
todo es complejo
musitó el cocodrilo ahíto de tiempo:
la realidad es confusa
murmuró el hipopótamo enclaustrado en el barro,
la realidad es hipnótica
añadió la boa constrictor.
Todo es coco
afirmó Tarzán,
sólo el no-suicidio nos hace divinos
musitó Chita clavada en la Cruz

17/11/97

ordeñando a la vaca Ramona
he tenido deseos de ordeñar a la vaca Ricarda,
ordeñando a la vaca Josefa
he tenido ganas de ordeñar a la vaca Manola:
idiomas de cuatro patas
y un caballo llamado Alfredo Pérez;

trotando alrededor de la hemeroteca
he sucumbido a la tentación:
¡Es tan hermosa la oración jaculatoria!
¡Ordenad al rebaño
y pastemos mar adentro!

Están ordeñando el horizonte
y no ceso de llorar.

Psiquismos

ese olor a vinagre de estar vivo,
ese sabor a pólvora, semen,
lija, terciopelo,
uñas y pubis:
Estar vivo y ser futuro,
ese olor a vinagre de la ensalada
y del atardecer cuando el
naranja es solo verde.
¡Socorro estoy vivo
y me puedo morir!
Pubis de terciopelo,
besos de lija,
tarde de uñas futuras.

when milking Ramona the cow
I longed to milk Ricarda the cow,
when milking Josefa the cow
I yearned to milk Manola the cow:
four-legged languages
and a horse called Alfredo Pérez;

trotting around the archive
I gave in to temptation:
The ejaculatory prayer is so beautiful!
Gather the whole herd
and let's graze offshore!

They're milking the horizon
and I can't stop crying.

Psyches

that vinegary smell of being alive,
that taste of gunpowder, semen,
sandpaper, velvet,
fingernails and pubis:
being alive and being future,
that vinegary smell of salad
and of the sunset when the
orange is only green.
Help, I'm alive
and I could die!
Velvet pubis,
sandpaper kisses,
evening of future fingernails.

I've compared the
Heavens and the Earth
and I'll stick with
the TV

n.d.

OBRAS
WORKS

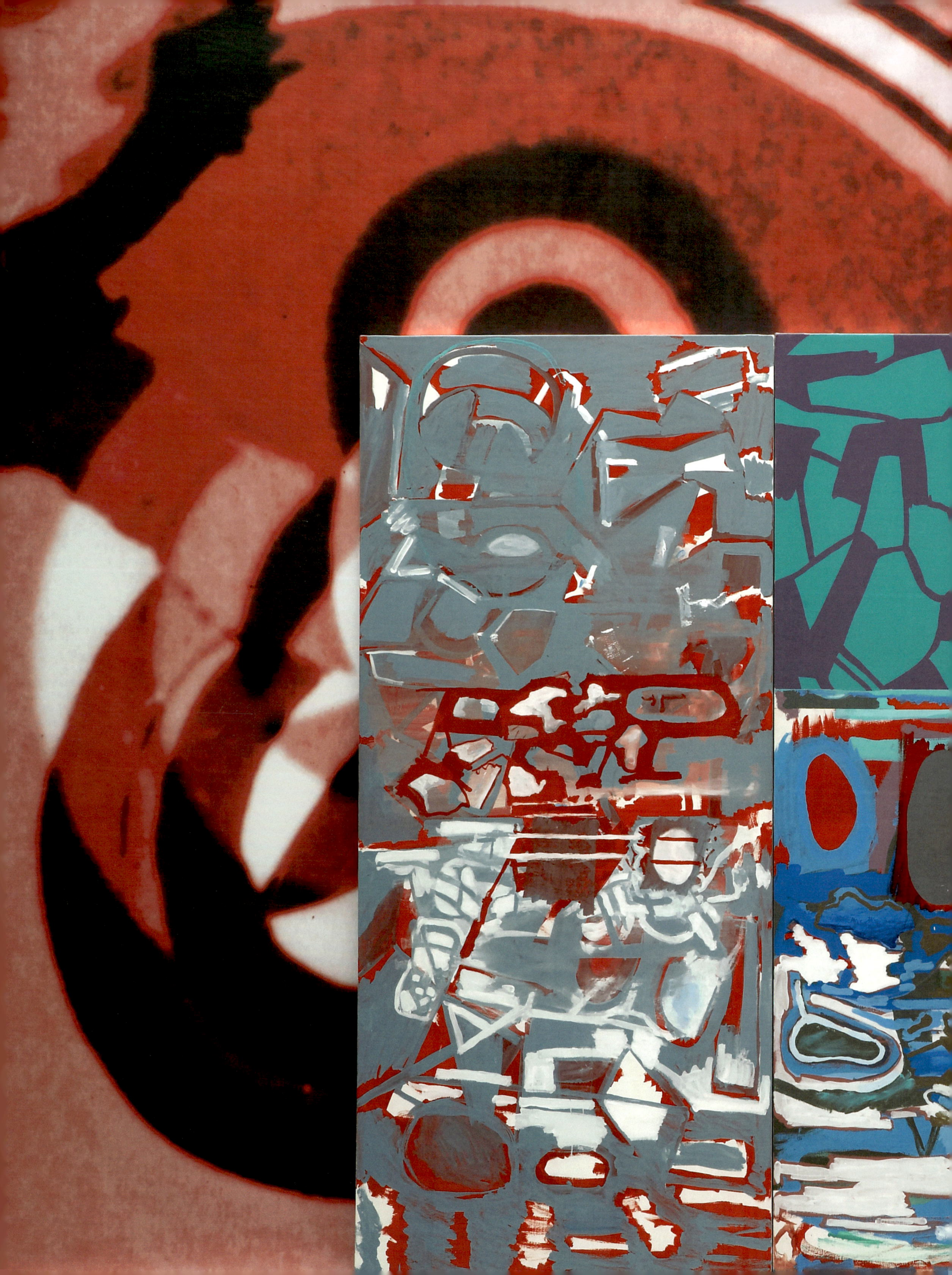

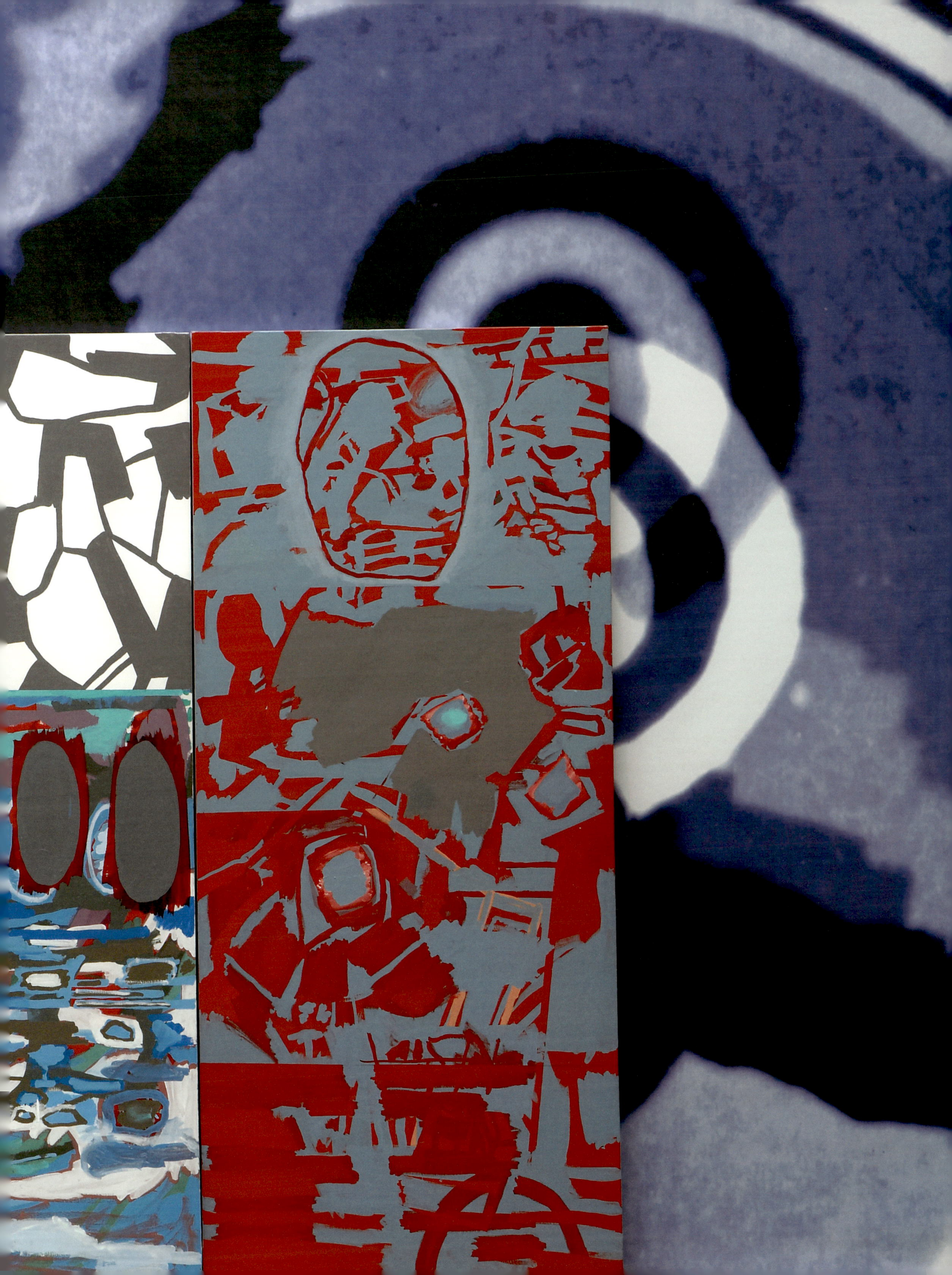

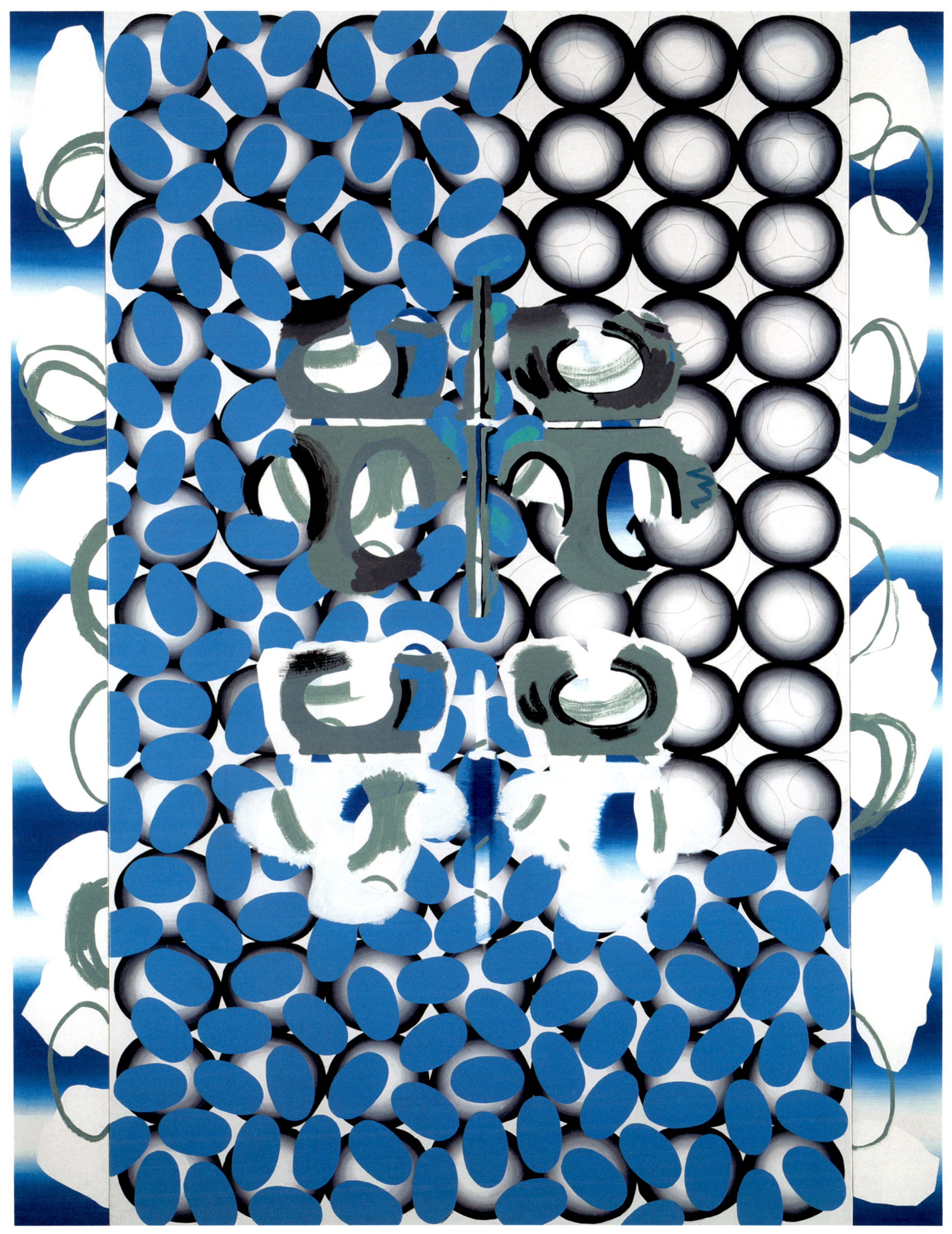

Elastic Perspective A   *Perspectiva elástica A*, 1998

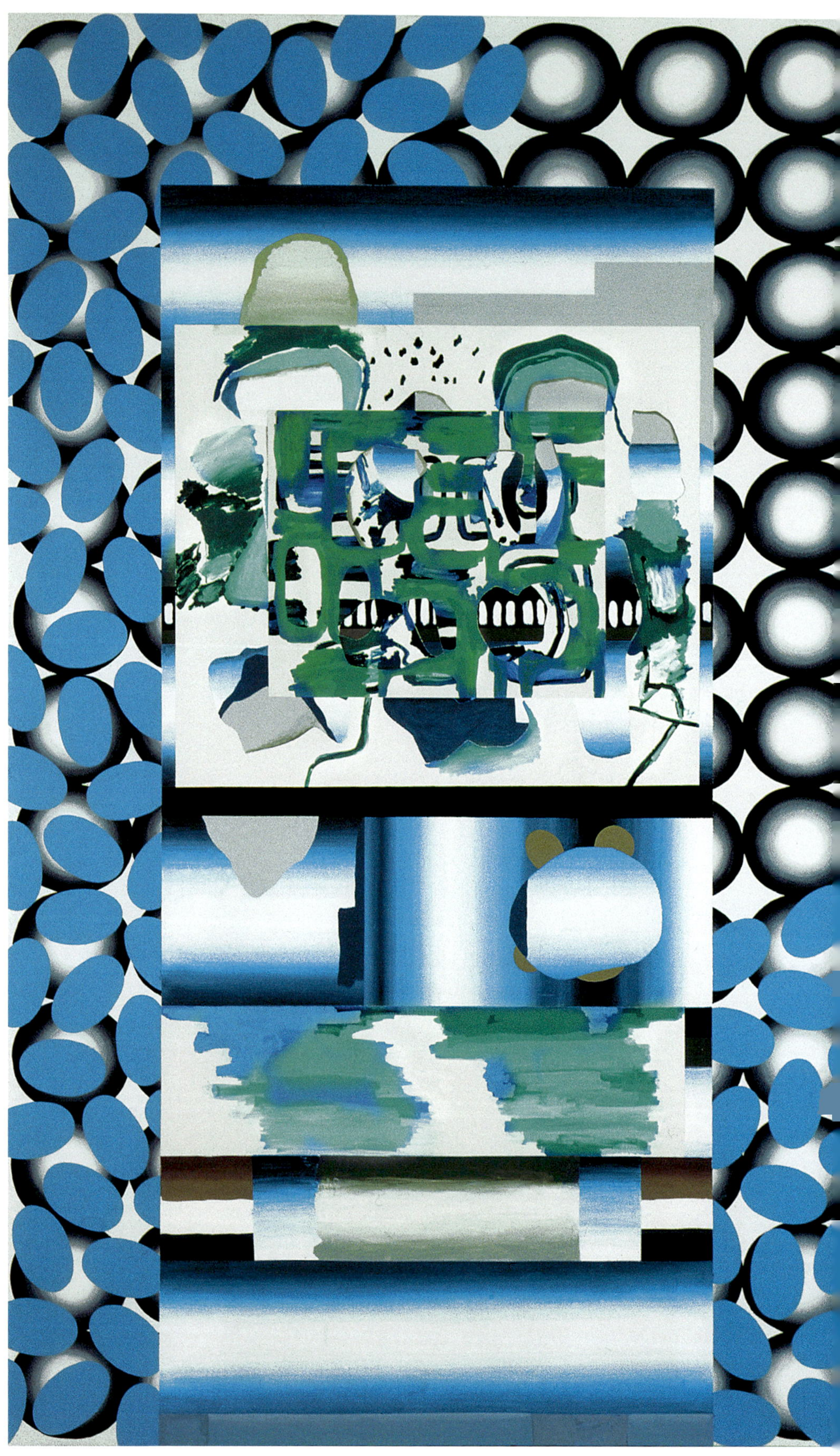

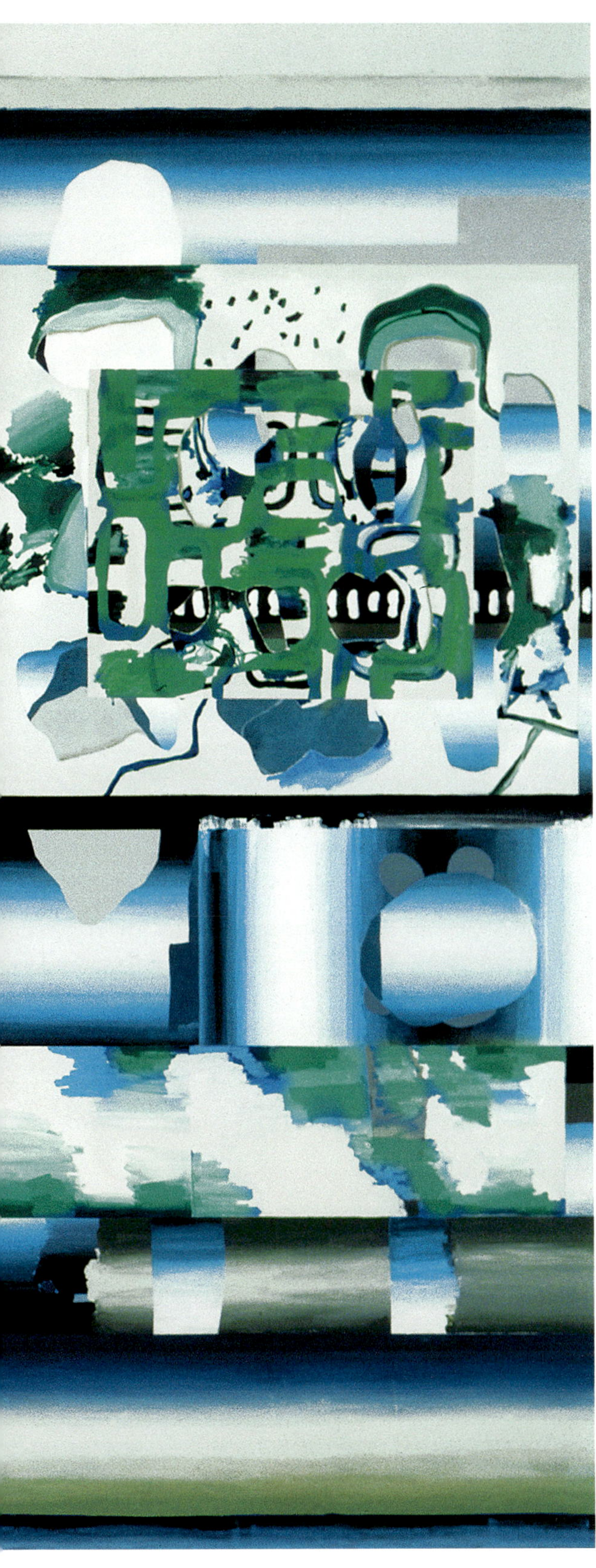

Perspectiva por adherencia, 1998

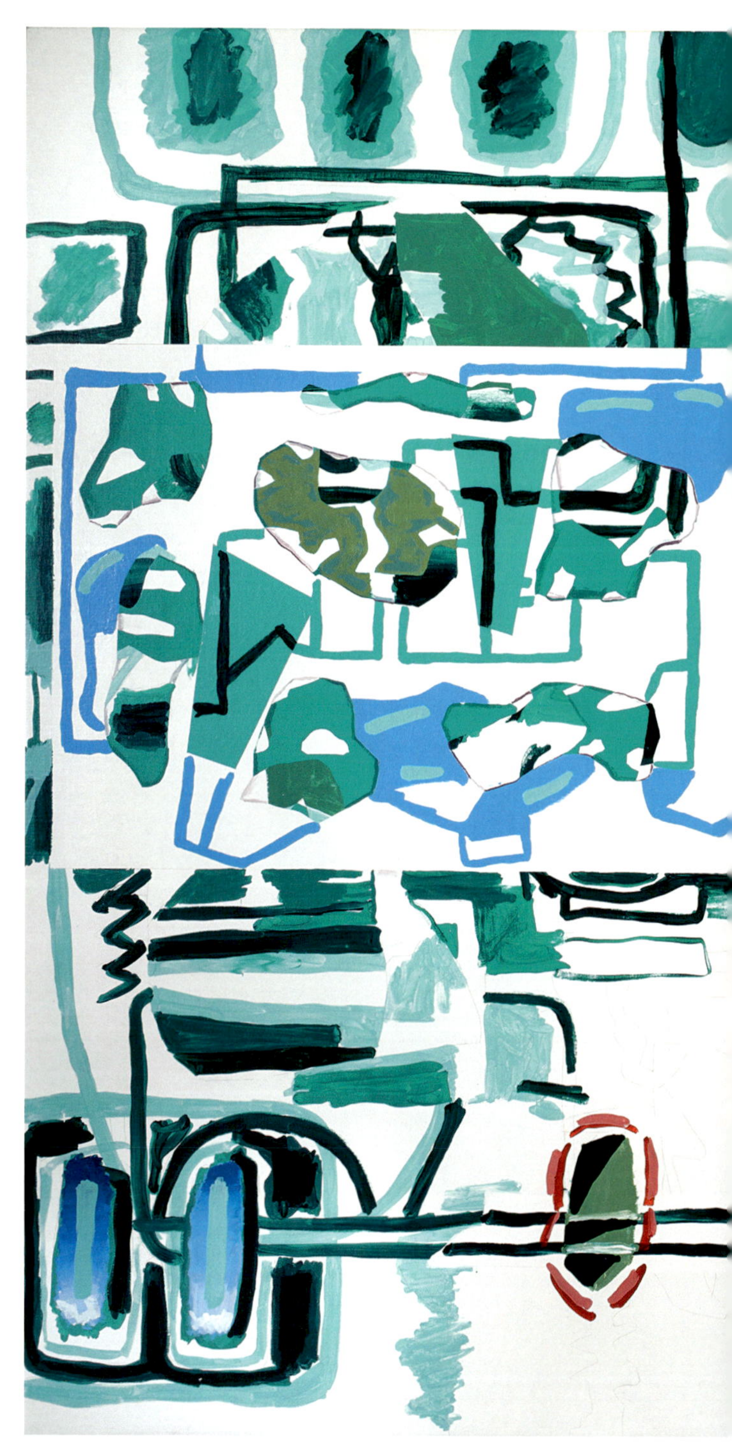

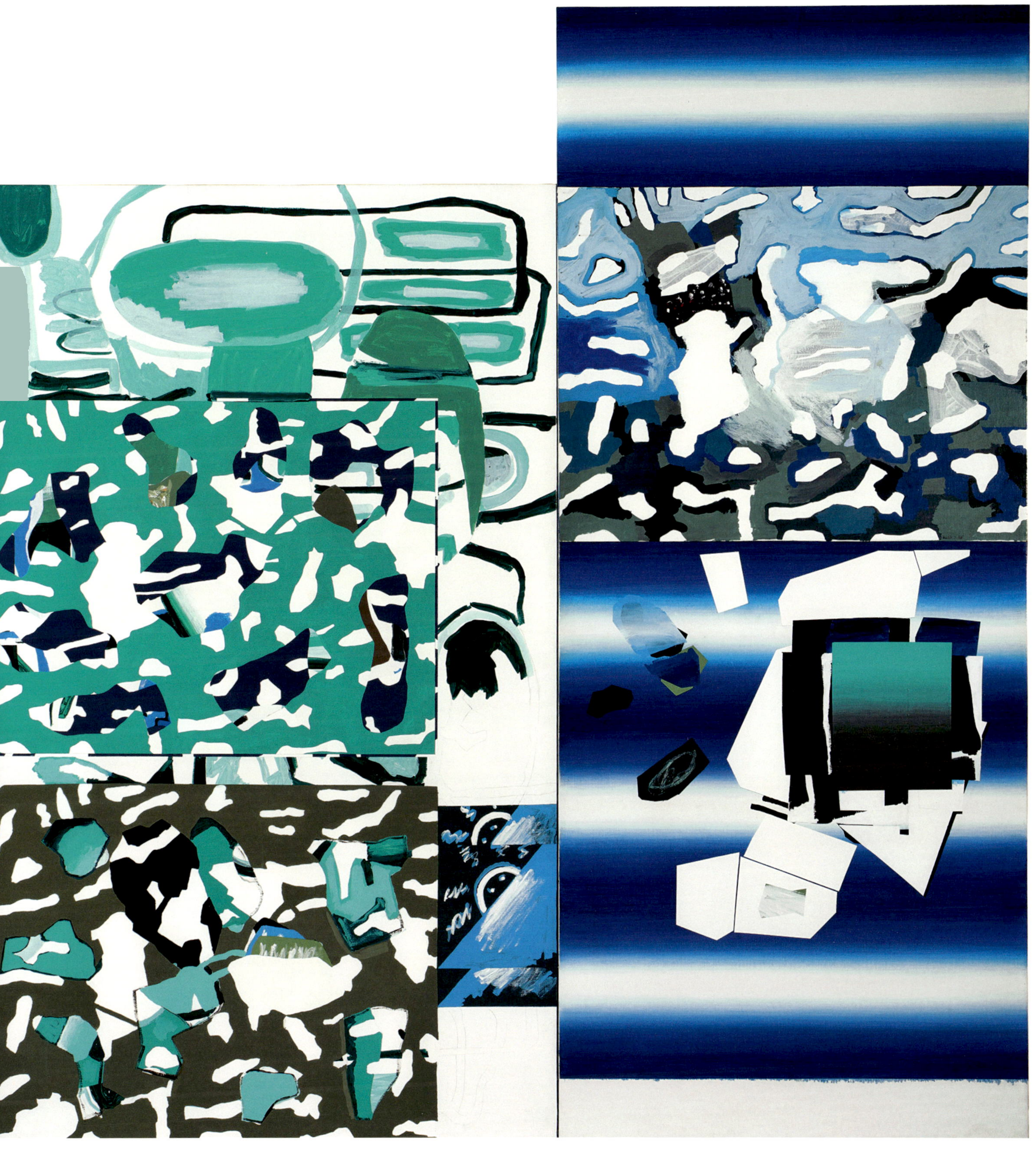

Las brújulas inapetentes, 2000

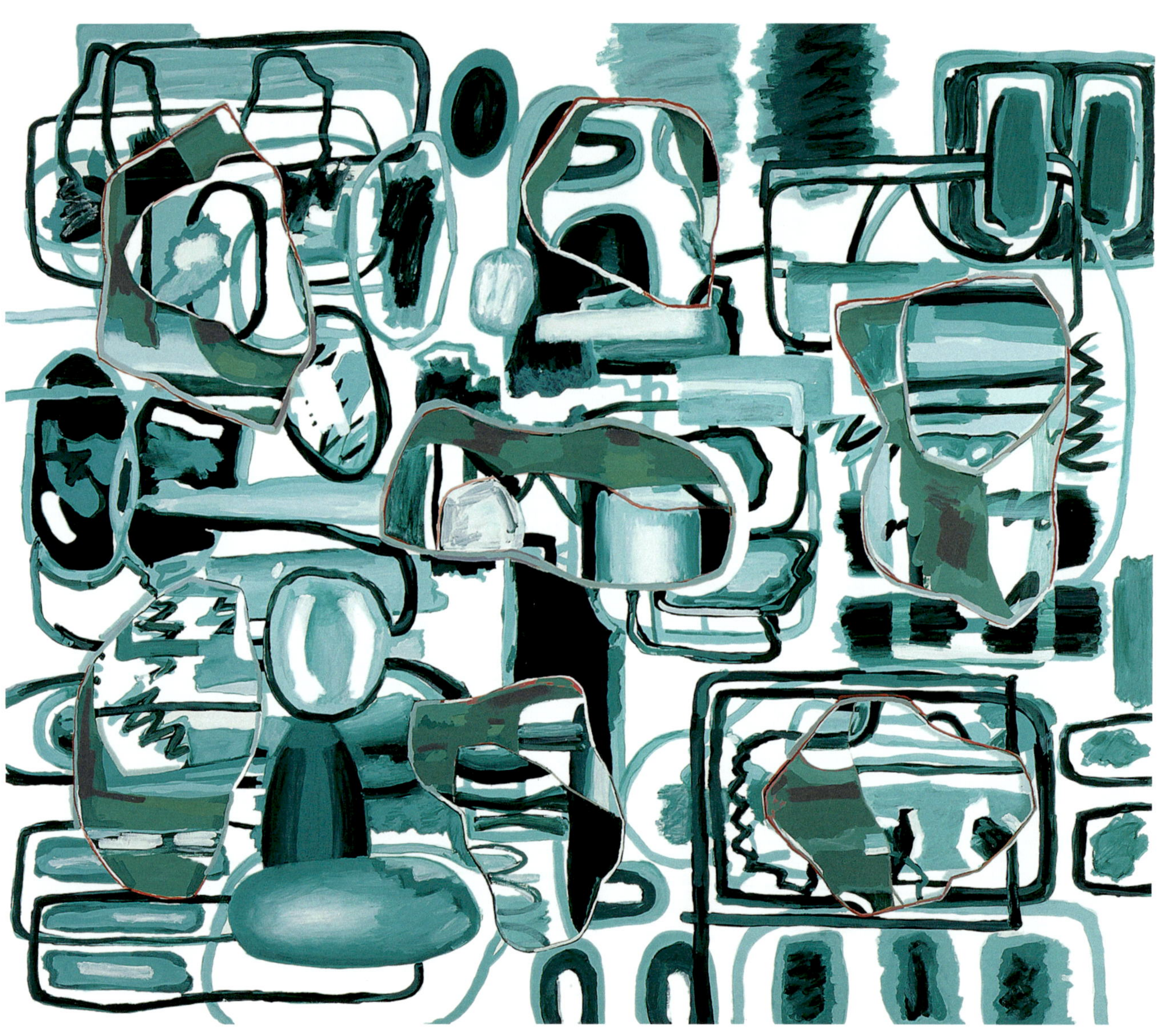

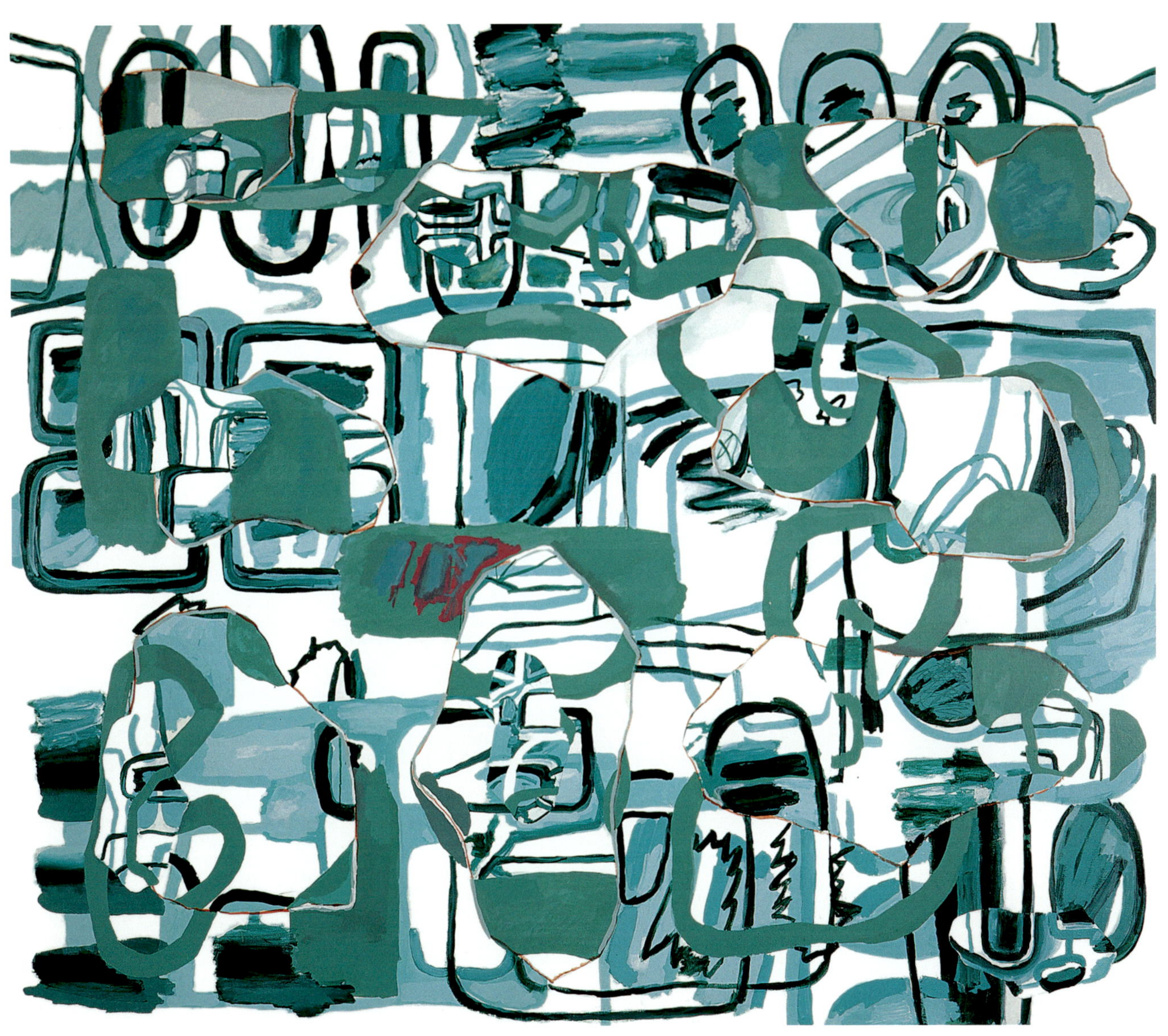

Recording Frogsong　　　Grabando cantos de ranas, 2000

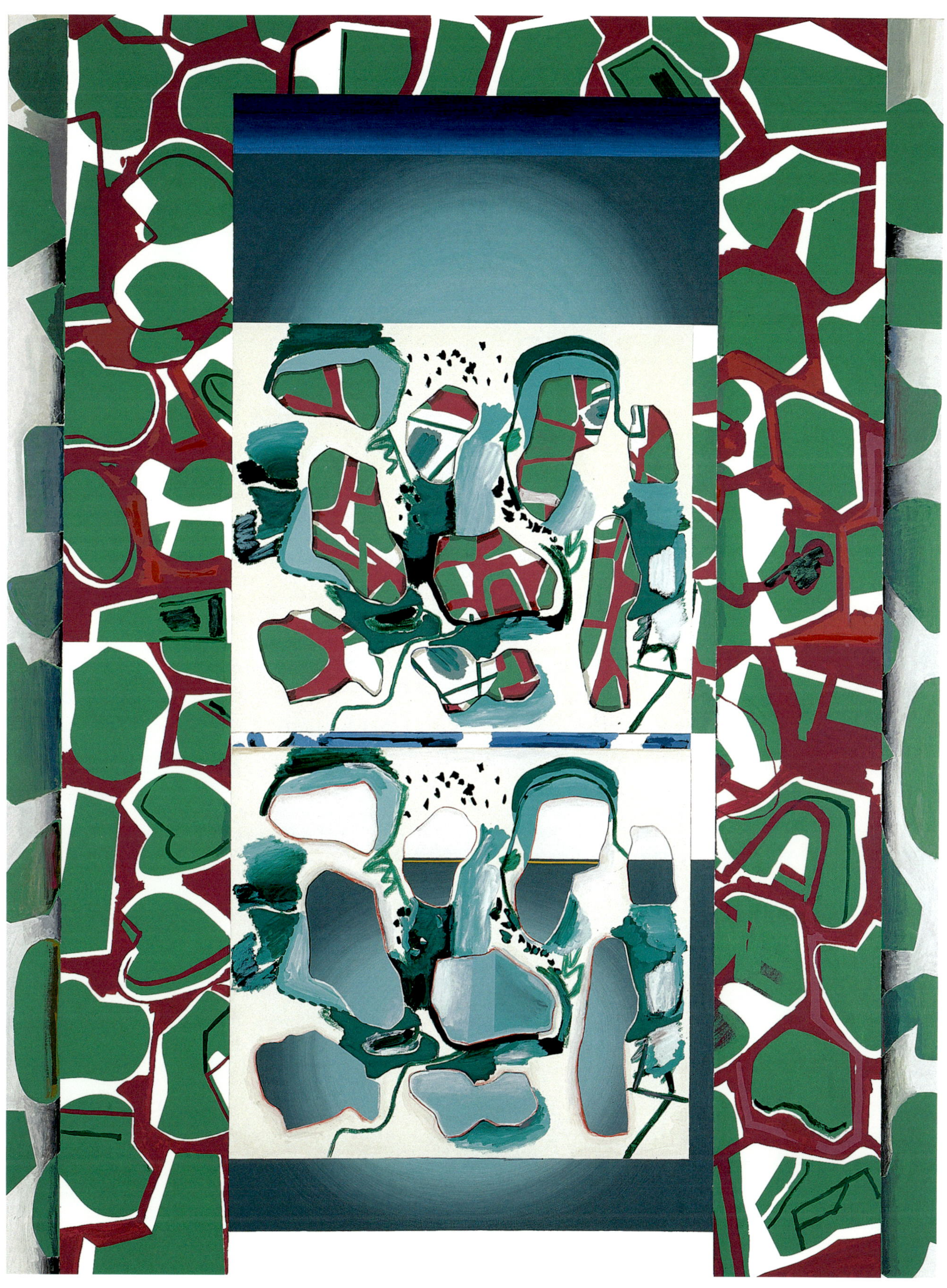

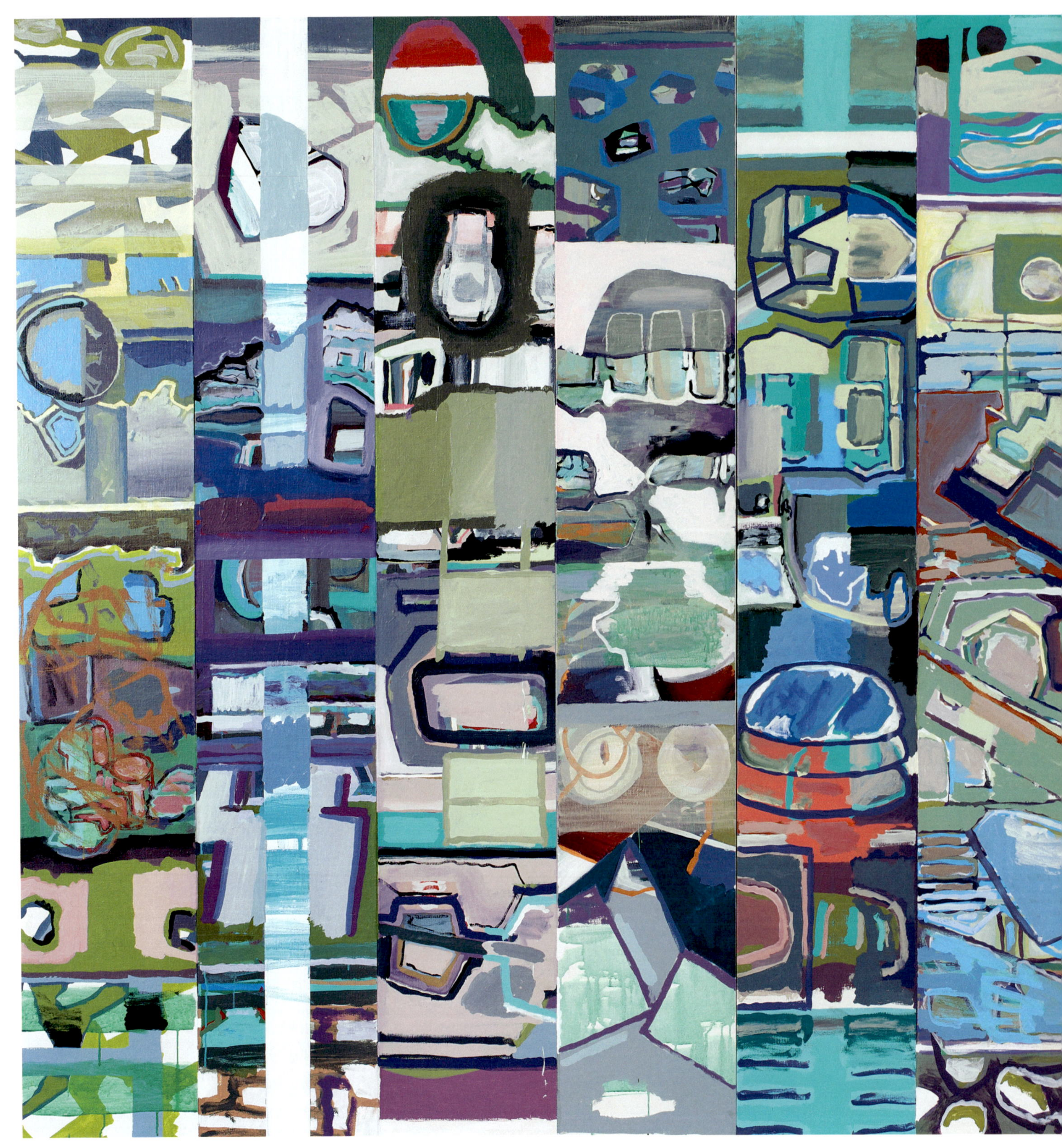

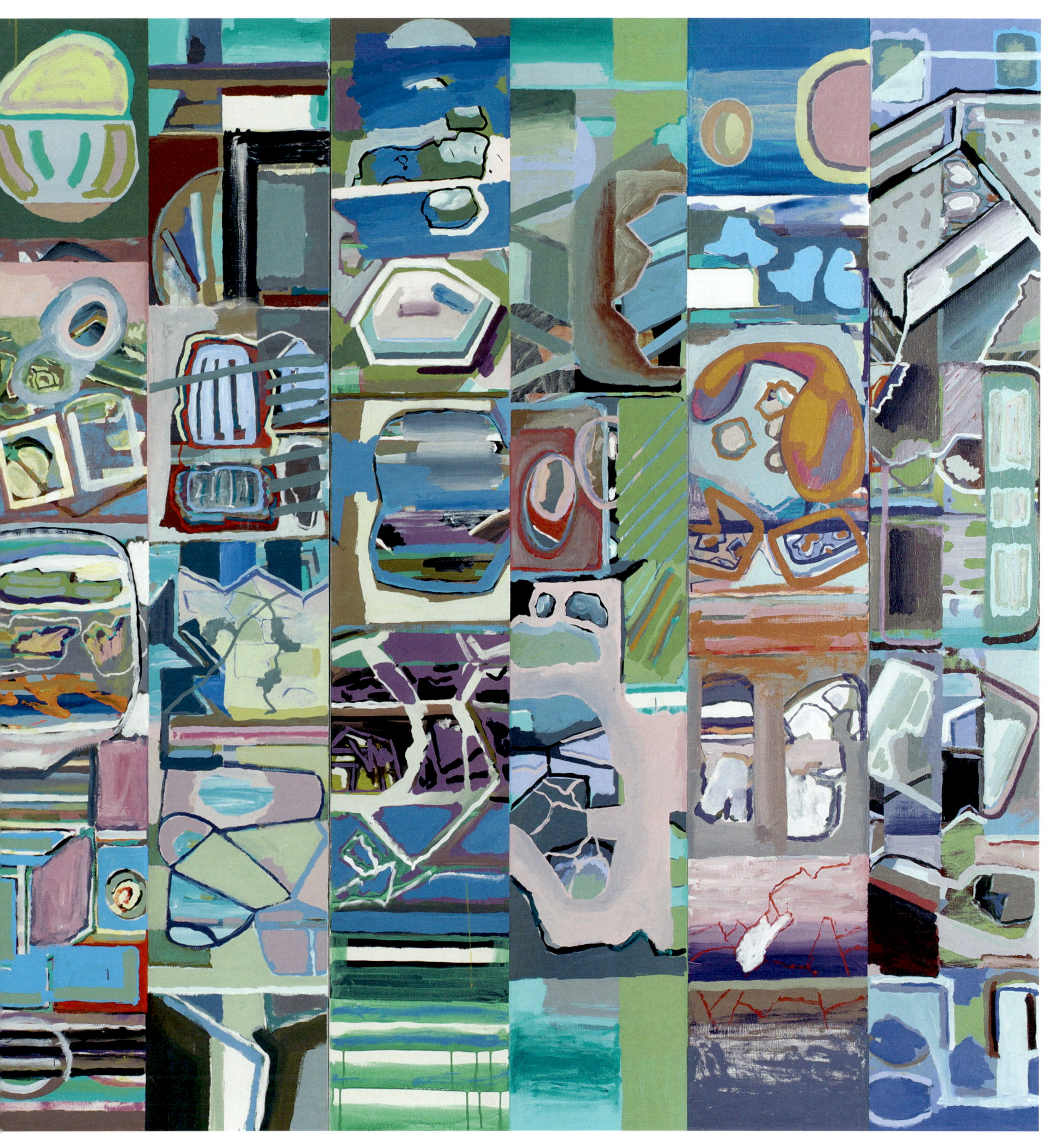

La fábrica de las ostras, 2007

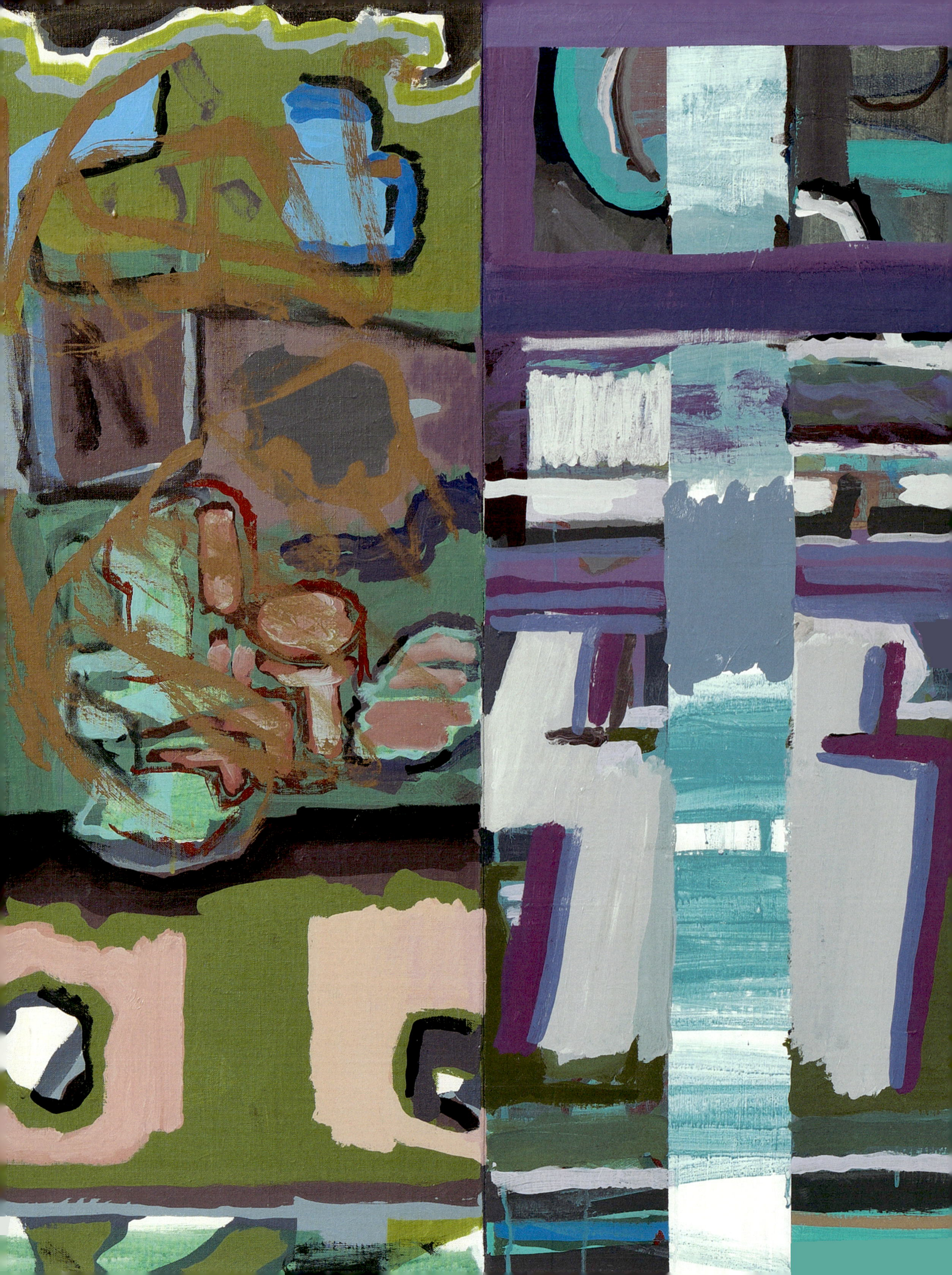

perdido entre árboles
te preguntas
por la senda
que lleva al río.
Preguntas al pájaro y te dice
que preguntar al viento,
preguntas al viento y te dirá
que al suspiro,
preguntas al suspiro
y te dirá
que de lágrimas
está hecho el río.

Es Dioretes, el especialista de trocear cuerpos,
el que apunta la flecha con los ojos
 y corre por el campo insultando a los guerreros
                    (¿medio desnudos...?)
En un mar de olas es él el que peor huele
y en la batalla cuando hace que muere
insulta a los dioses con voz estridente, chillona.
Cuando vuelve a casa, es él el más amante de
los animales:
muge con el buey, bala con la cabra,
retoza en el pajar con ratas y culebras,
vuela con el pájaro y horada el terreno con el topo.
Es un animal natural y cariñoso.
Cuando su mujer le pide un hijo
él se lo trae de la batalla ya muerto
                         !!!!! horror...

apostasías diarias,

heterodoxias sazonadas,

cambios de sexo,

terrores alimenticios,

visiones atropelladas

con cristos ensangrentados

y santos pornográficos,

niñas que lloran como vírgenes

con el corazón traspasado por puñales,

revólveres humeantes,

confesiones en masa,

lágrimas en el telediario,

ríos de besos,

mares de sonrisas,

angustias bien abrigadas:

dolores de corazón,

dolores de encías,

dolores de pulmones,

dolores de ojos preñados,

de visiones antiguas,

prehistóricas, pero ya con televisión

conectada al presente

por arqueología remota

¿Por quién llora el capitán?

Dioretes, specialist in chopping up bodies,
is the one who aims the arrow with his eyes
and goes around the field insulting the soldiers
                    (they're half-naked...?)
In a seaful of waves he's the smelliest
and in battle when he feigns his death
he insults the gods with his shrill, grating voice.
When he goes back home, he's the biggest animal
lover:
he moos with the ox, he bleats with the goat,
he frolics in the hayloft with rats and snakes,
he flies with the bird and tunnels with the mole.
He's a natural and loving animal.
When his wife asks him for a son
he brings one back from battle, already dead
                    !!!!! horrifying...

daily apostasies,
seasoned heterodoxies,
sex changes,
food terrors,
visions shot through
with bleeding christs
and pornographic saints,
girls who cry like virgins
with hearts pierced by daggers,
smoking revolvers,
confessions en masse,
tears on the news,
rivers of kisses,
seas of smiles,
anguish well wrapped-up:
heart pains,
gum pains,
lung pains,
eye pains, bulging
with ancient visions,
prehistoric ones, but now with television
connected to the present
by a remote archaeology
Who is the captain crying for?

17/11/97

unique techniques
blow me up, darling!
vicino a me
half a quarter,
a quarter and a half

is nature schizoid?
a great glass wall in the forest,
right in the depths of the forest,
in the dense, black thicket:
birds go splat when they try to fly through it,
the deer gets split,
cut in two by its geometry,
the snail reaches the wall and climbs up
and up and unknowingly makes it to the other side.

The wall slices the cloud;
it all rains down on one side.

the chalk is trampled, broken, crumbled,
time like dust
crumbles between fingers, scattering,
volatilising;
a great glass table in the
forest… the dust falls, white,
and settles. On the white
surface I'll be able to write with my finger:

a quarter and a half.

n.d.

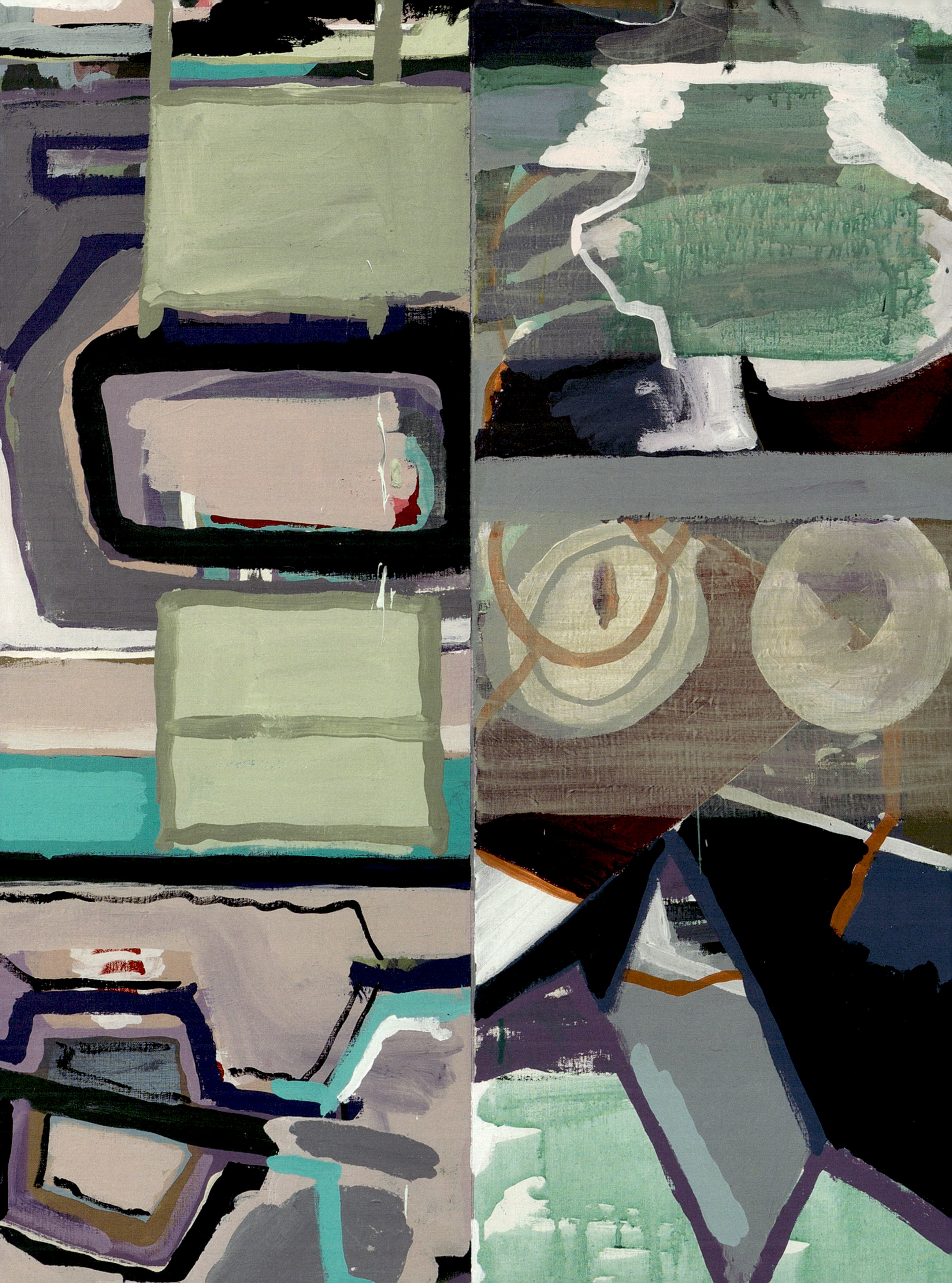

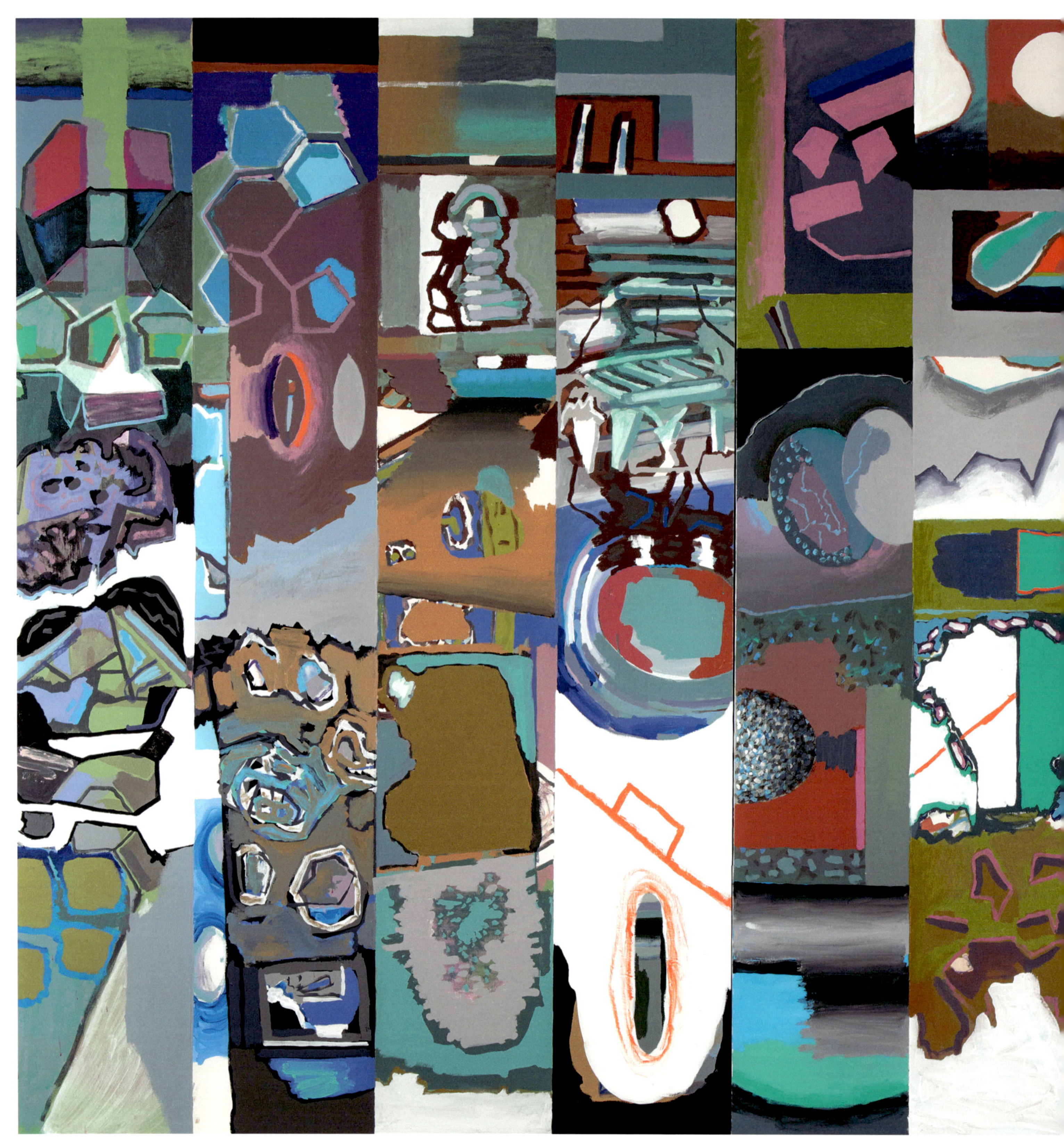

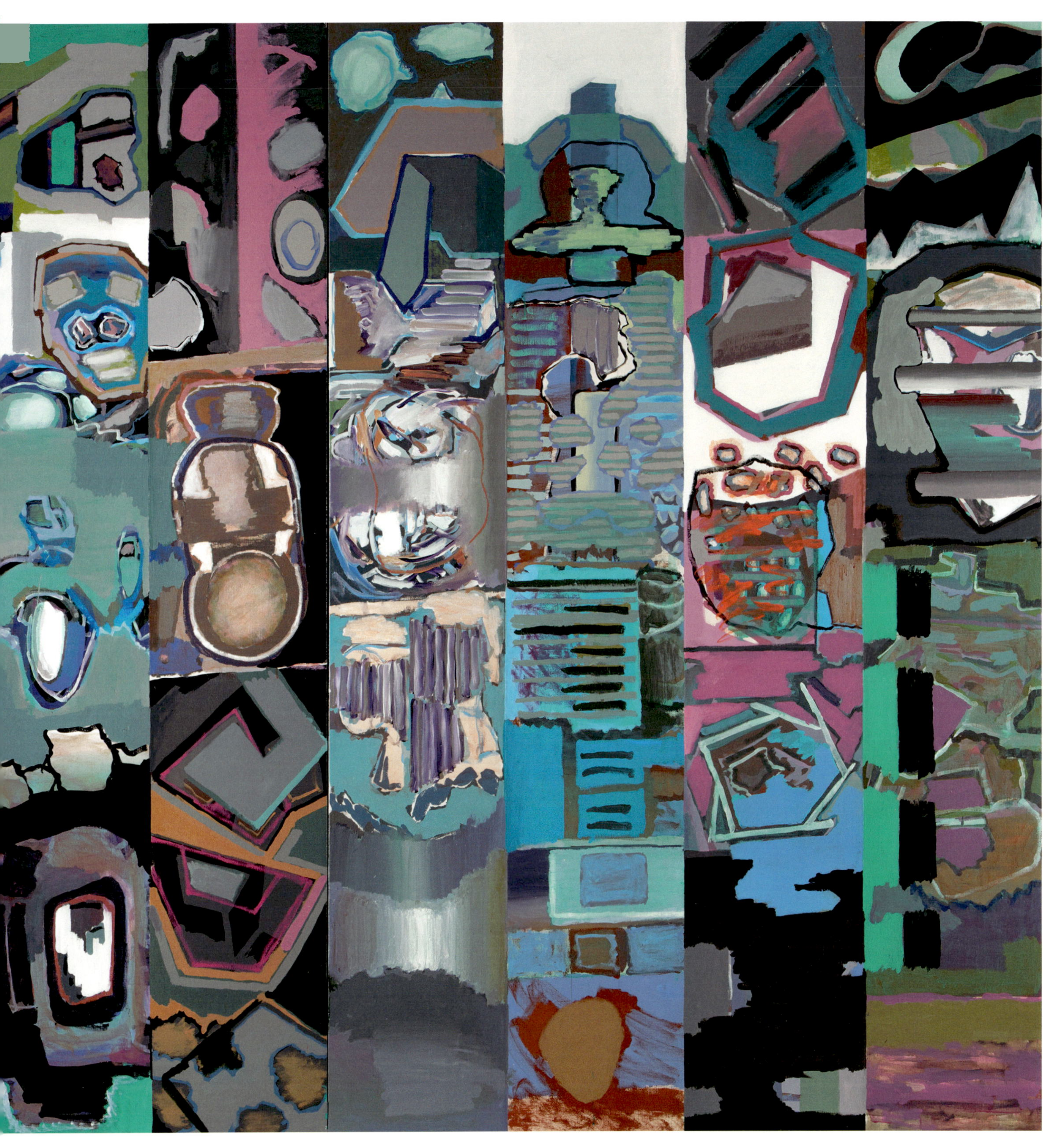

Fábrica de basura esterilizada, 2007

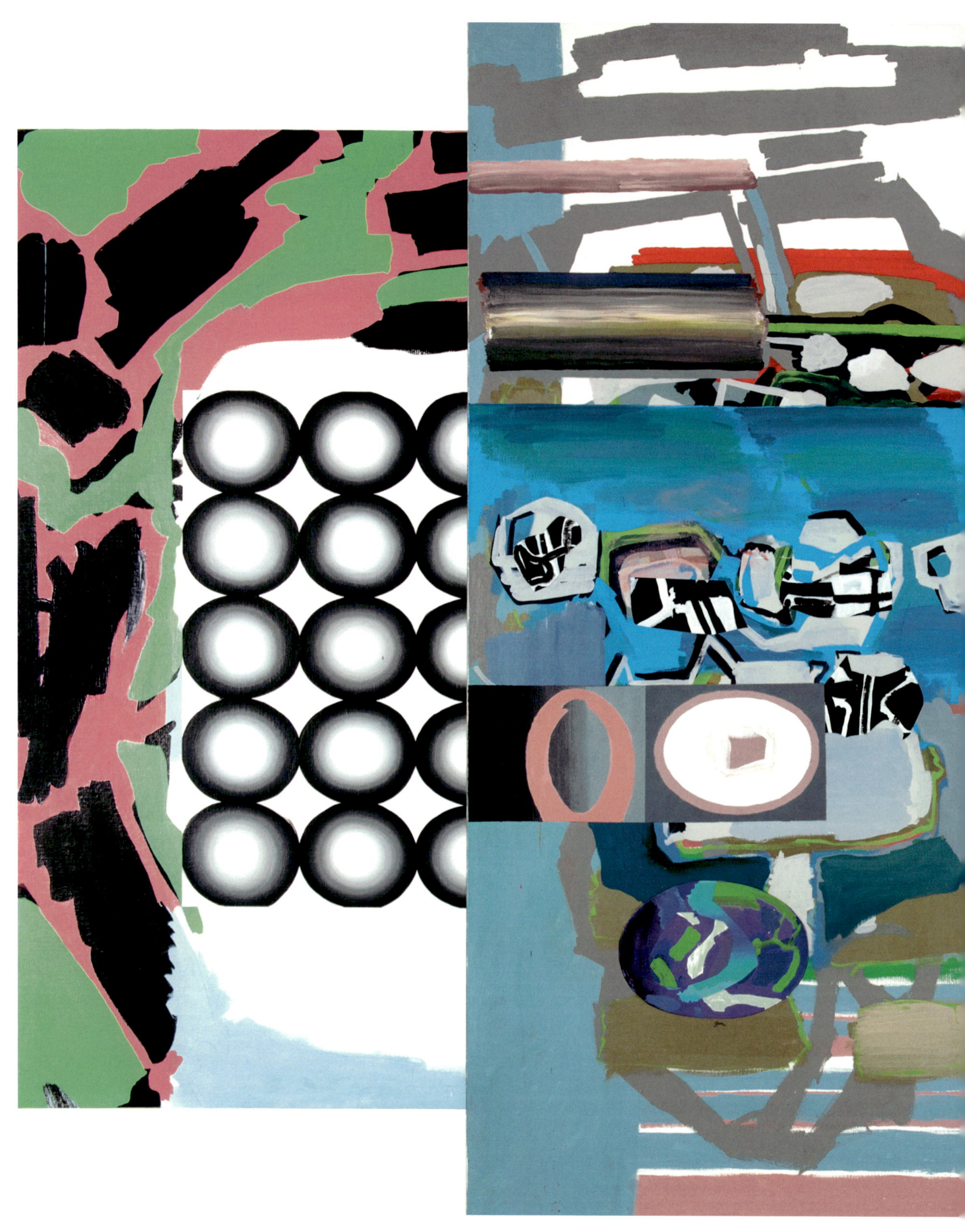

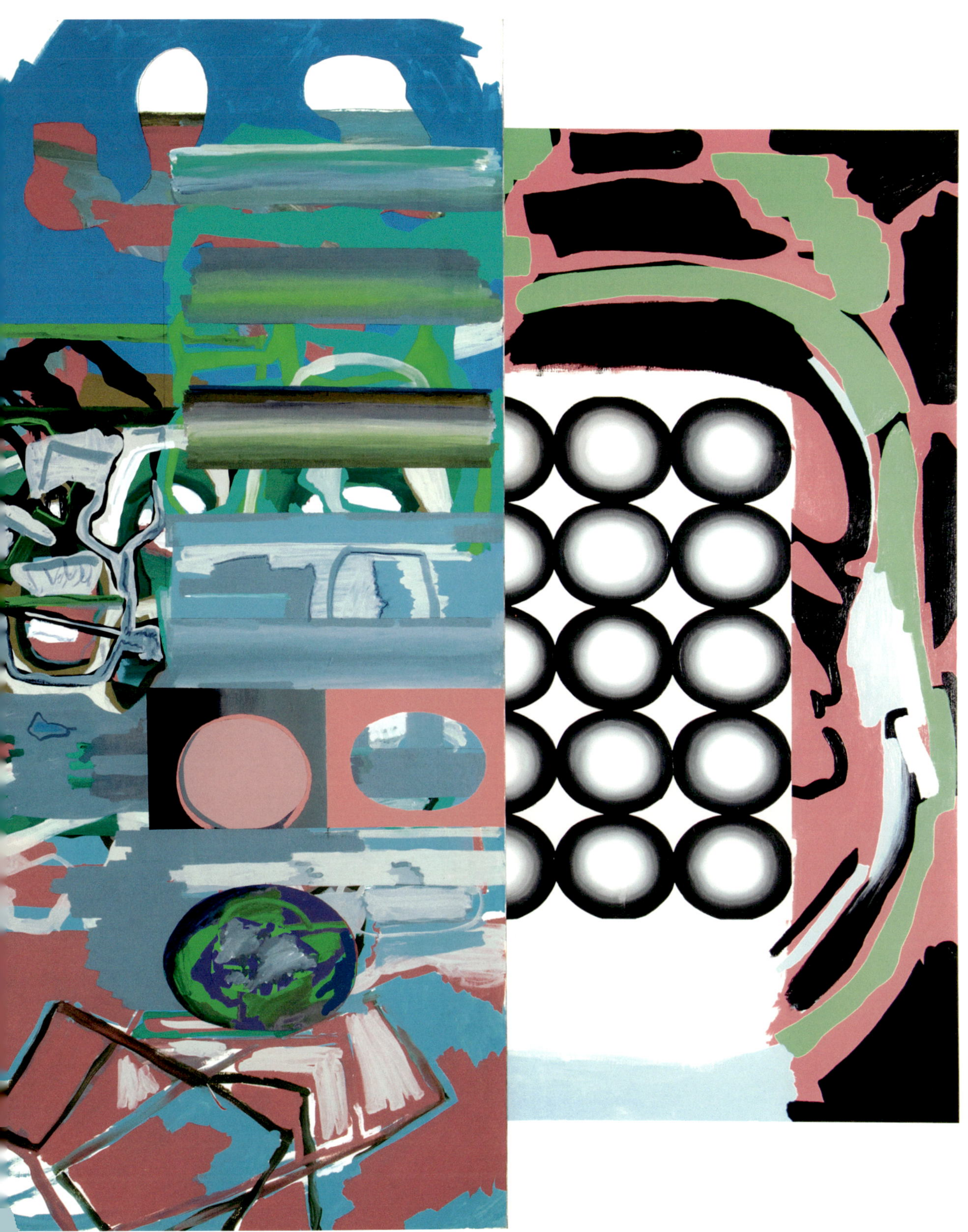

Capitalismo ovárico, 2004-2006

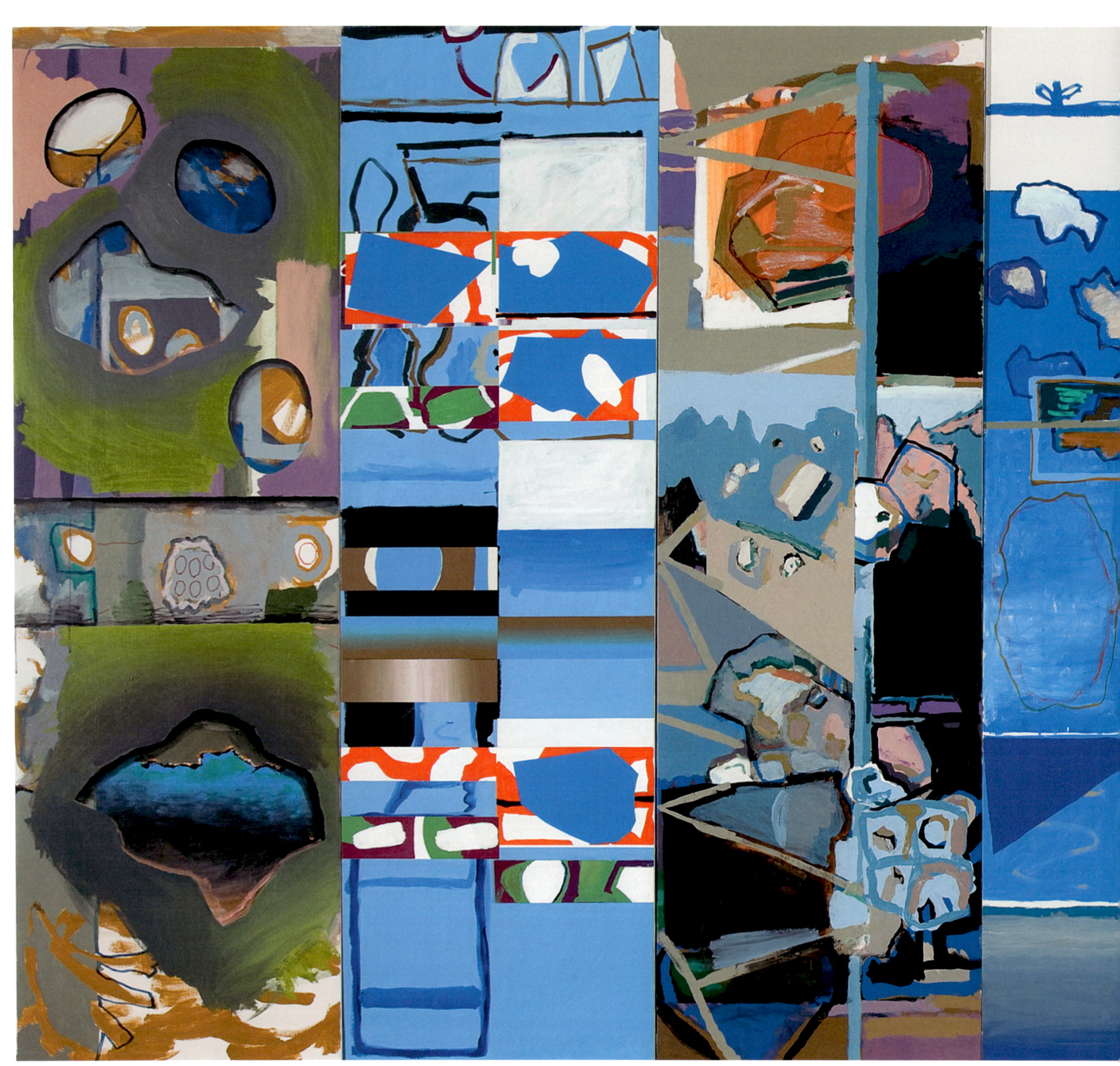

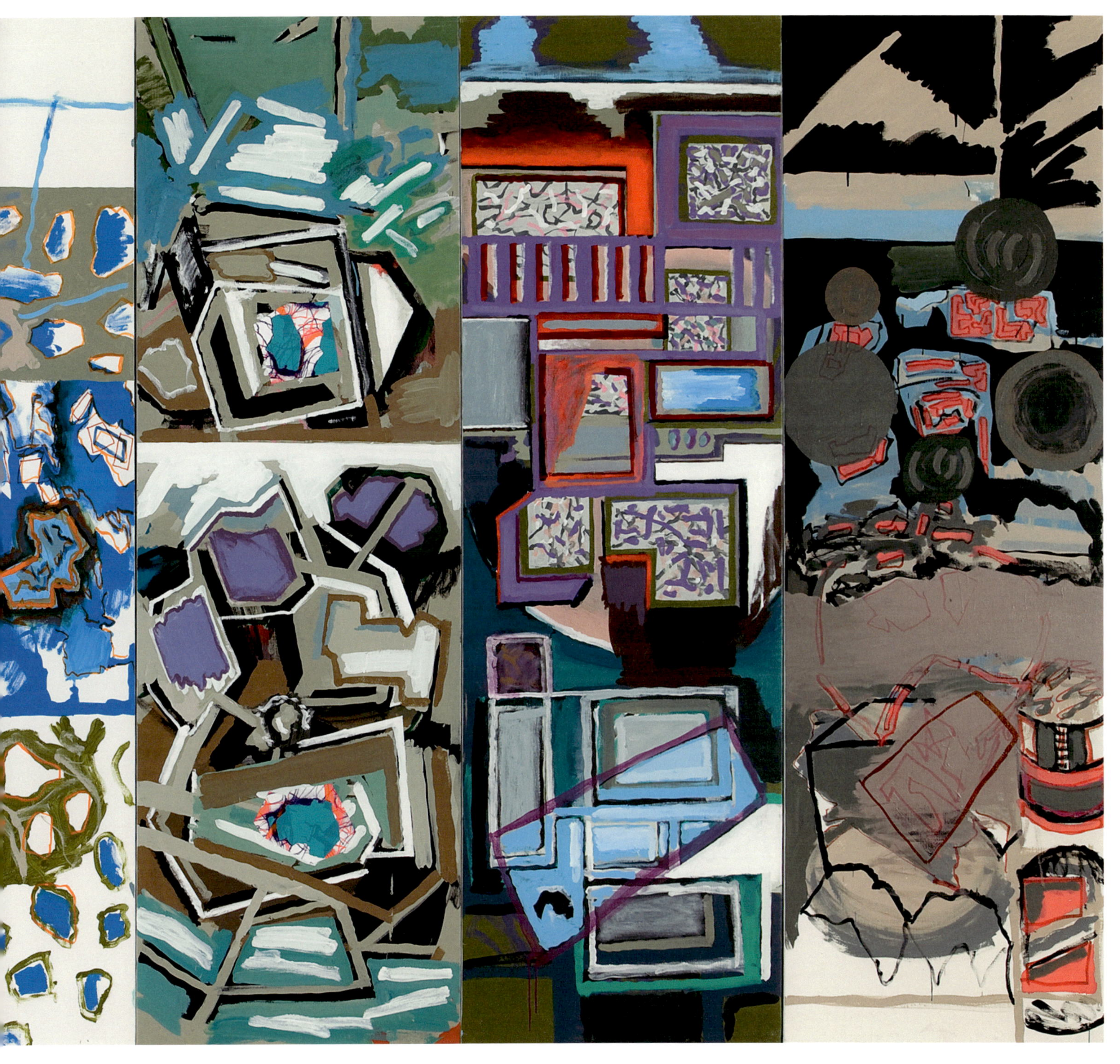

Garry Winogrand in the Sixties, 2008

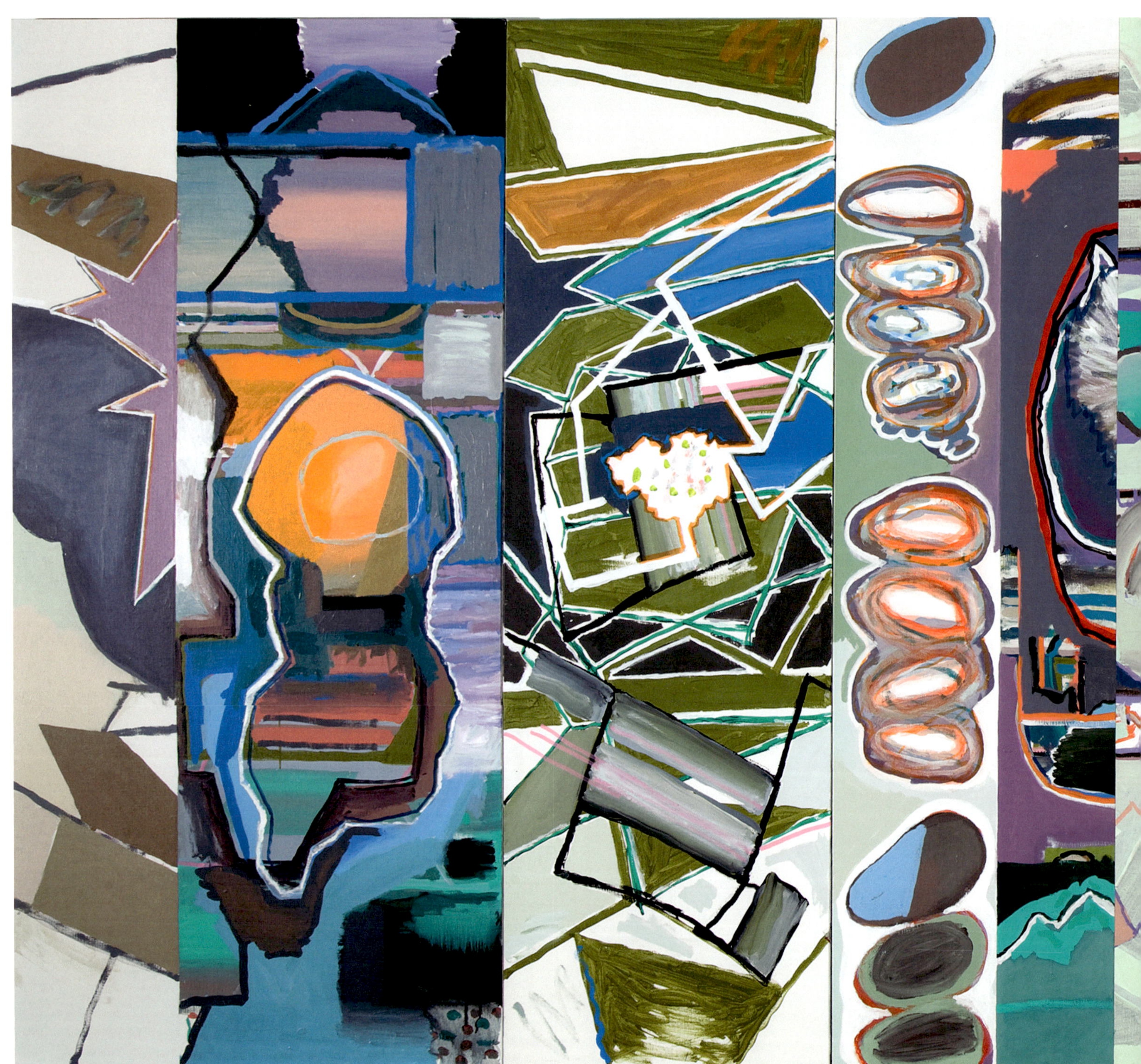

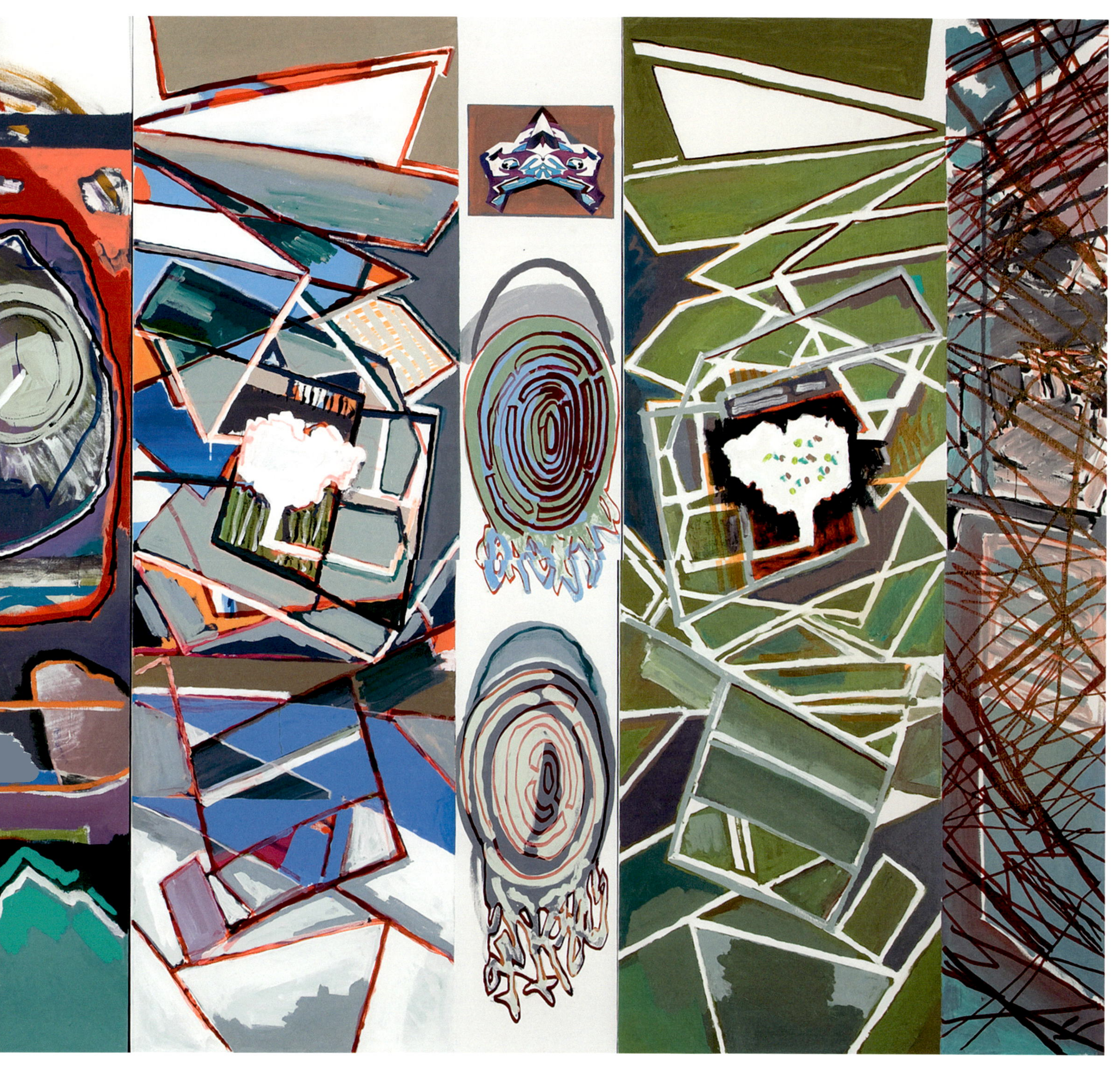

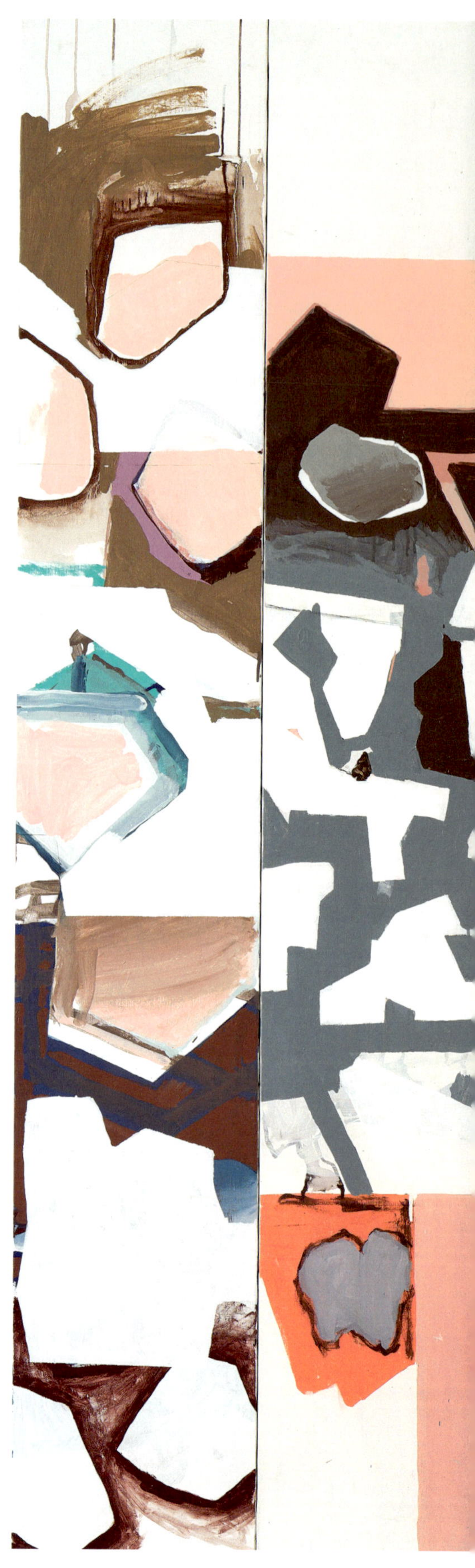

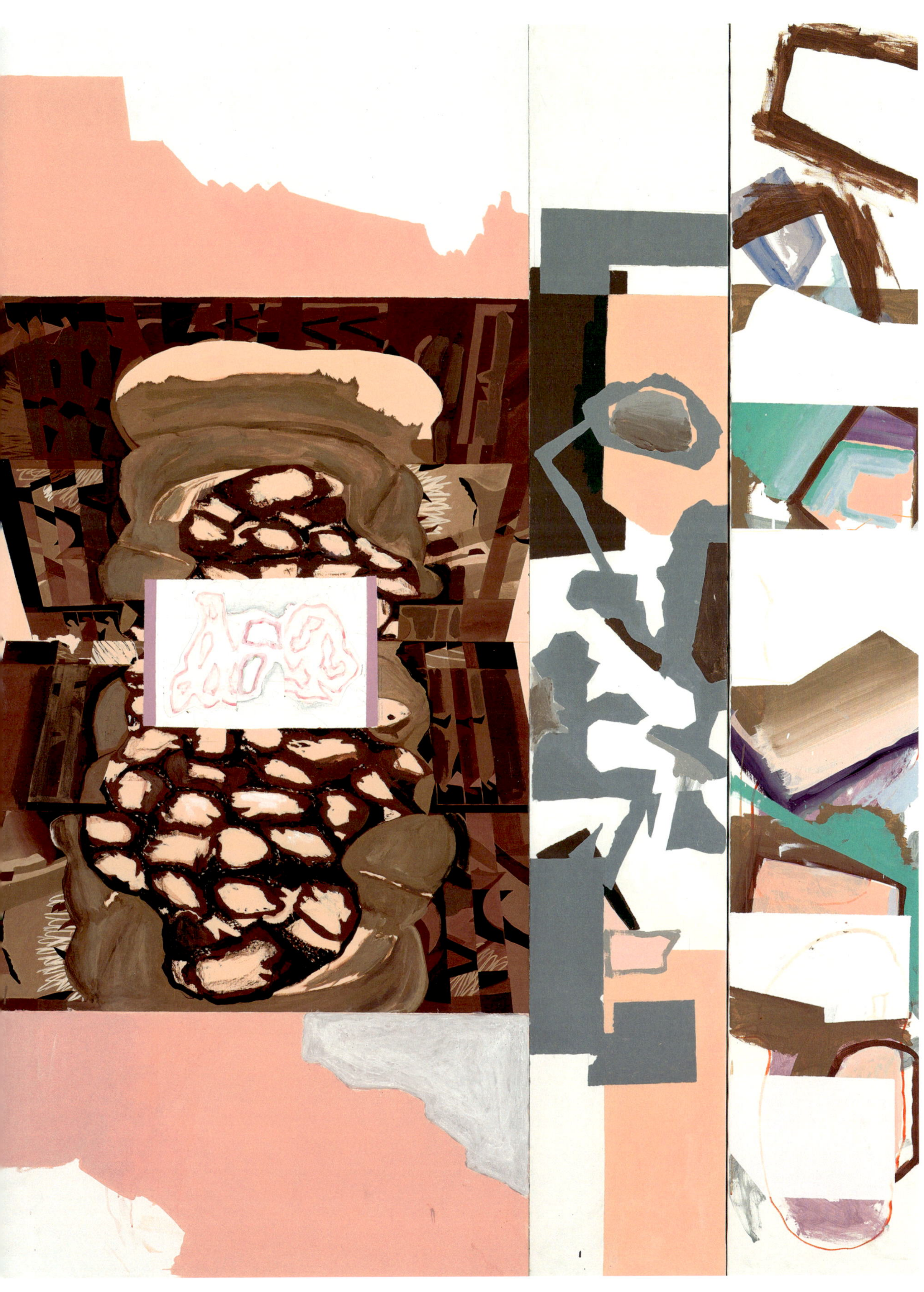

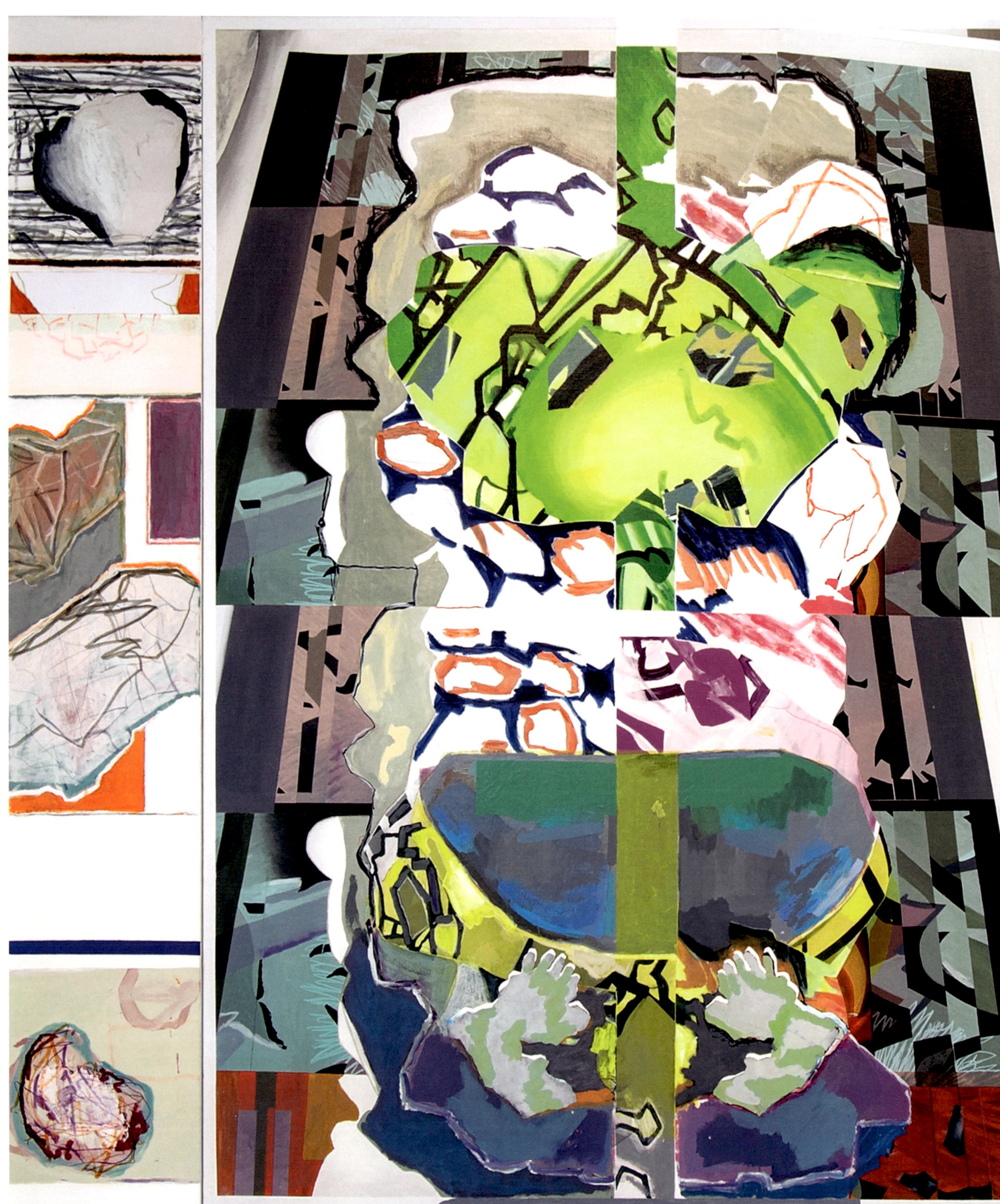

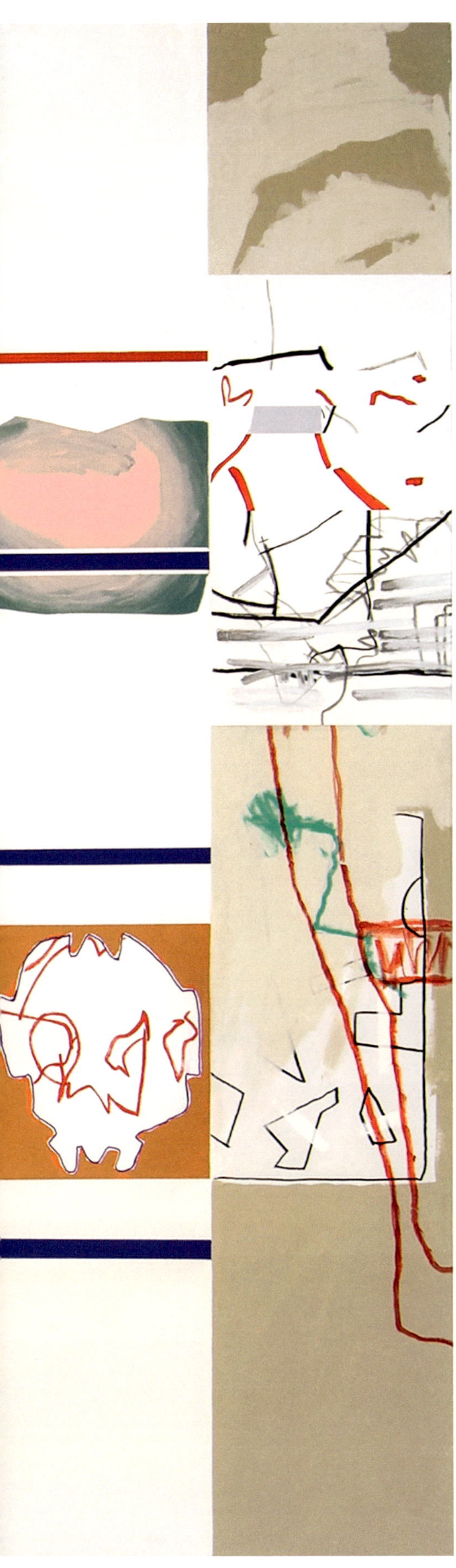

Marilyn Ascending   *Marilyn asciende*, 2018-2019

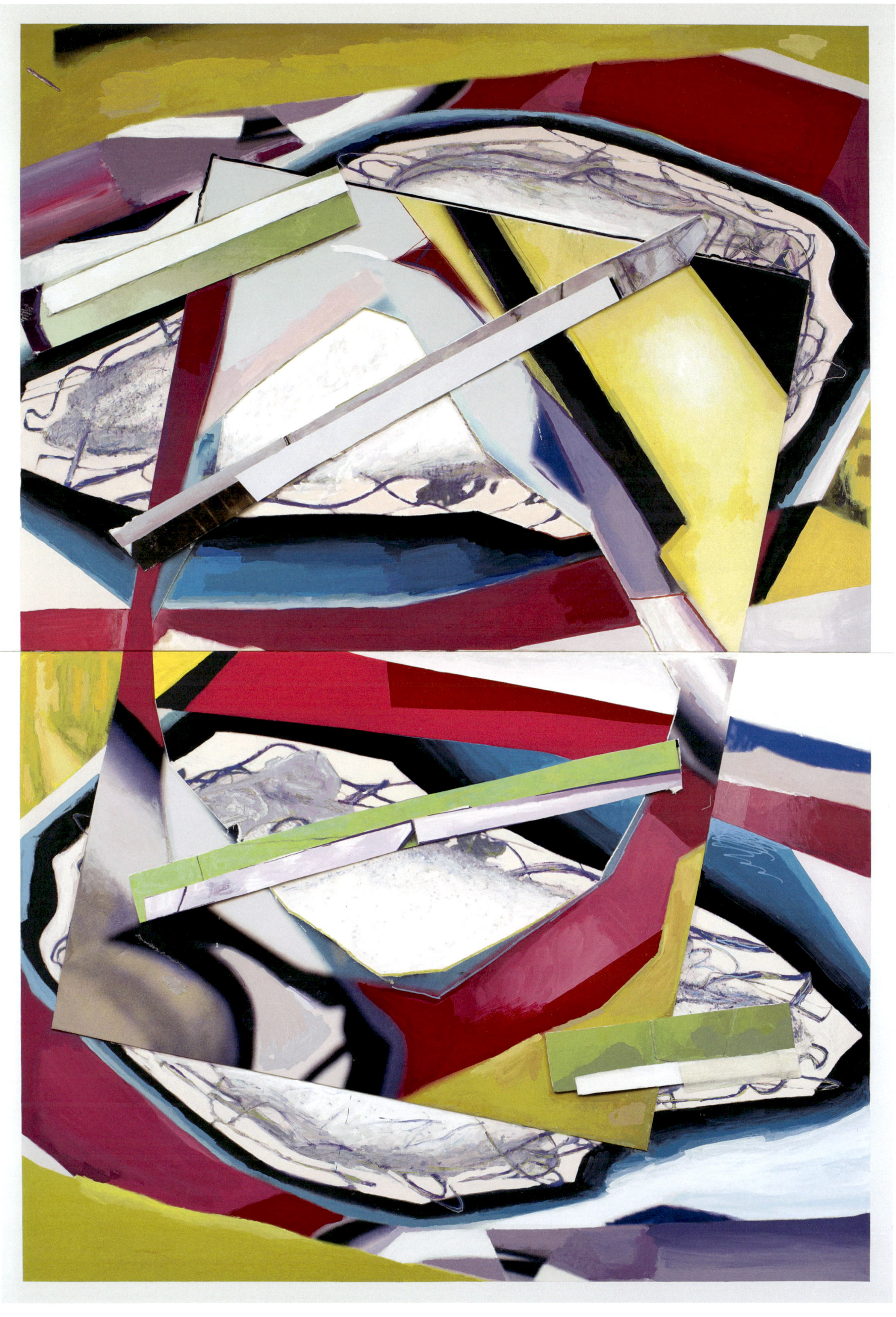

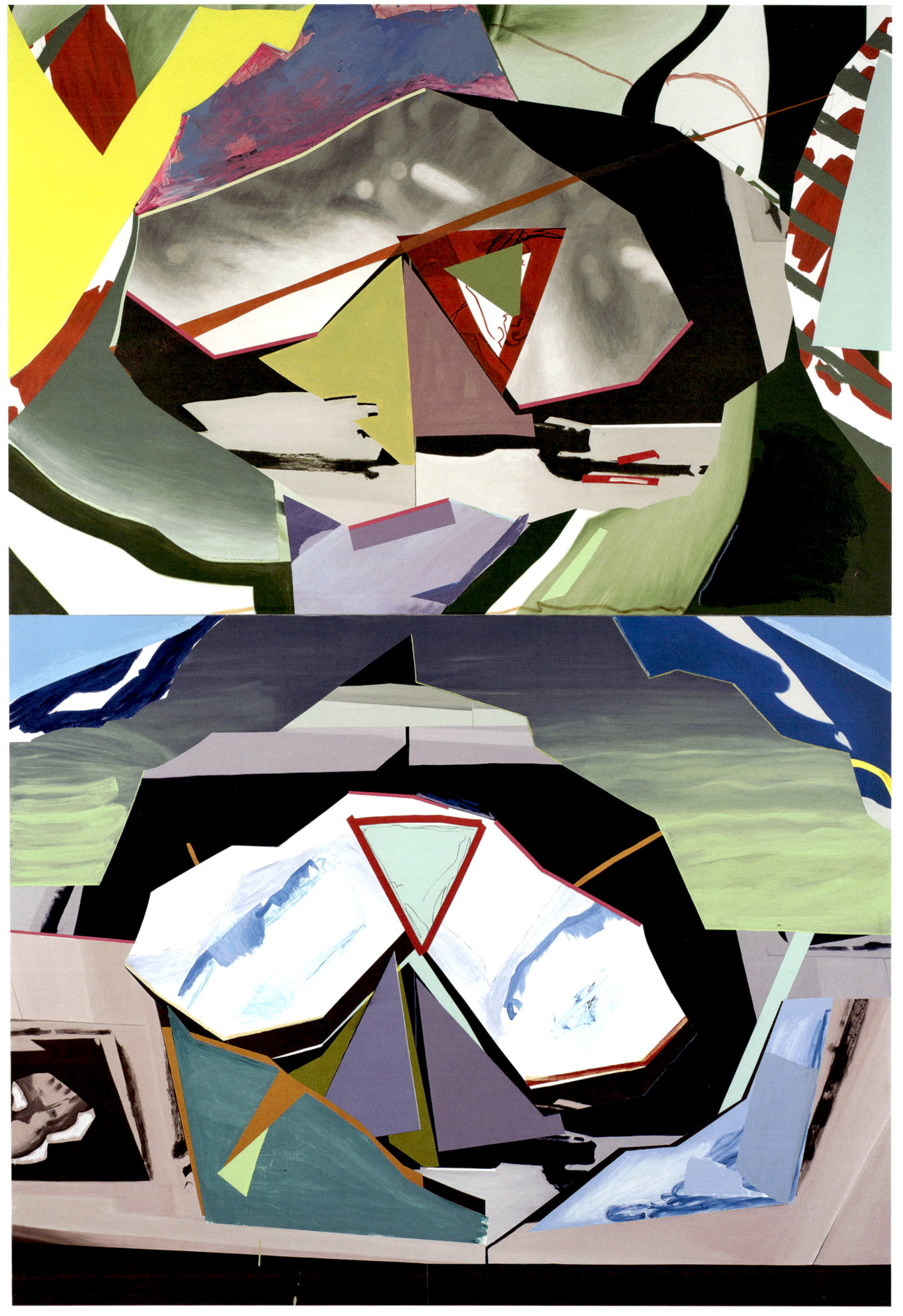

Atemático
desintegración del tema: ese es el tema... que se
desintegra.
Que se tematiza

El tema de la guerra es el muerto y sus gusanos...

¡Cuánto placer en los gusanos comiendo, bailando,
sobándose...
deslizándose unos sobre otros!

¡qué Gran Baile de Corte!

¡Y son tan reales los gusanos!
Quizás lo que representan sobre el muerto es
también una guerra.

¿Quién se come el gusano cuando éste muere?

¡Qué Gran Carnaval, el de la gusanera, el de las
estrellas, el de los átomos!
¡Todo es baile, todo es placer!
¿Qué PINTO yo en todo esto?

La espalda se aplasta contra
el suelo:
la espalda hace la huella:
la espalda es la otra parte,
es la estructura de la persona,
la mancha plana.
¿Es el sueño, es el inconsciente?
Es el otro. Es lo inverso. Es el
reverso.
En la espalda se esconde el
dueto.
La espalda tiene los ojos
cerrados.
La espalda es la hoja de la
puerta,
es una superficie que divide el
mundo en dos.
El ritualizado cae en otro
mundo,
imprimiendo de pronto una
huella,
huella como esquema,
estructura, unidad de lenguaje:
impone la huella como sello,
como marca de la persona
entera de espaldas:
la espalda como parte posterior
del pensamiento,

como no pensamiento,
como el pensamiento por detrás
como pensamiento arrancado,
desgajado,
y nombrado de otra forma,
en otra naturaleza, en otro Ser,
en otro querer ser,
siendo hacia atrás.
¿Siendo hacia el origen de la
materia?
Naturaleza sin habla:
es todo el NO,
el giro radical, el rayo en el
espejo.
Deslizarse negando,
deslizarse por los intersticios
de lo nombrado,
fluir por lo no gramatical,
negando.
No al sustantivo y al verbo,
no al sujeto y al predicado.
Solo mamando en lo Negro
y eyaculando en lo Negro.
El mapa con nombres y el
antiterritorio.
El yo y su cadáver
El yo y su muerte.

s.f.

presupuesto adicional
perspectivas contractuales
parejas de no unión
matrimonios disolutivos
excepciones de uso obligatorio,
la subnormalidad estética es prescindible.
Gripe de roca,
diarrea Evolutiva
        Disociativa
        Una Tras Otra;
equipos de más de una unidad
equipos elásticos de goma,
chicle de madera de árbol.

¿Por qué no hablas dos veces?
¿Por qué no sonríes al pegarle?
        ¿Bofetada...?
        ¿Con mano...?
        Uñas lacadas que no lloran.
        Punto

banderas de colores agrios: no patrióticos,
color de sombra de hueso y de colon,
color de sangre saliendo excitada del corazón,
y de cara triste por abandono,
color de uñas de pies
y de orines con espuma,
color de la envidia y del odio
del desprecio y la humillación:
color de puesta de sol
por el retrovisor y el tráfico.
¿Quién levantaría esta bandera?
¿Cómo pendería tras la lluvia?
Y yo sé que no podría
morir en ella envuelto.

He comprado barato una vida accesoria:
cuando vivo en ella
en ella descanso y no soy

Athematic
the disintegration of the theme: the theme… that
disintegrates.
That is thematised

The theme of war is the dead body and its worms…

The worms take so much pleasure in all that eating,
dancing, wriggling… writhing around on top of each
other!

what a Wonderful Court Ball!

And the worms are so real!
Perhaps what they are depicting there on the dead
body is a war too.

Who eats the worm when it dies?

What a Great Carnival, the one in the worm pit, the
one in the stars, the one in the atoms!
Everything's a ball, everything is pleasure!
But as for me—do I have to PAINT you a picture?

The back smashes into the
ground:
the back makes the imprint:
the back is the other part,
it's the structure of the person,
the flat mark.
Is it a dream, is it the
subconscious?
It's the other one. It's the
inverse. It's the reverse.
In the back is where the duo
hide.
The back has its eyes closed.
The back is the door,
a surface that splits the world
in two.
The ritualised falls into another
world,
suddenly making an imprint,
an imprint as in a schema,
structure, unit of language:
the mark is stamped,
like a full-body imprint of the
person, back-first:
the back as the hind end of
thought,
as non-thought,
as thought round the back,
as thought torn away, torn off,
and named in a different way,
in a different nature, in a
different Being,
in a different wanting-to-be,
because it faces backwards.
Towards the origin of matter?
Nature without speech:
it's the whole NO,
the radical turn, the beam in the
mirror.
To slide around negating,
to slide into the interstices of
what is named,
to flow around the
ungrammatical, negating.
No to the noun and the verb,
no to the subject and the
predicate.
Just sucking there in the
Blackness
and ejaculating there in the
Blackness.
The map with names and the
anti-territory.
The self and its corpse.
The self and its death.

n . d .

additional budget
contractual perspectives
unjoined couples
marriages falling apart
exemptions from compulsory use,
aesthetic subnormality is expendable.
Rock flu,
diarrhoea that is Evolutionary
                    Dissociative
                    Unrelenting;
kits of more than one unit
elastic kits of rubber,
gum from tree wood.

Why don't you speak twice?
Why don't you smile when you hit them?
                    A smack...?
                    With the hand...?
                    Lacquered nails that don't cry.
                    Full stop

n.d.

flags in grim colours: not patriotic ones,
colour of bone-shadow and colon,
colour of blood rushing excitedly from the heart,
and of face saddened by neglect,
colour of toenails
and frothy wee,
colour of envy and hatred
of contempt and humiliation:
colour of a sunset
in the rear-view mirror and the traffic.
Who would fly this flag?
How would it ripple in the rain?
And I just know that I couldn't
die wrapped up in it.

I've bought a spare life on the cheap:
when I live in it
I rest in it and I am not

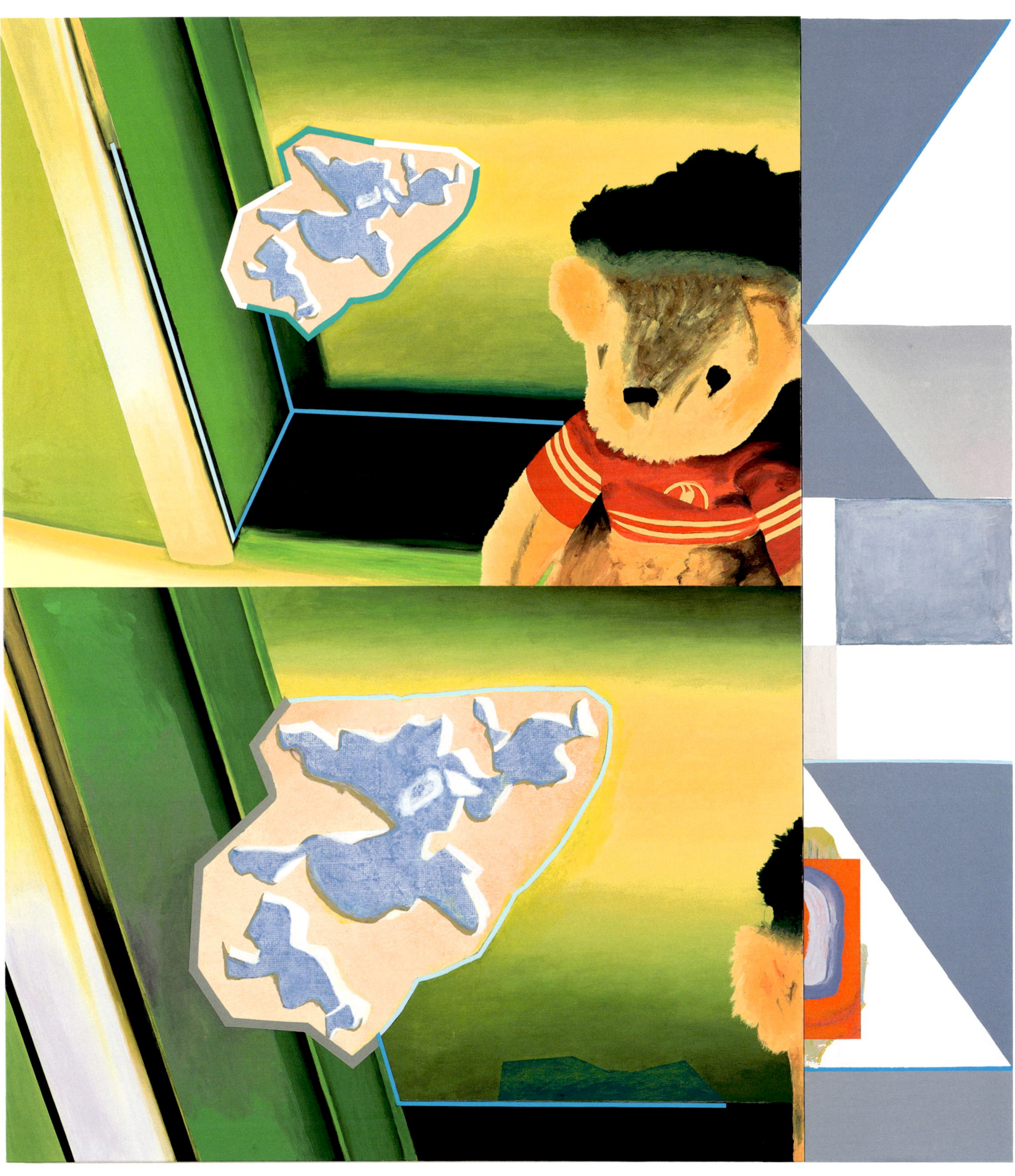

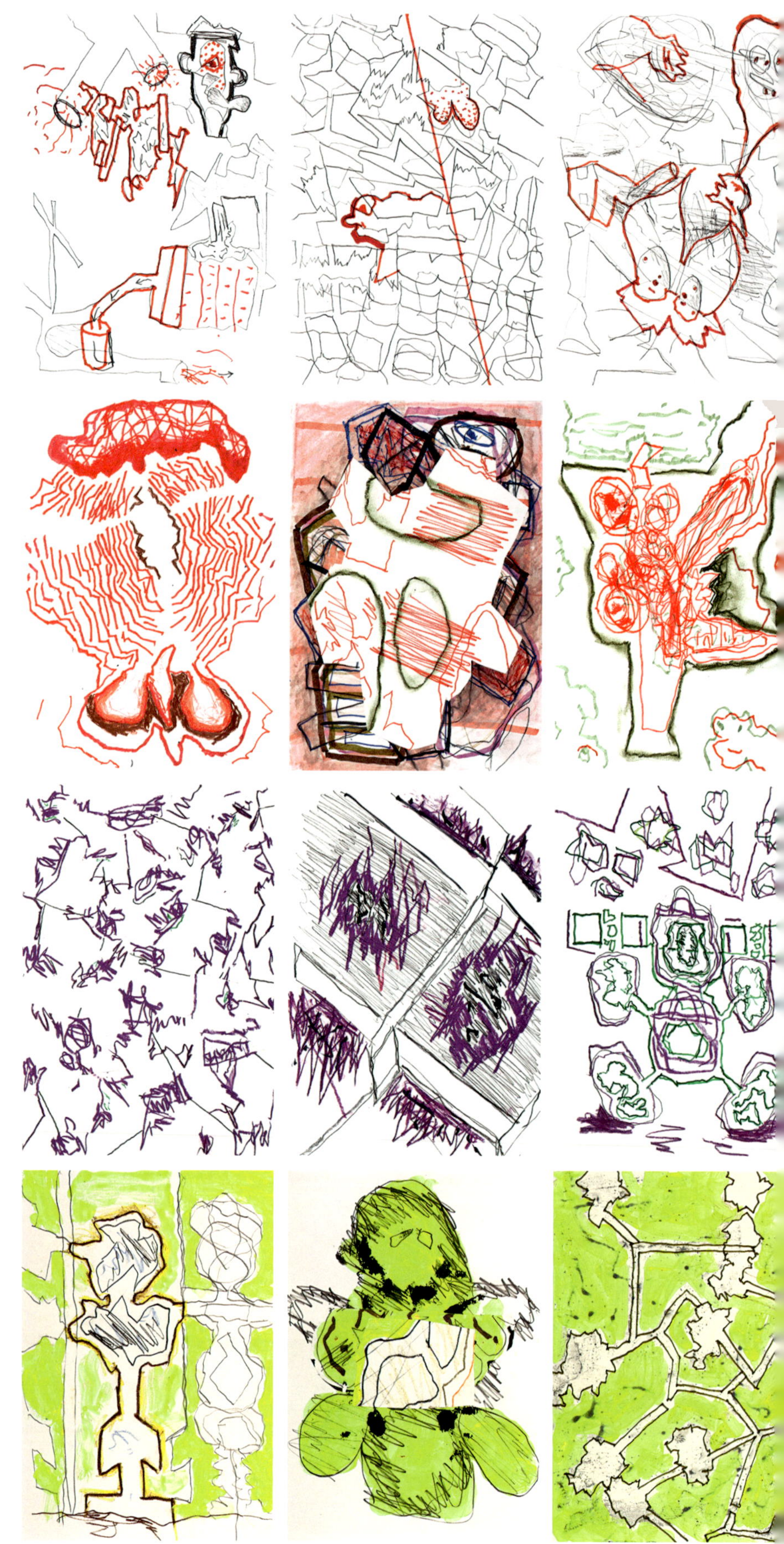

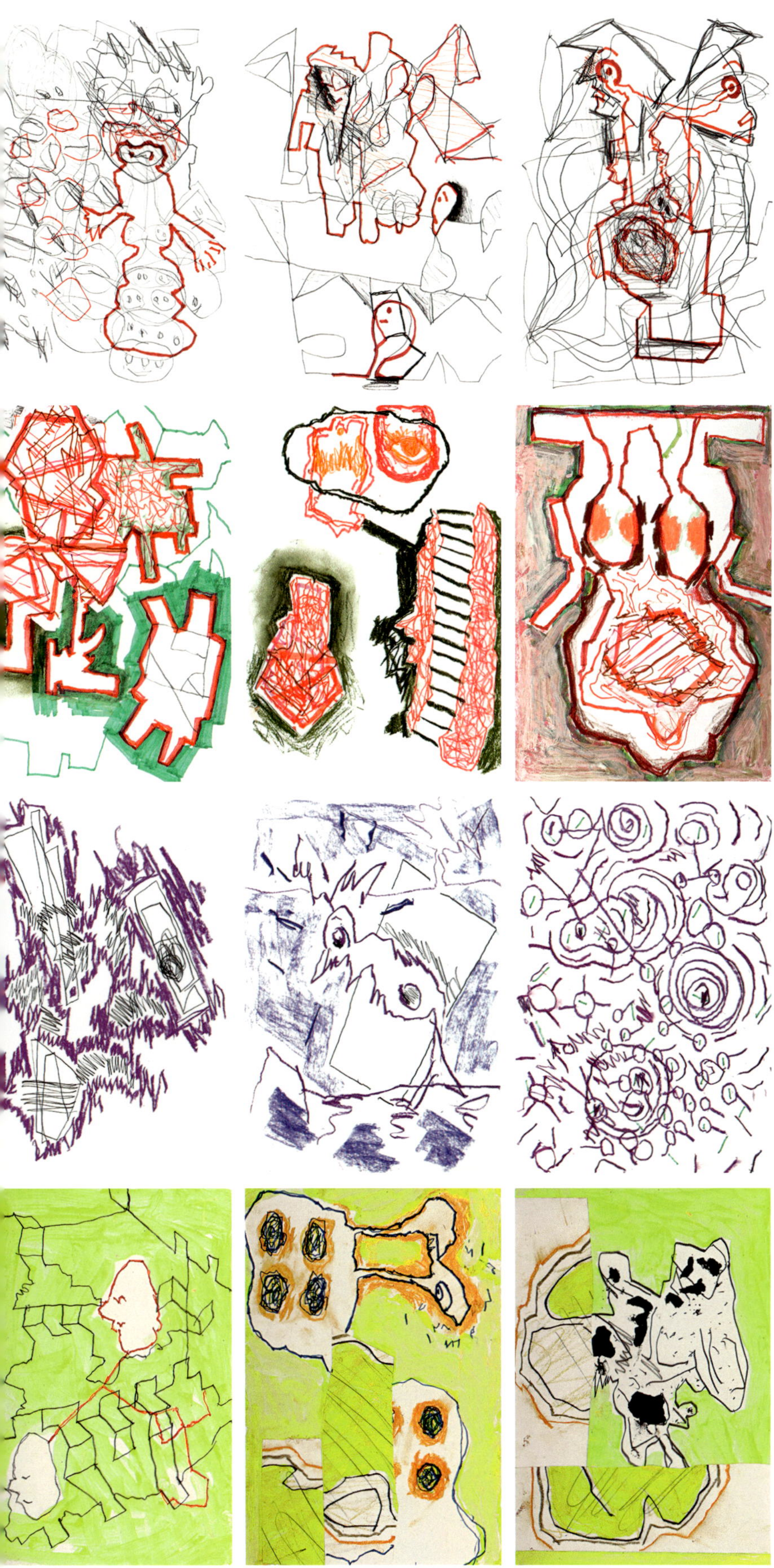

CORO (cuatro voces mixtas), 2023

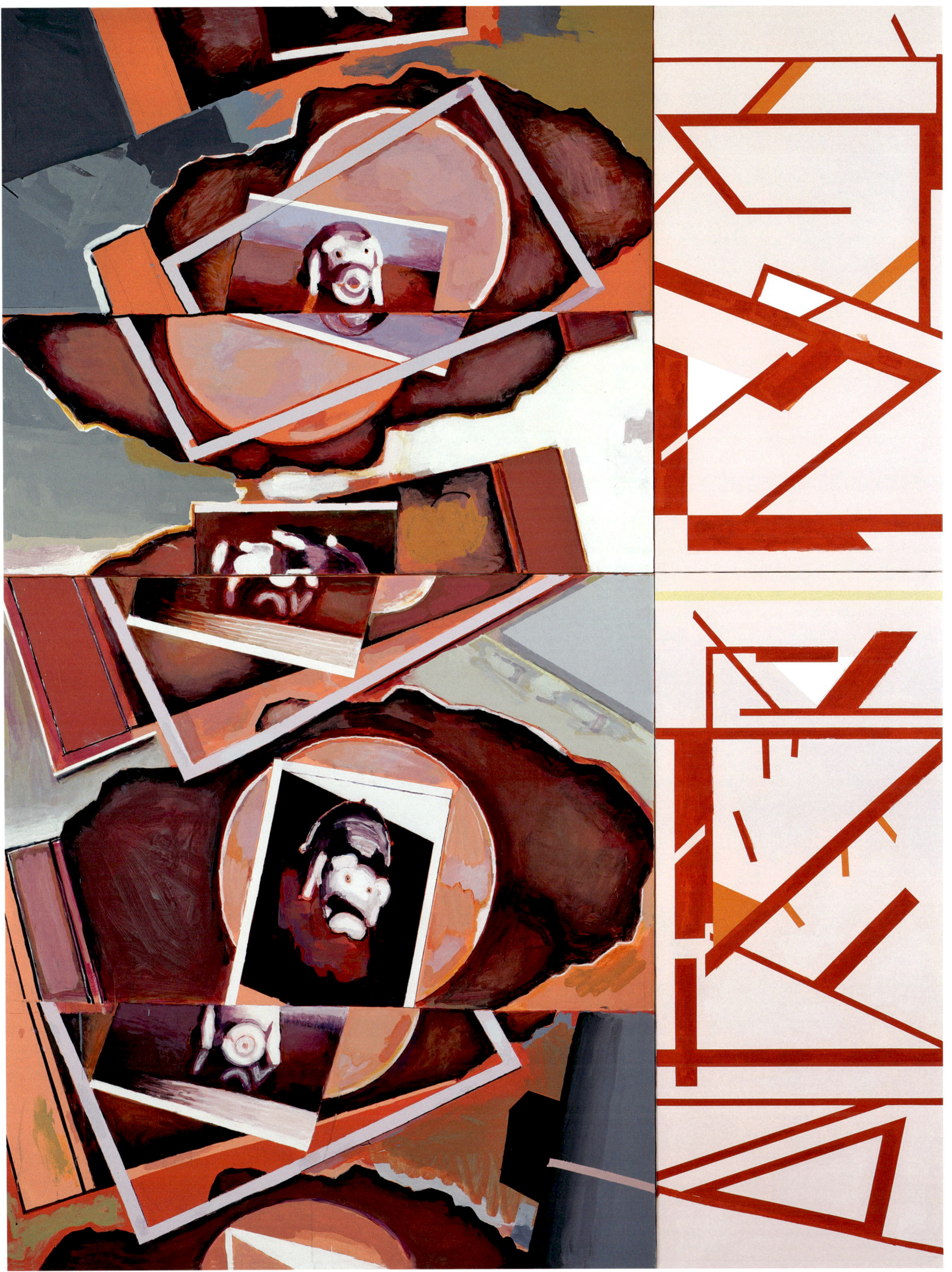

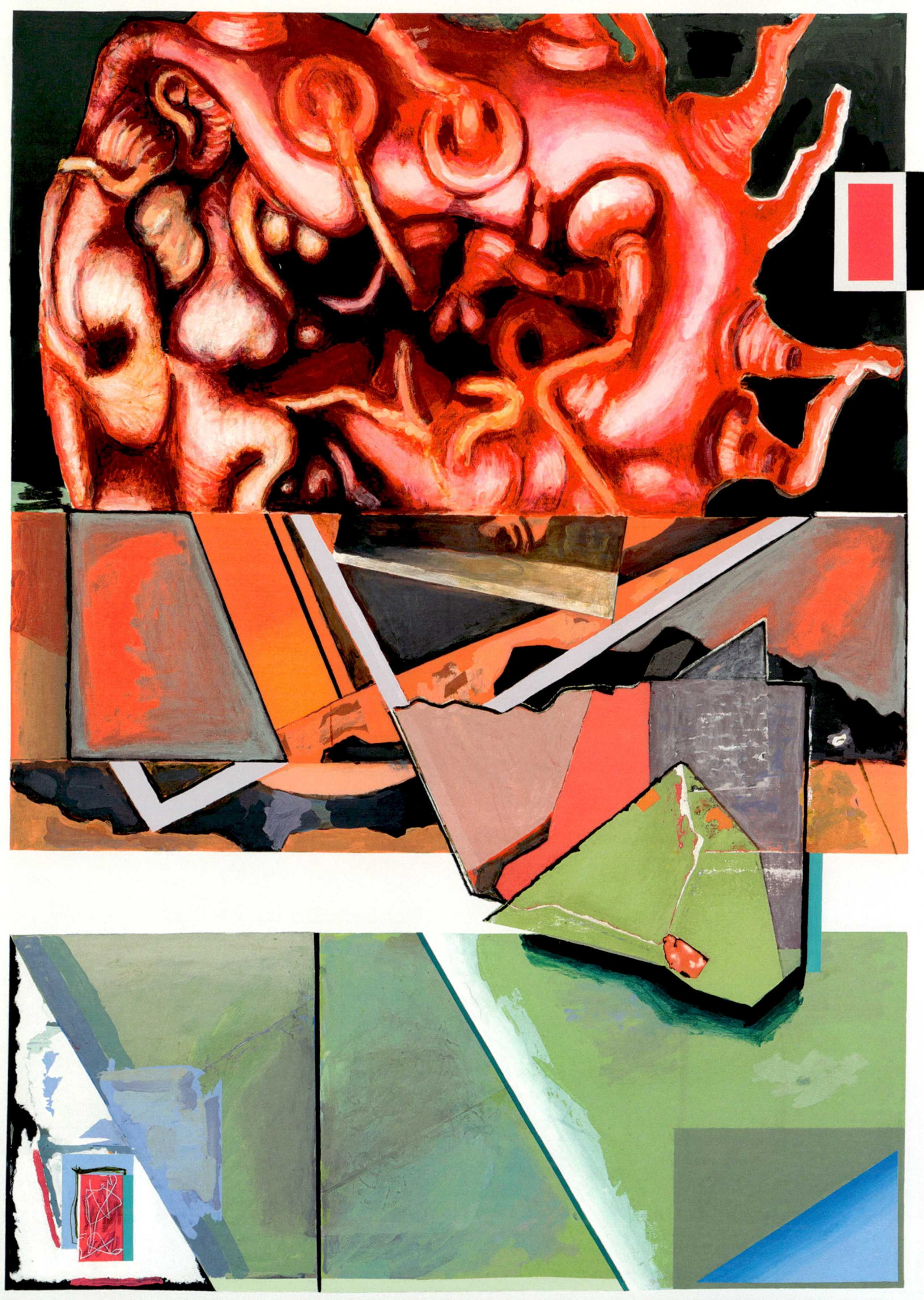

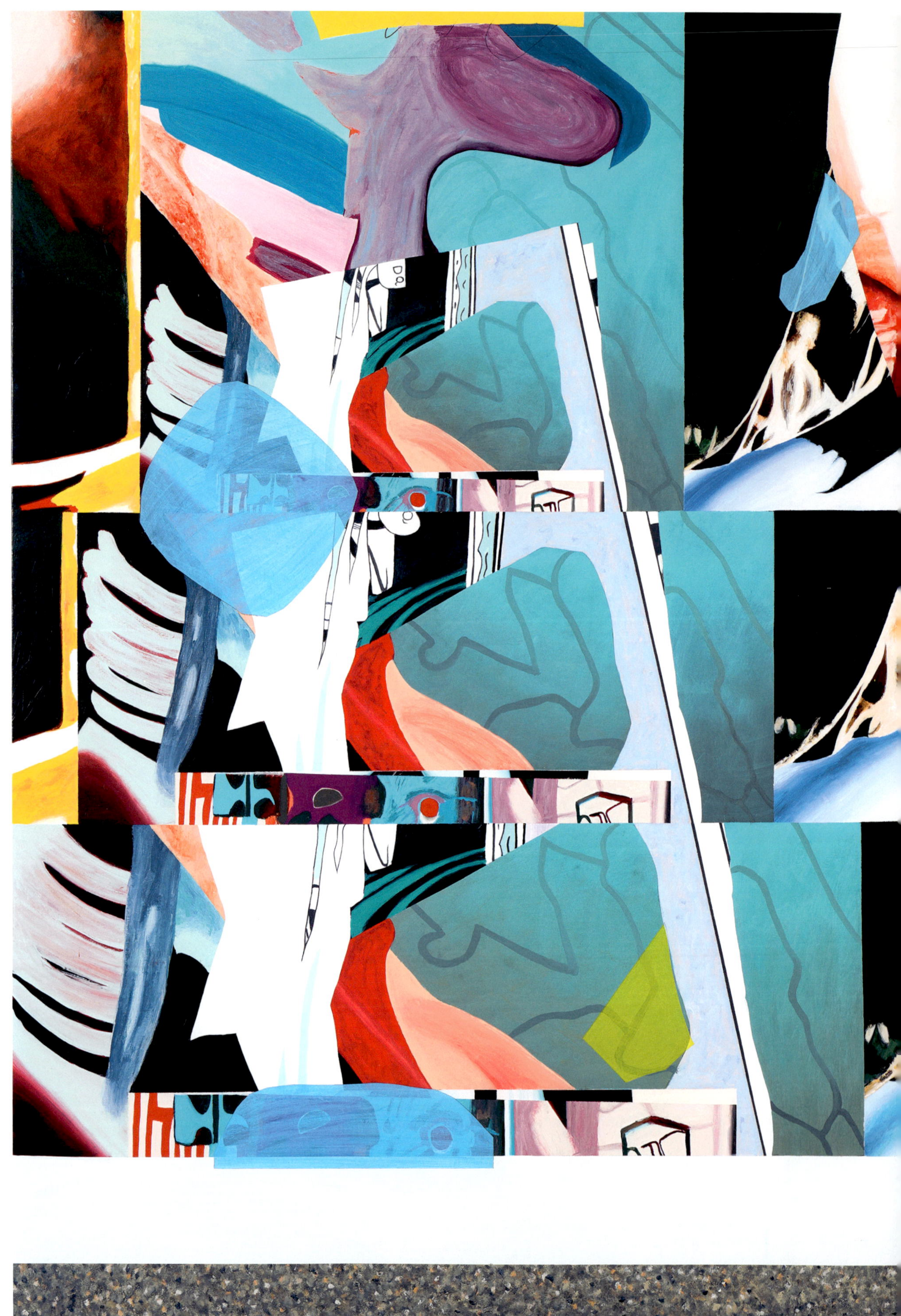

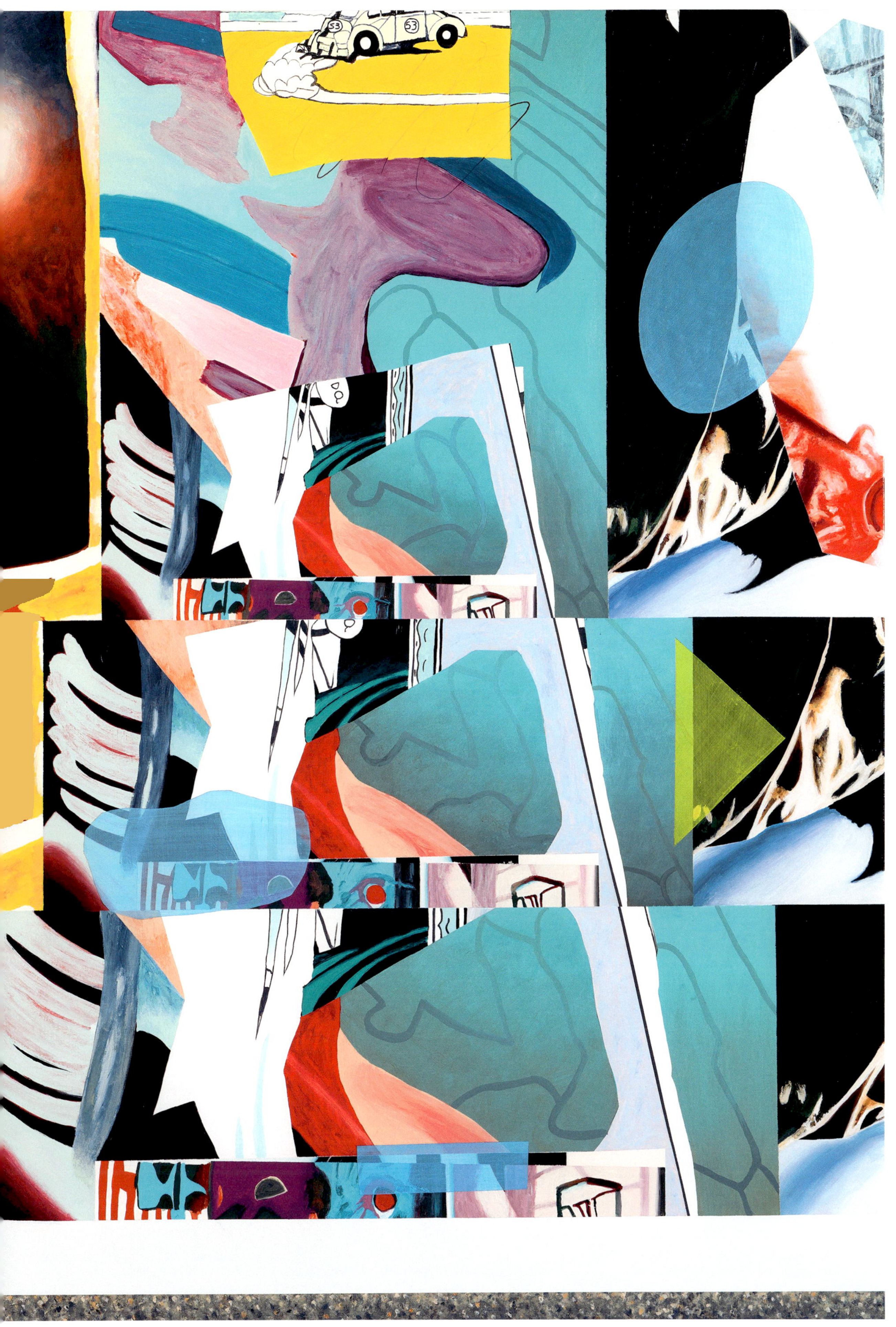

Era una dinámica felizmente ascendente, 2021

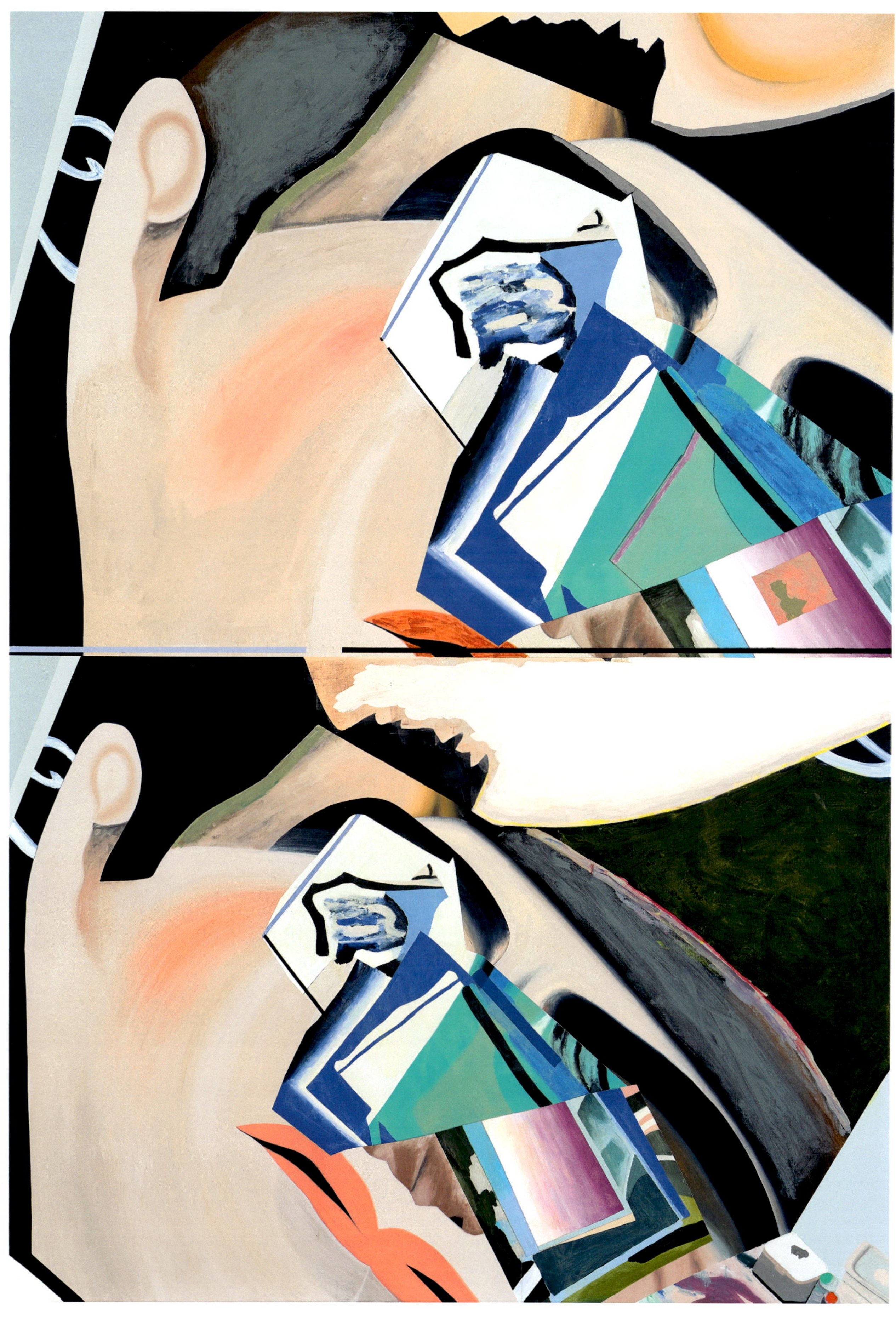

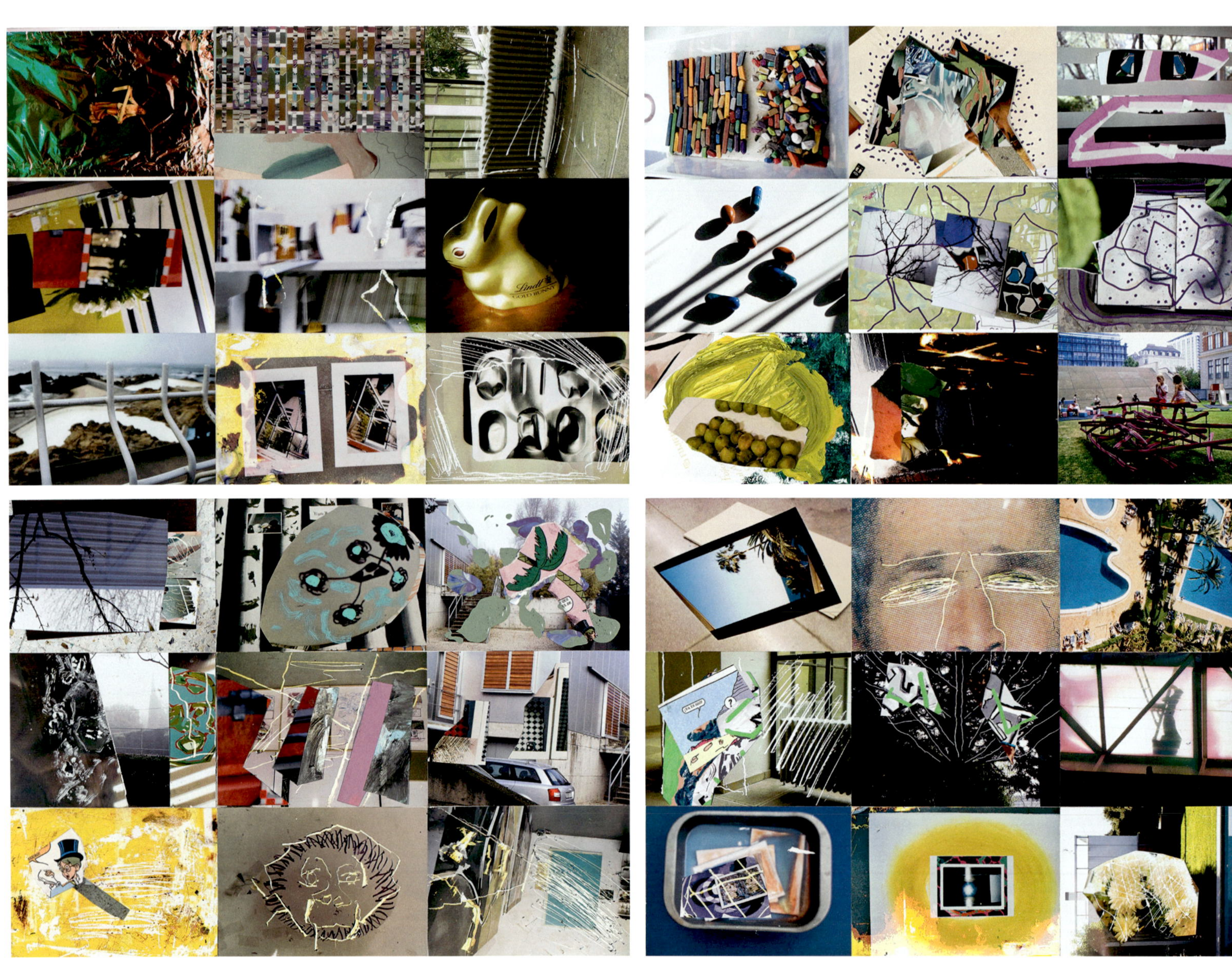

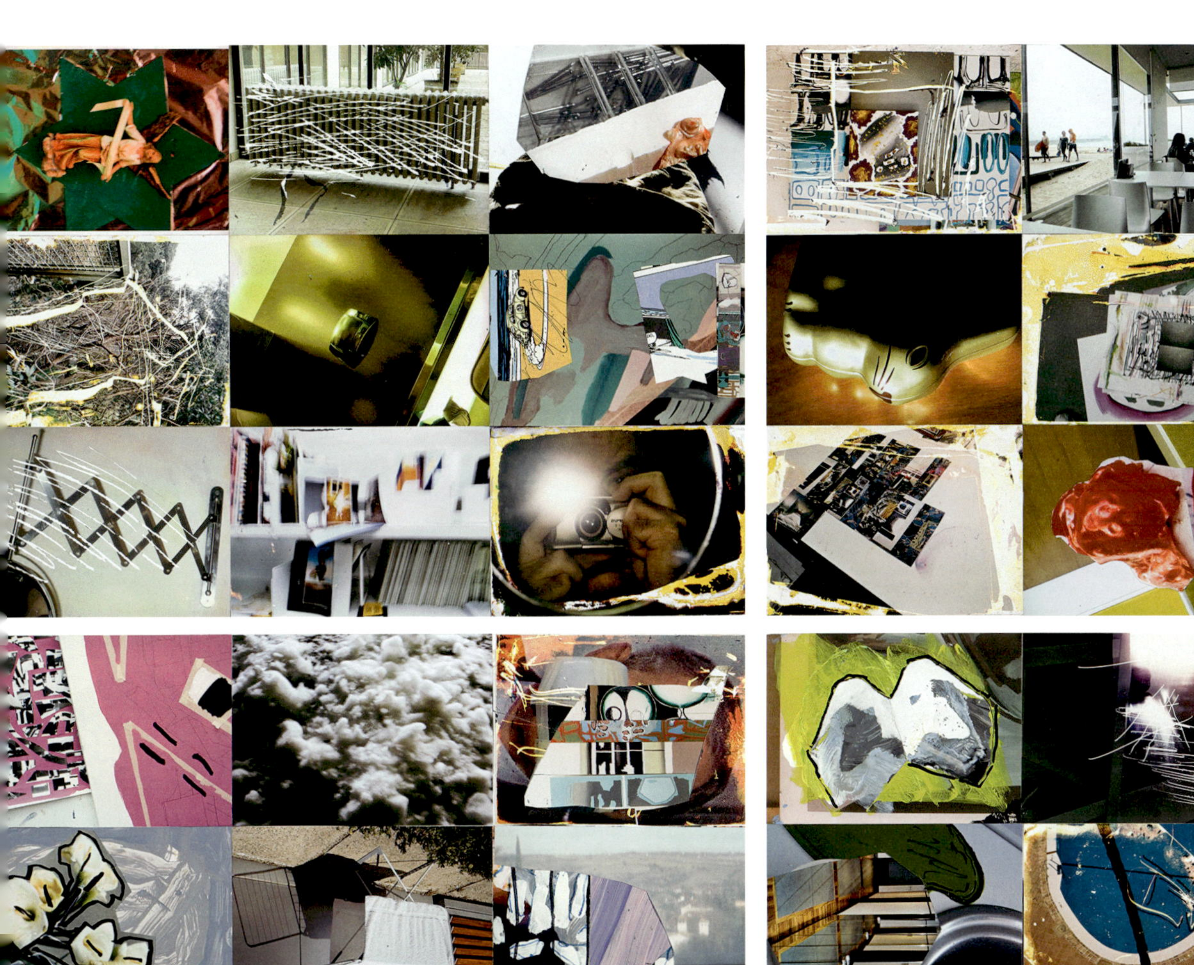
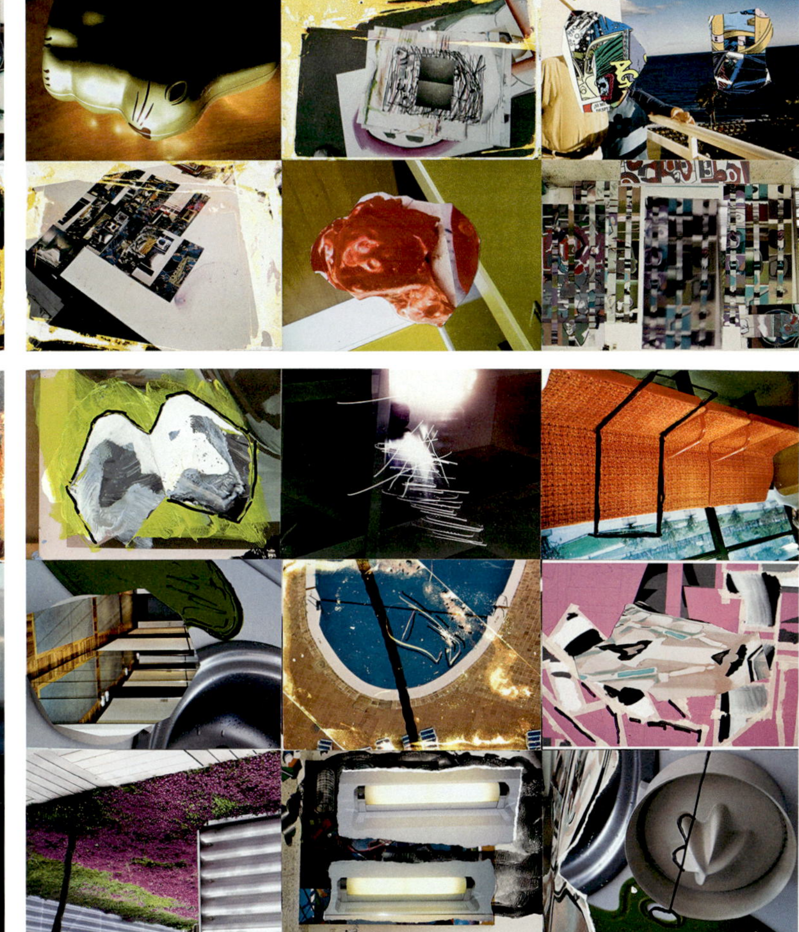

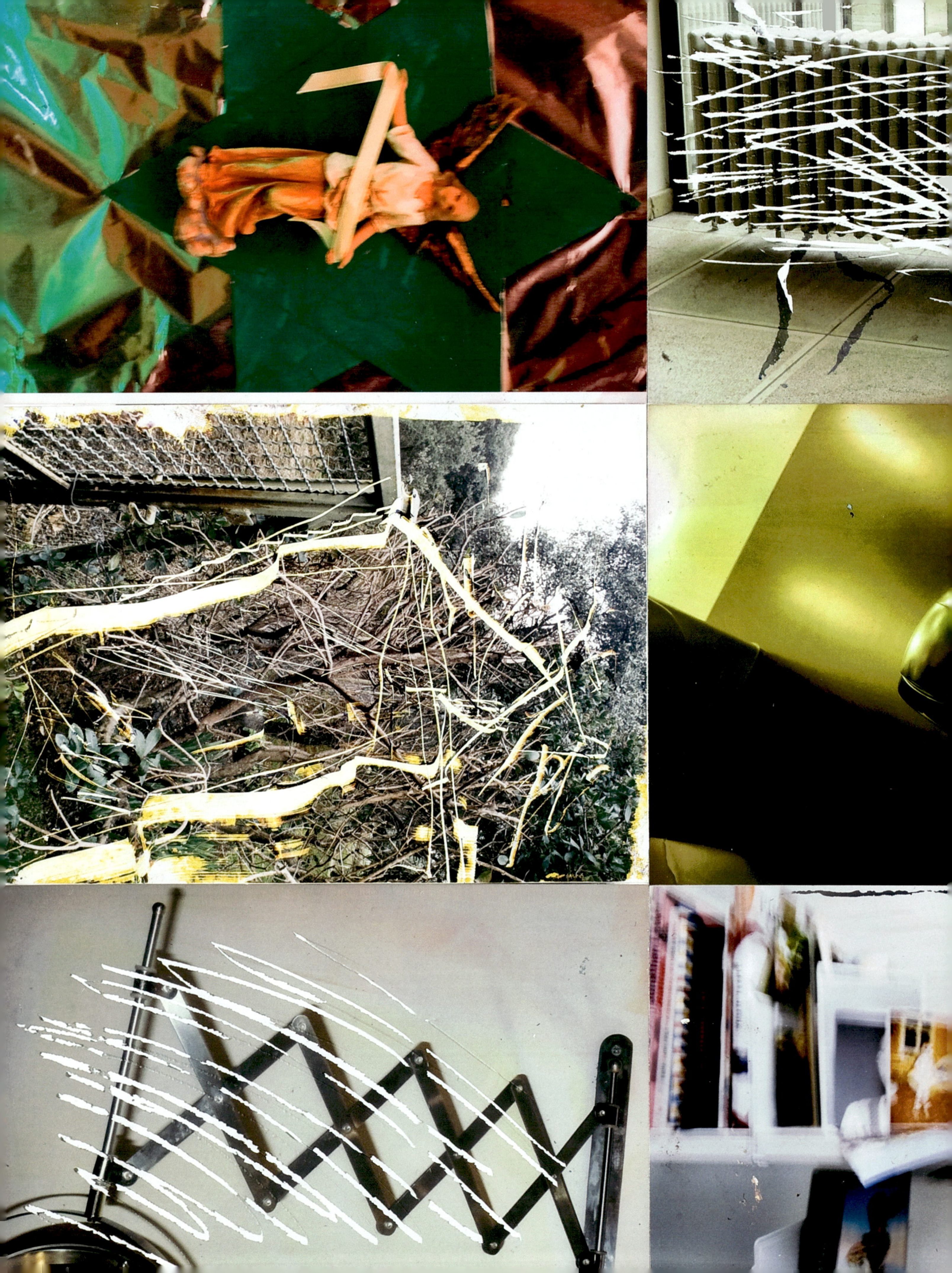

cristal rata
cristal rana
al final del 2000,
at the end
in the end
os digo
goodbye rana
goodbye rata
¿quién romperá el cristal?
¿vuestro cristal?
¿el acristalado champaña?
el cristal rojo de heridas,
el cristal agrío,
un año de cristal
un año rata
un año rano,
the next year
diré:
cristal gato
cristal conejo
os amo con cristal,
cristal panza,
cristal barriga,
cristal agua hirviendo,
copa de champagne
uvas de cristal.

vieux continent, recíproco,
cadáveres endomingados
en agua transparente.

Sonrisas y carcajadas,
vieux continent univitelino
¿quién llora tus lágrimas?
¿quién lava tus cuerpos?
He visto en la película como te
besaban.

Cambiando de alma a la luz de la luna,
el alma que yo amé te la han cambiado,
ya no eres tú, eres tú menos yo.
Tienes el alma de tu coche, amor.
A la hora del baño él fue de nuevo
Jackson Pollock

s.f.

a veces rebrillan raramente
centellas vagas pilosas,
revueltas en hojarascas sucias
esparcidas por vientos oscuros
de por la tarde ya terminada.
Y resuena gran campanada en
interior de hombre,
como muerte invertida que busca
aún vivir
aunque sin merecerlo,
indudablemente.
Centellas de insistencia,
campanada de vísceras,
hojarasca que es recuerdo revuelto y múltiple:
¿Cómo hacer sobrevivir el recuerdo acumulado
y prolongarlo en esas centellas
        que aún viven?
        que aún se mueren?
        que aún quieren vivir: quirófanas?

termino la recogida,
ordeno frutos e instrumentos,
observo el límite
y regreso andado mínimo veloz.
La anochecida amanece
y los pájaros sostienen
mi corazón cuadrado.
Cuando me acuesto
la piscina tiene un cuchillo clavado
y su oso de hielo dormido.

glass rat
glass frog
in late 2000,
at the end
in the end
i'll say
goodbye frog
goodbye rat
who'll smash the glass?
your glass?
the glazed champagne?
the red glass of wounds,
the bitter glass,
a year of glass
a rat year
a frog year,
next year
I'll say:
glass cat
glass rabbit
I love you all with glass,
glass tummy,
glass belly,
glass boiling water,
glass of champagne
glass grapes.

vieux continent, reciprocal,
cadavers in their Sunday best
in see-through water.

Smiles and laughs,
univitelline *vieux continent*
who cries your tears?
who washes your bodies?
I saw in the film how they
kissed you.

Changing souls in the moonlight,
that soul of yours I loved has been changed,
you're not you anymore, you're you minus me.
You've got the soul of your car, my love.
At bathing time he went again
                    Jackson Pollock

sometimes they twinkle so strangely
those hazy, furry centella,
swirled up in dirty leaves
blown about by dark winds
of the evening now over.
And great chimes ring around
the man's insides,
like an inverted death that seeks
to live on
though undeserving of it,
undoubtedly.
Centella of insistence,
chimes of guts,
blowing leaves are a swirling and multiple memory:
What can we do so that the accumulated memory
survives and goes on in those centella
          that are still living?
          that are still dying?
          that still want to live: operating theatres?

I finish the pickup,
I arrange fruits and instruments,
I observe the limit
and I go home slowly worn out.
Dusk dawns
and the birds hold
my square heart.
When I lie down
the pool has a knife stabbed into it
and its bear of ice is asleep.

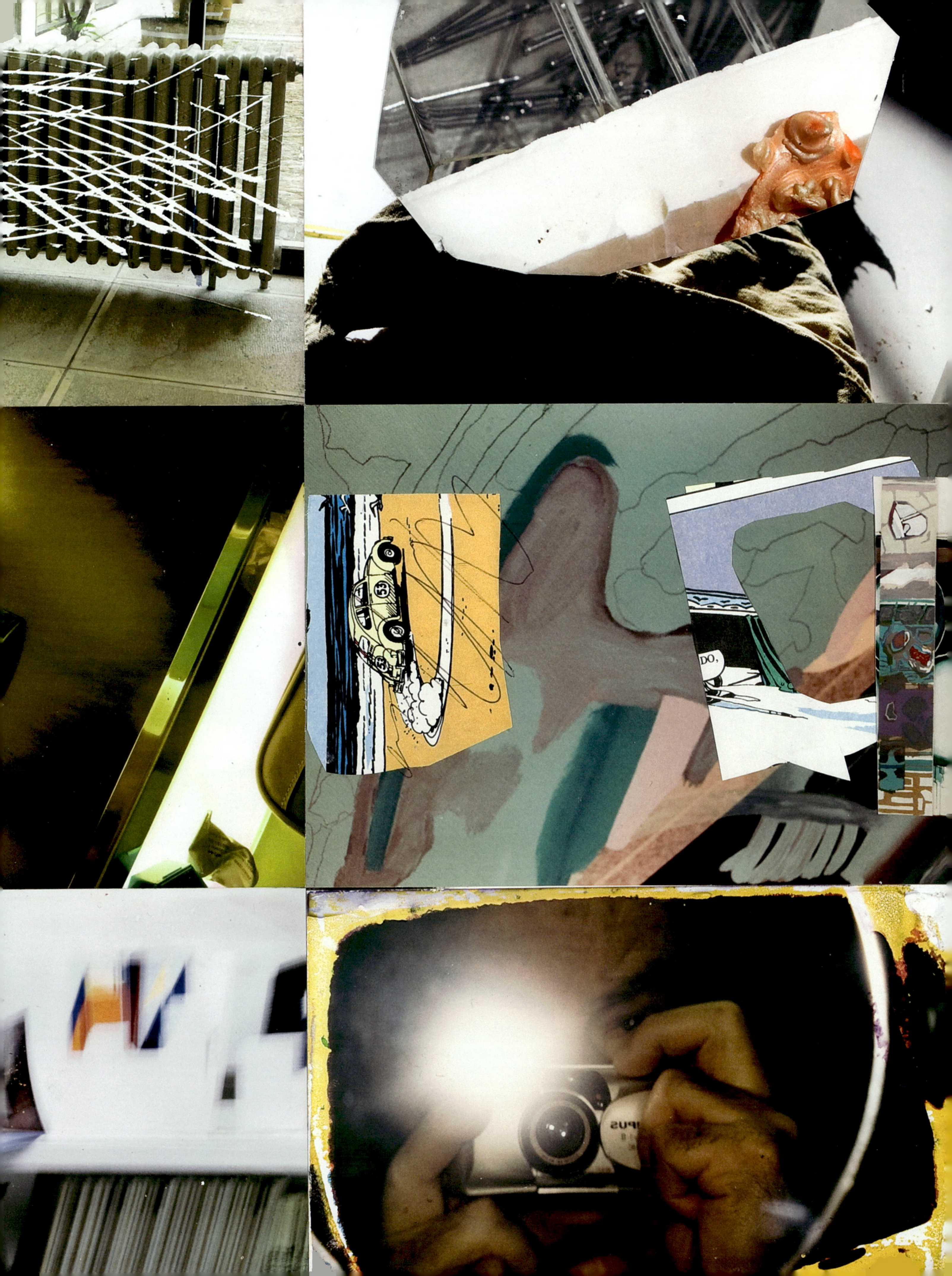

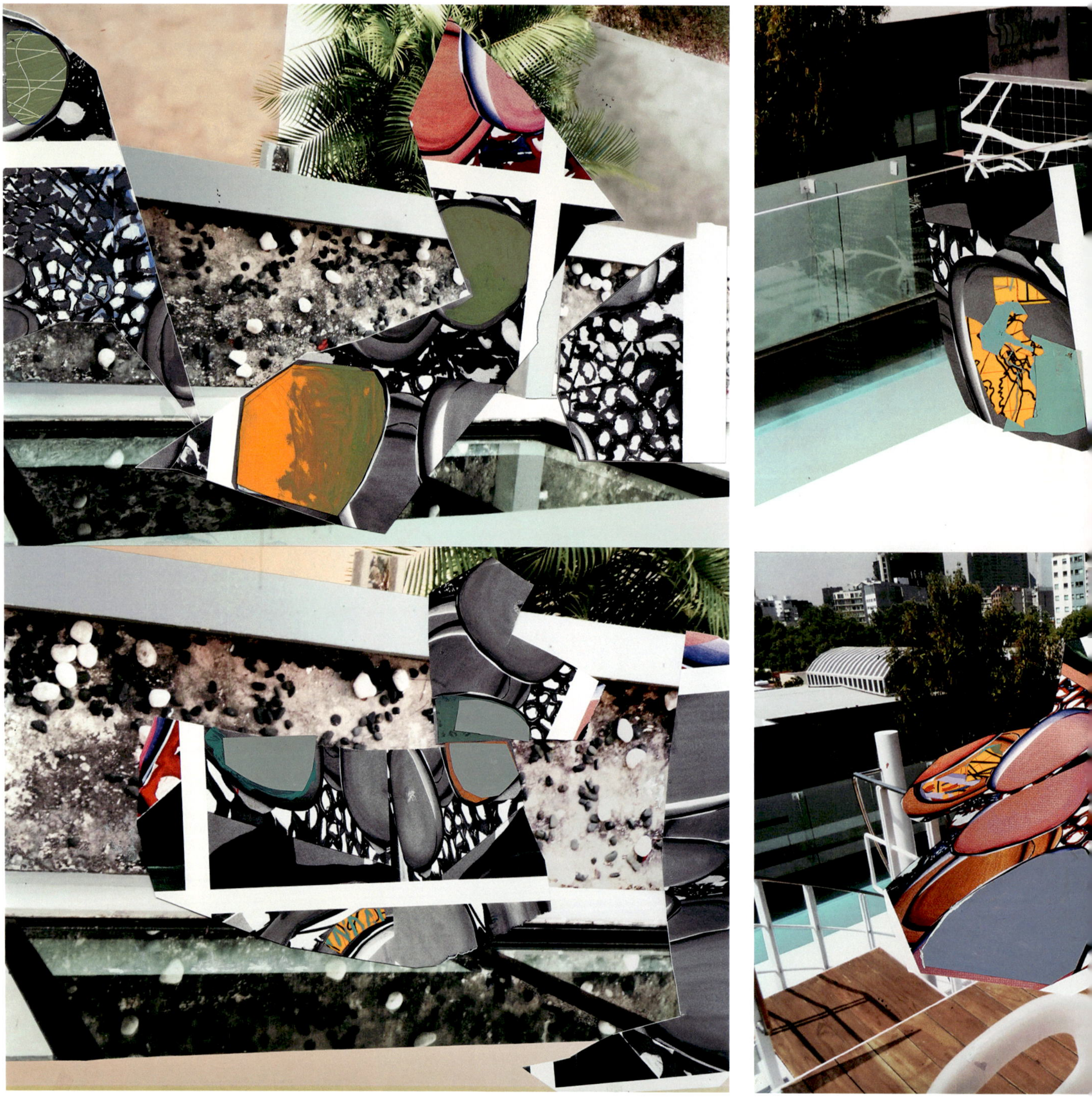

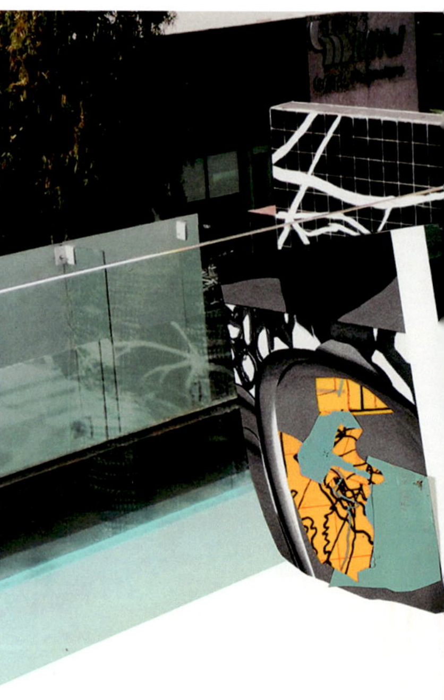

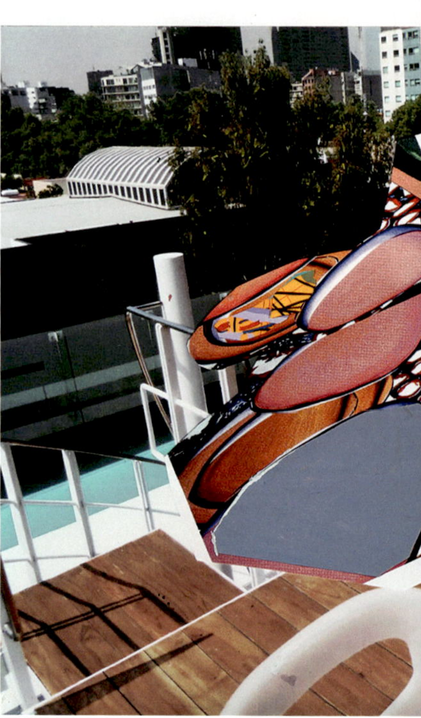

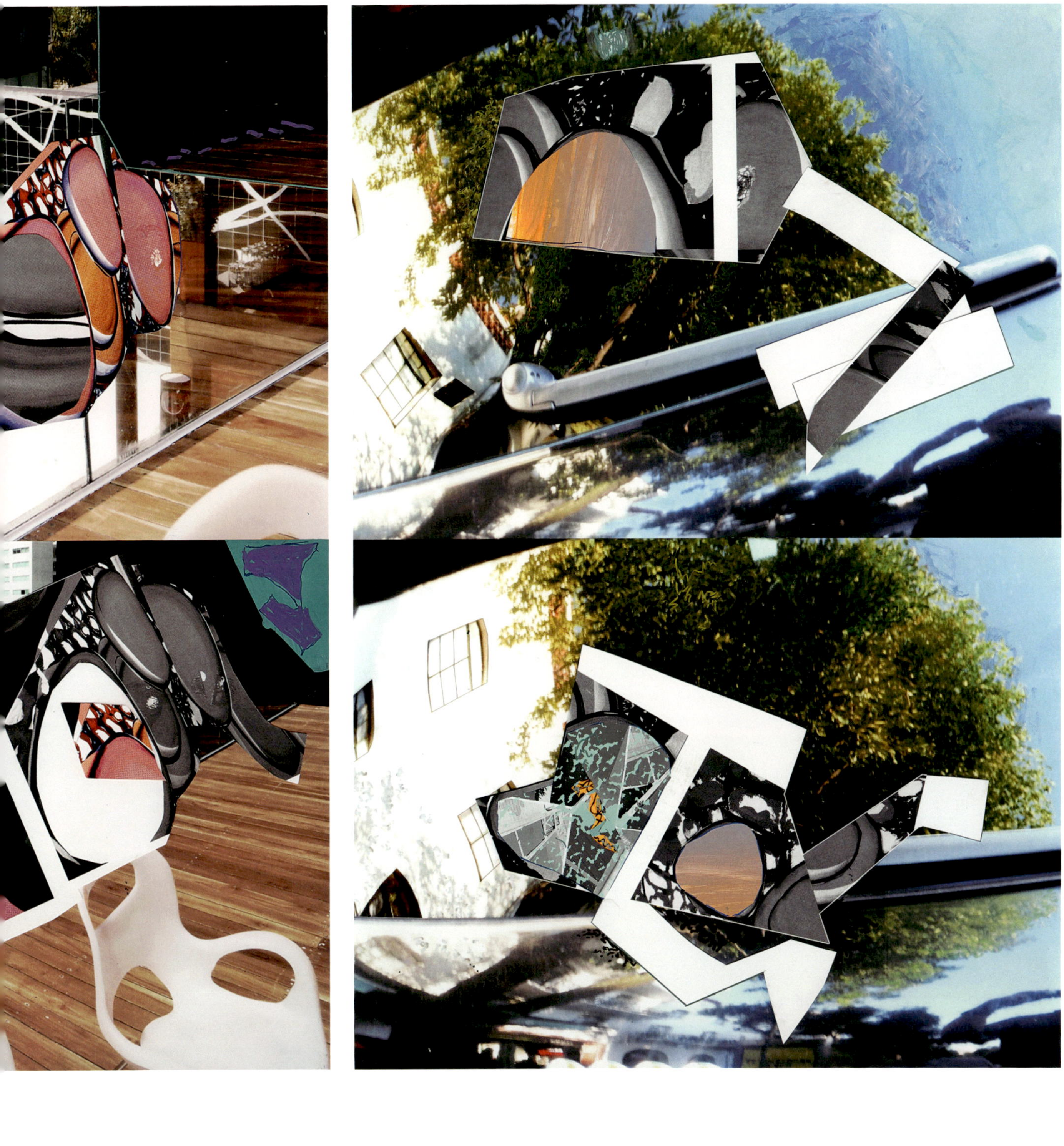

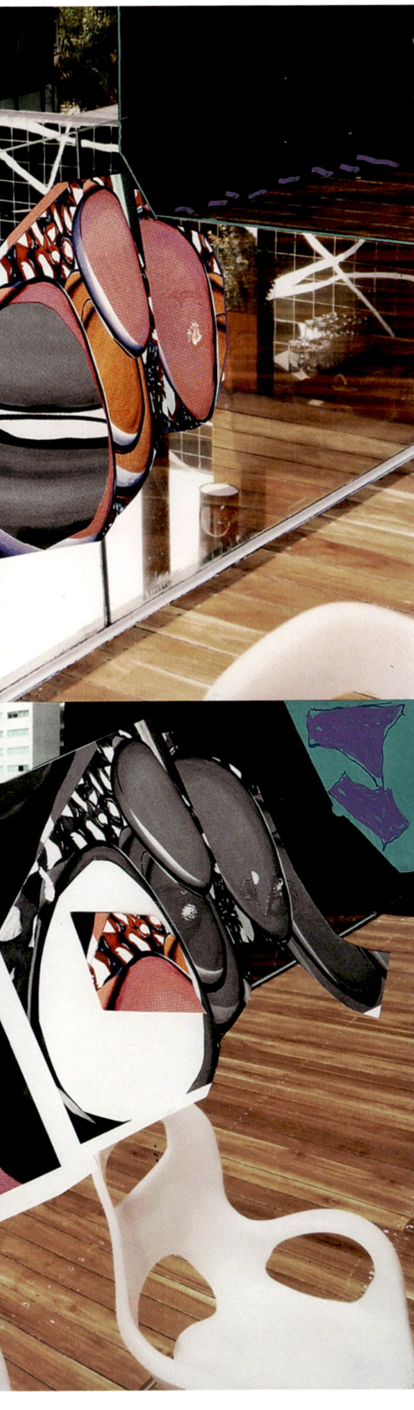

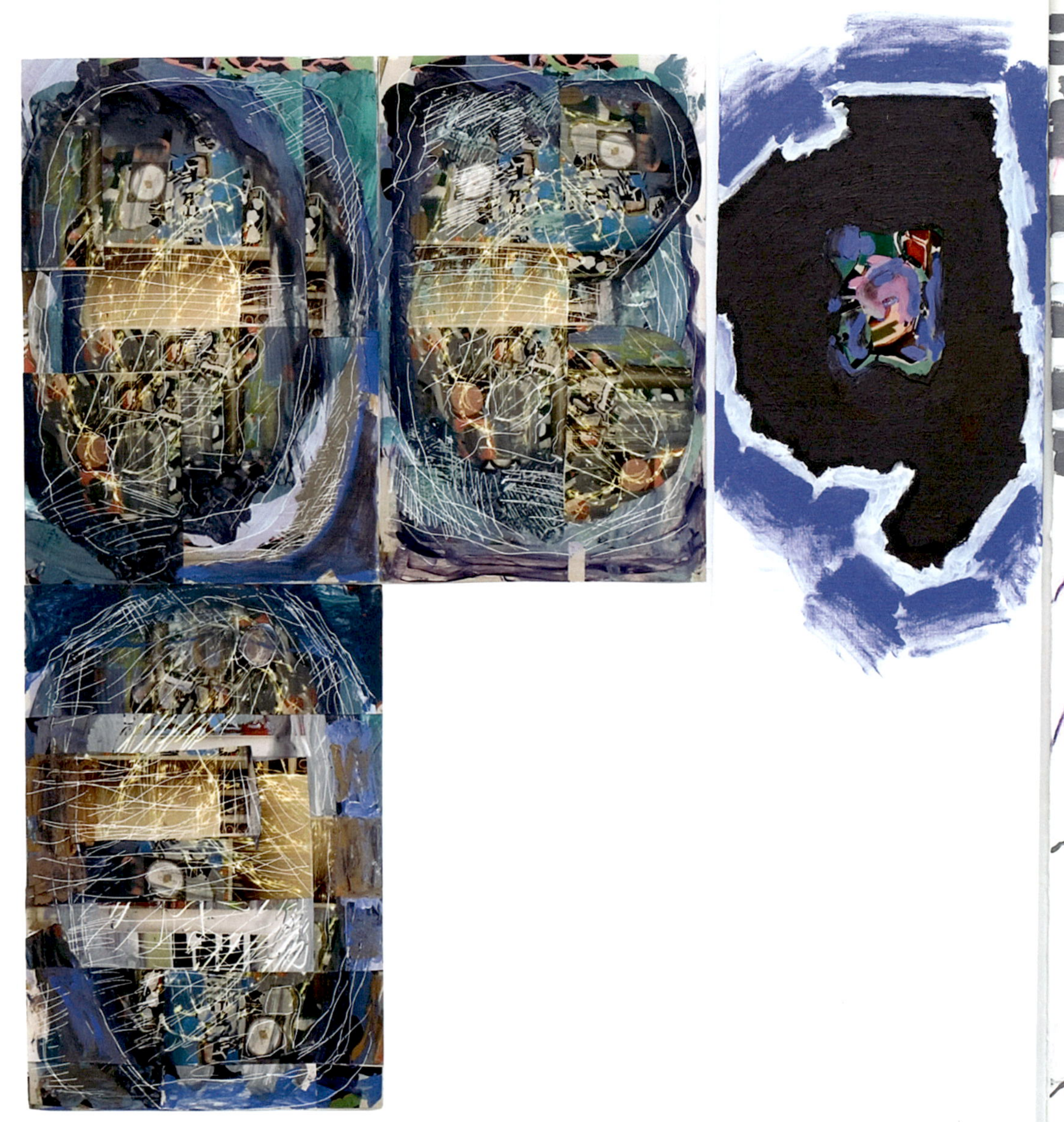

Arborescent Geometry

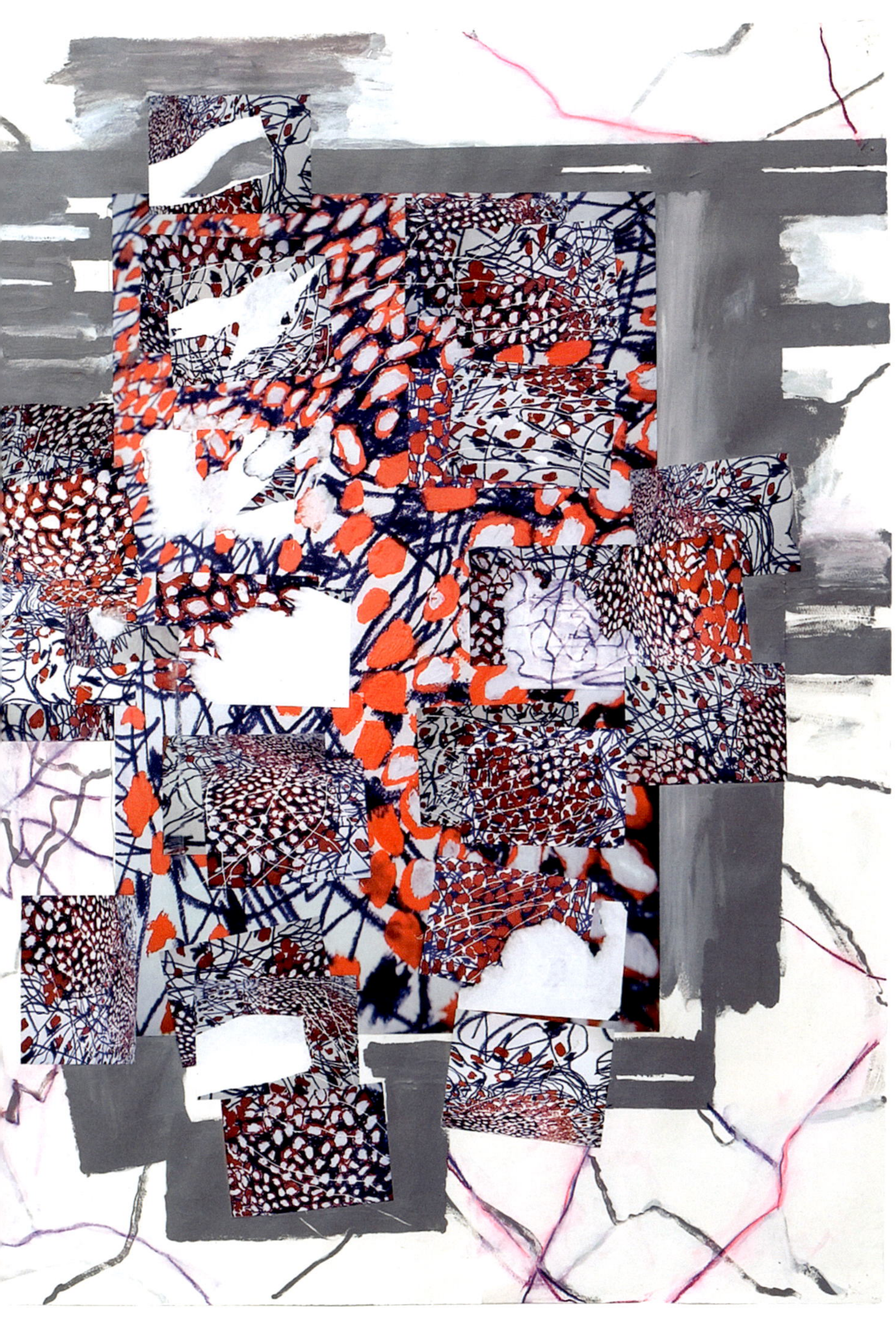

Geometría arborescente, 2007

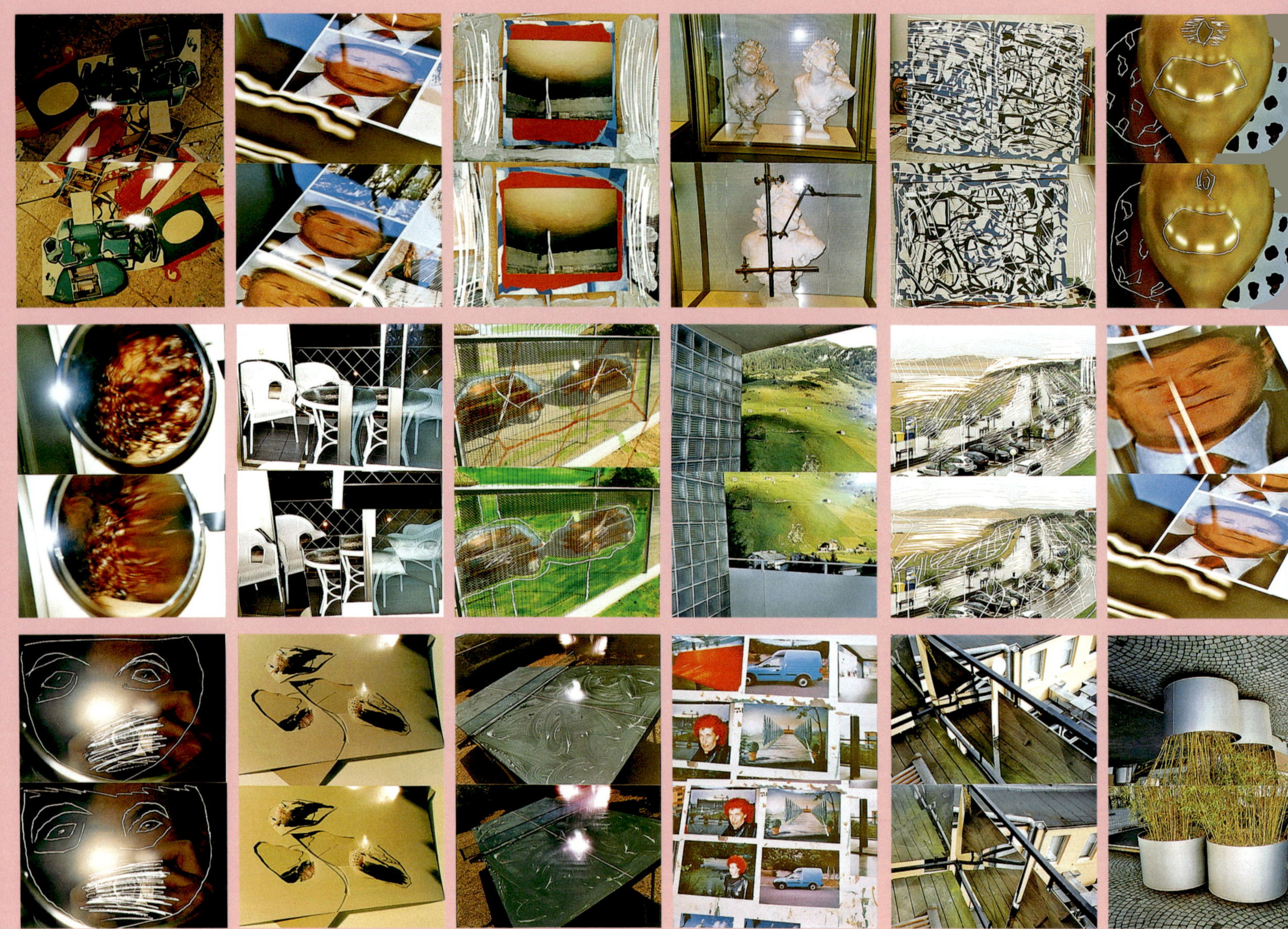

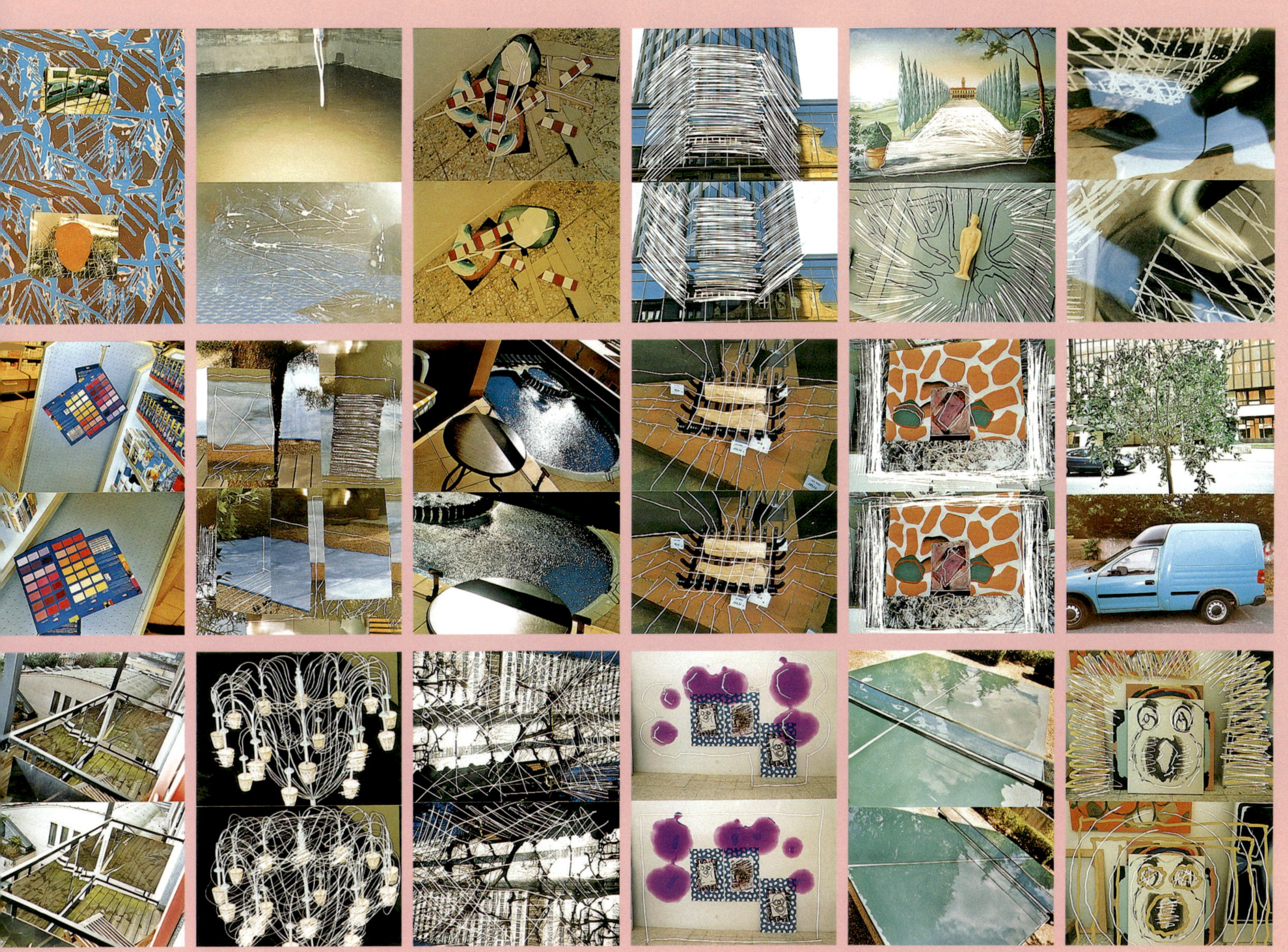

3x12, 2003

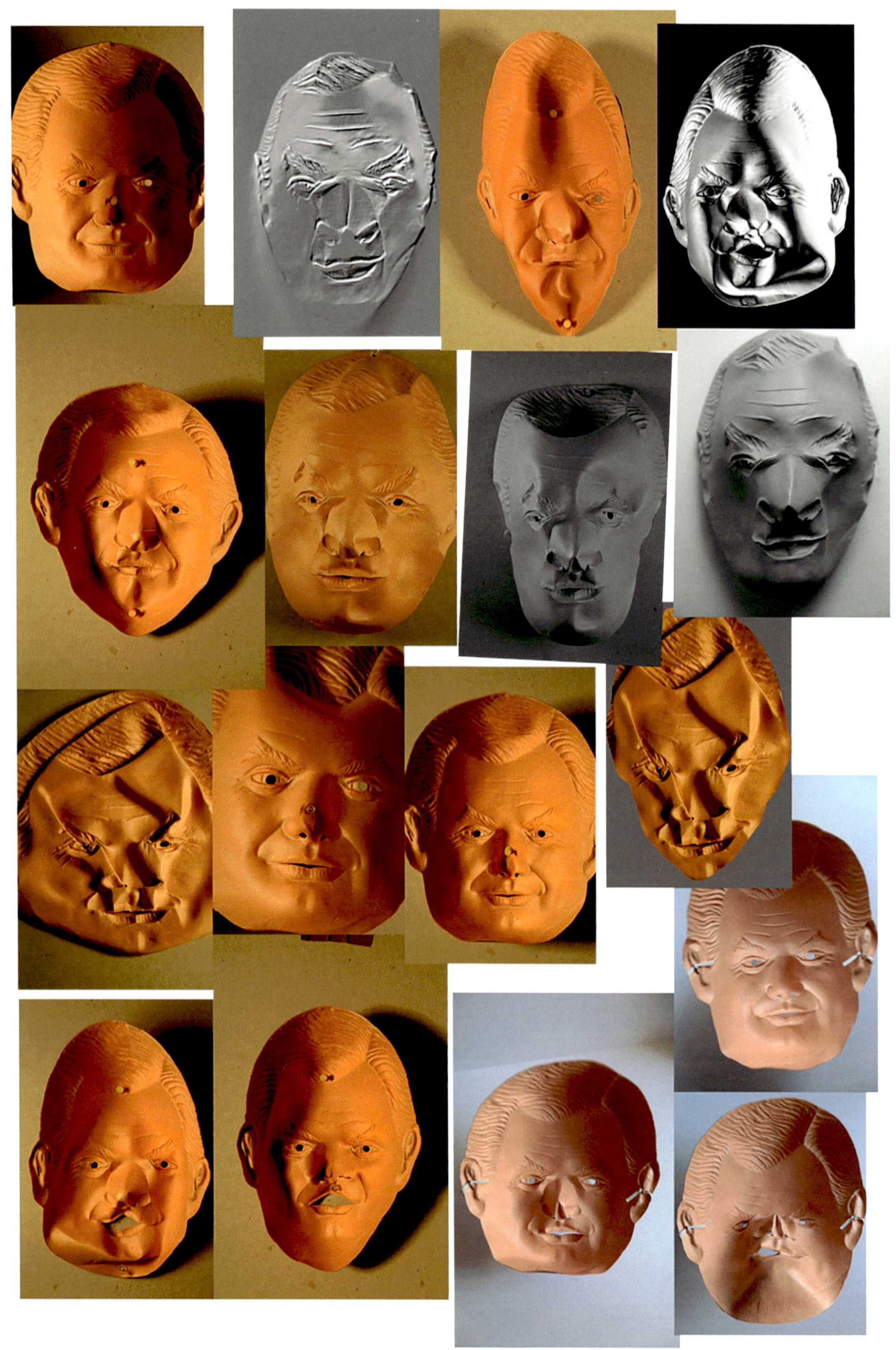

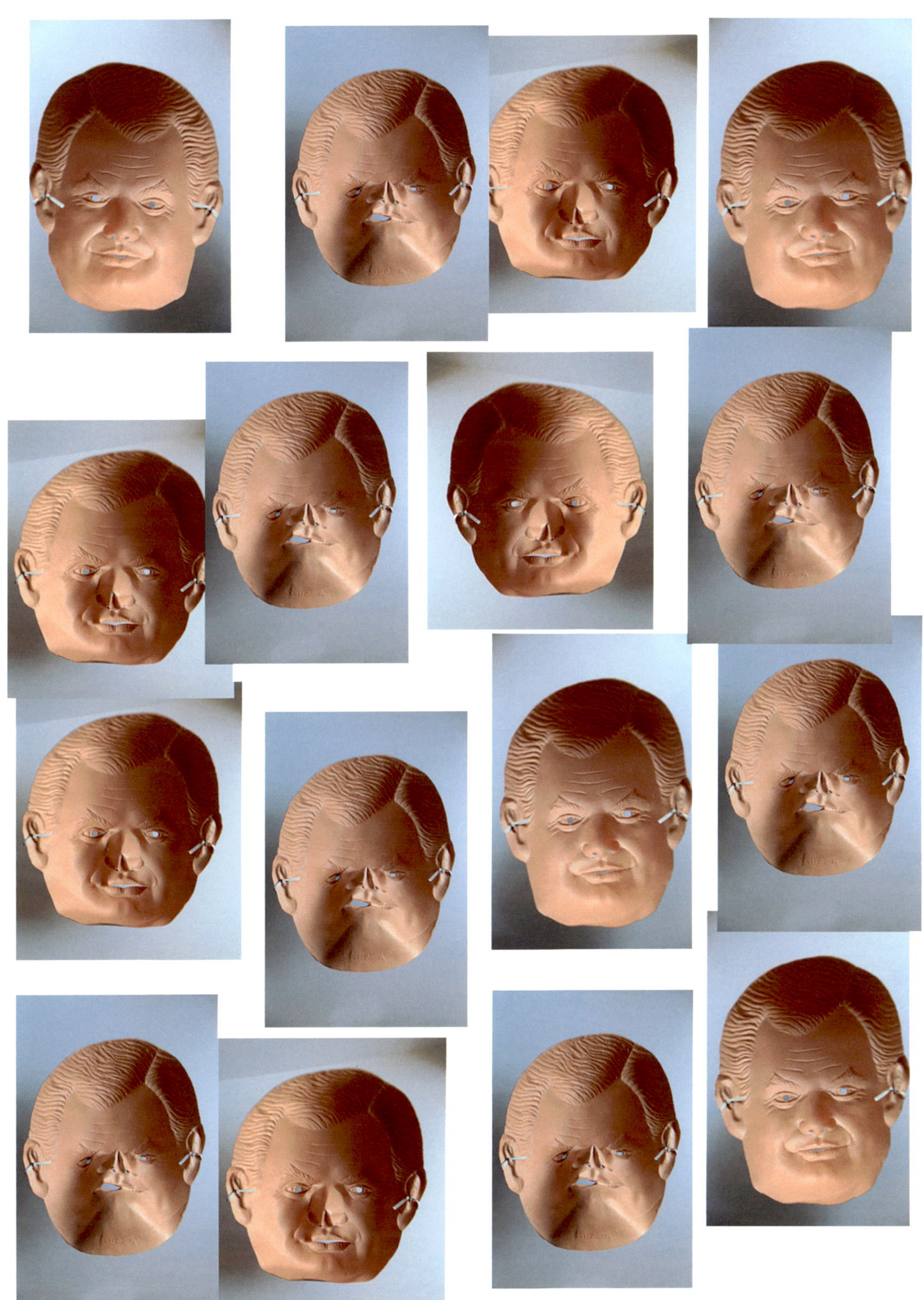

Colectivo Zapp A, B, 2010

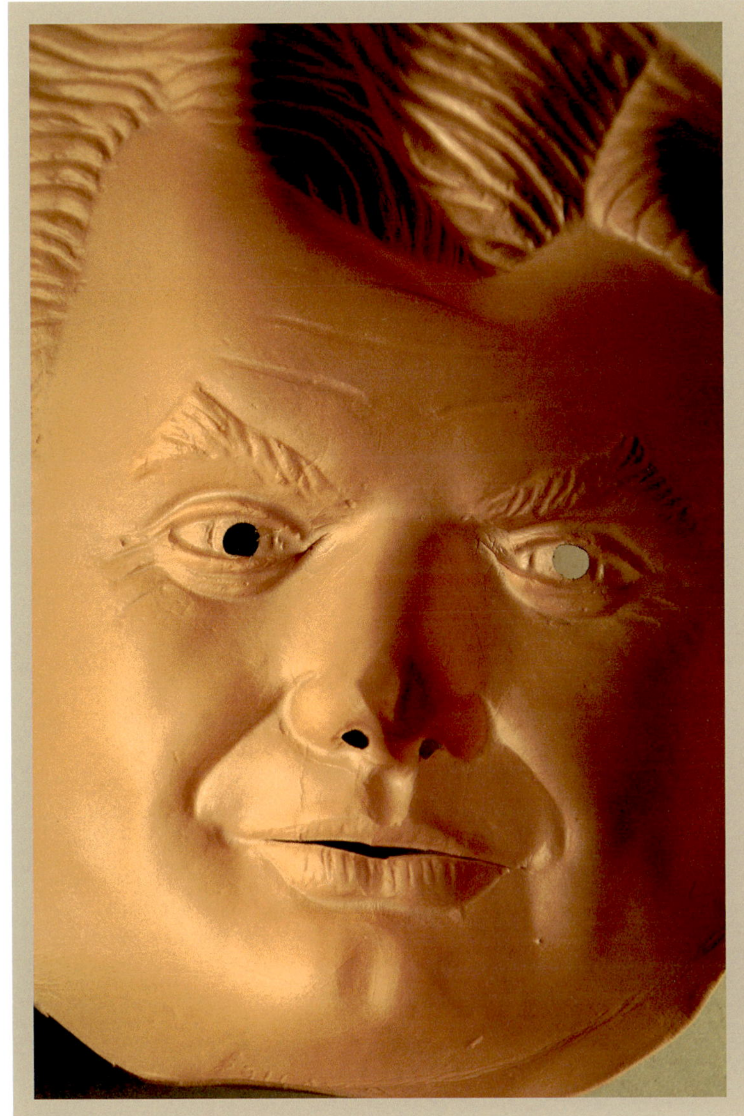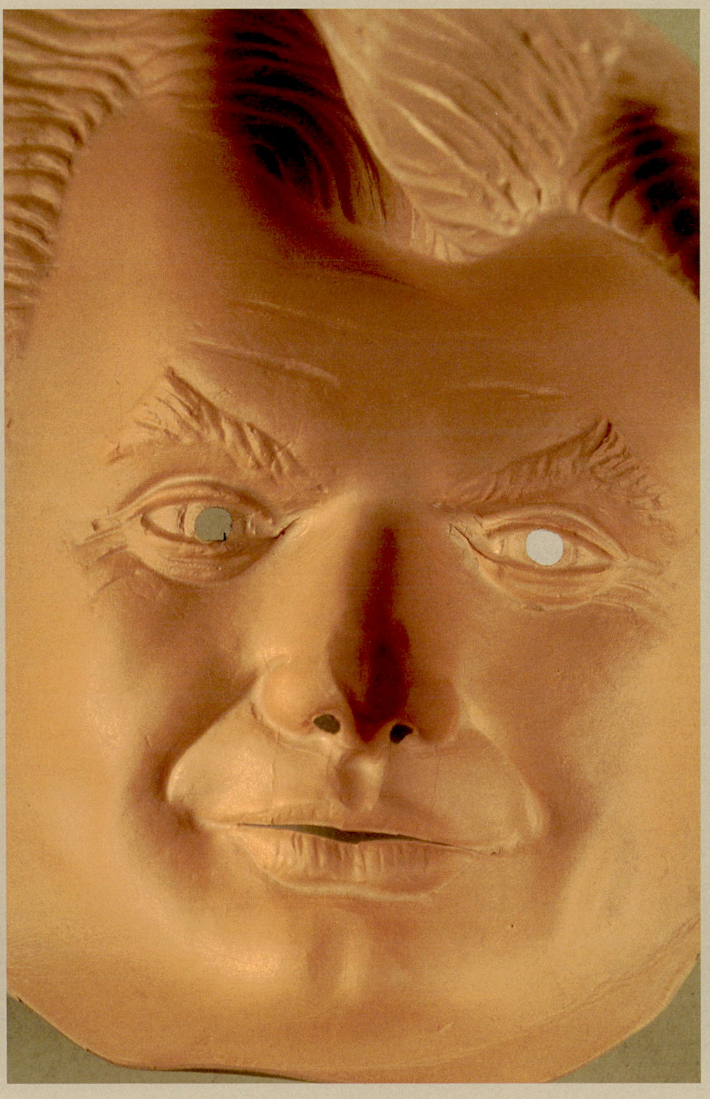

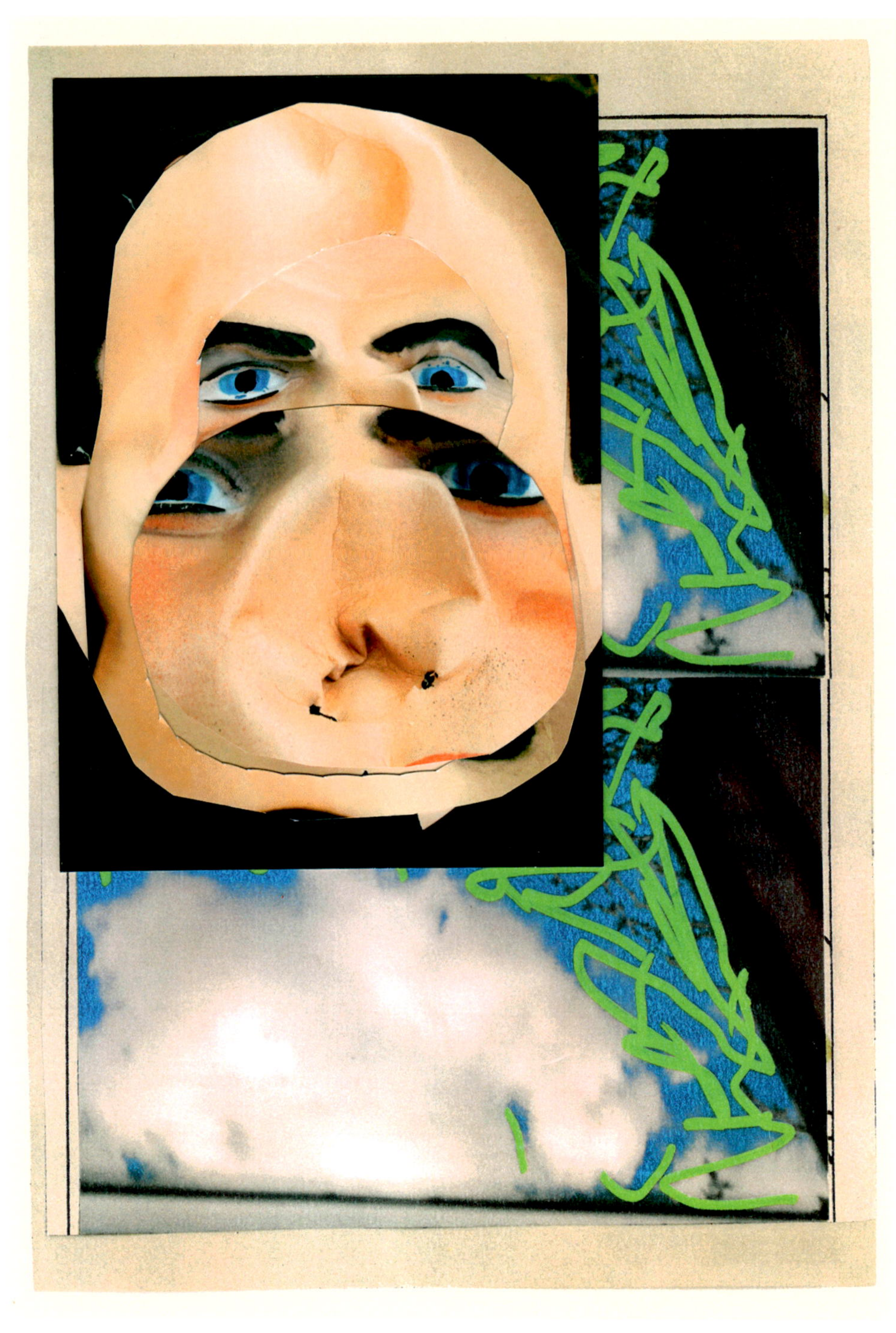

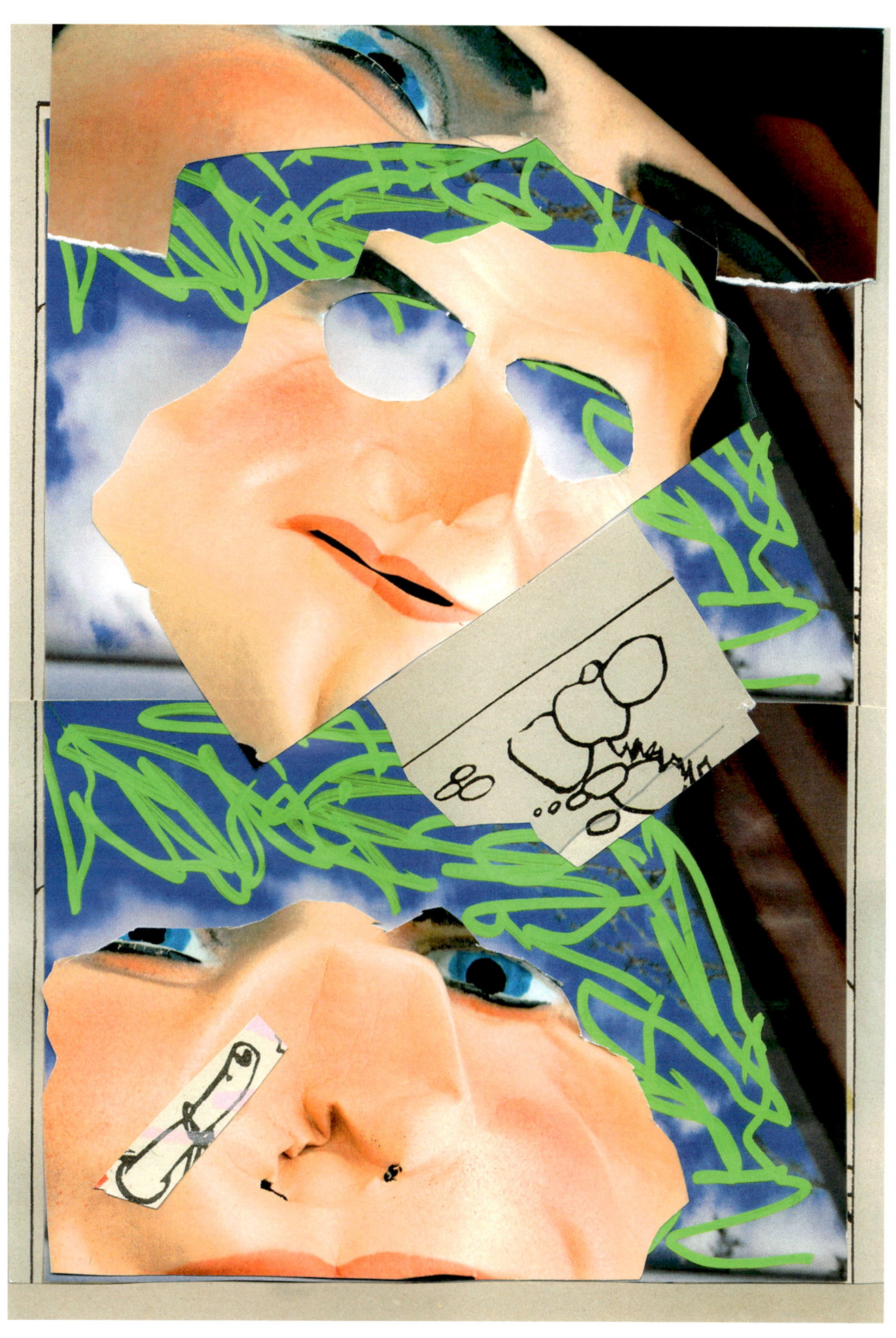

Cabezoides A, B, 2018

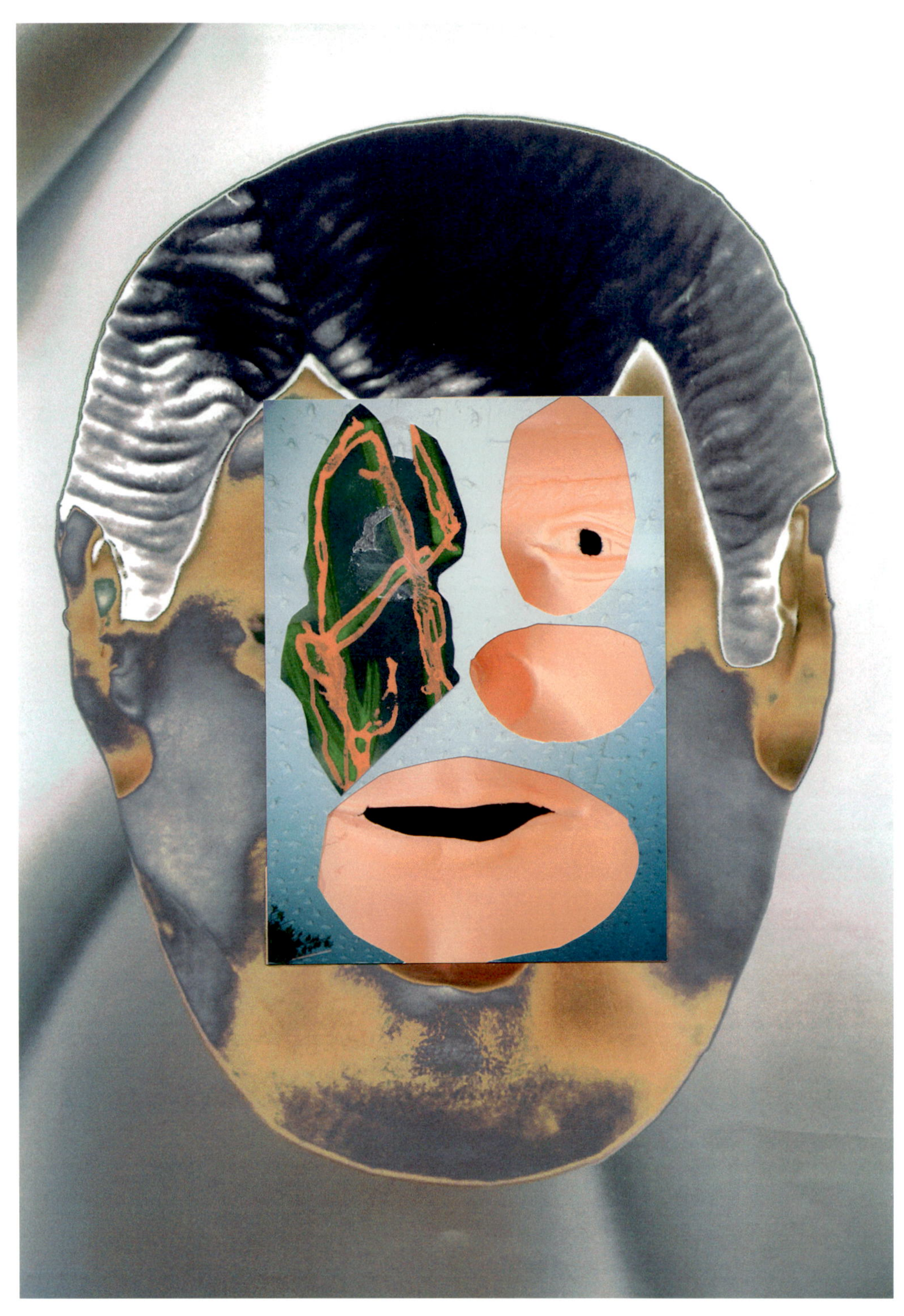

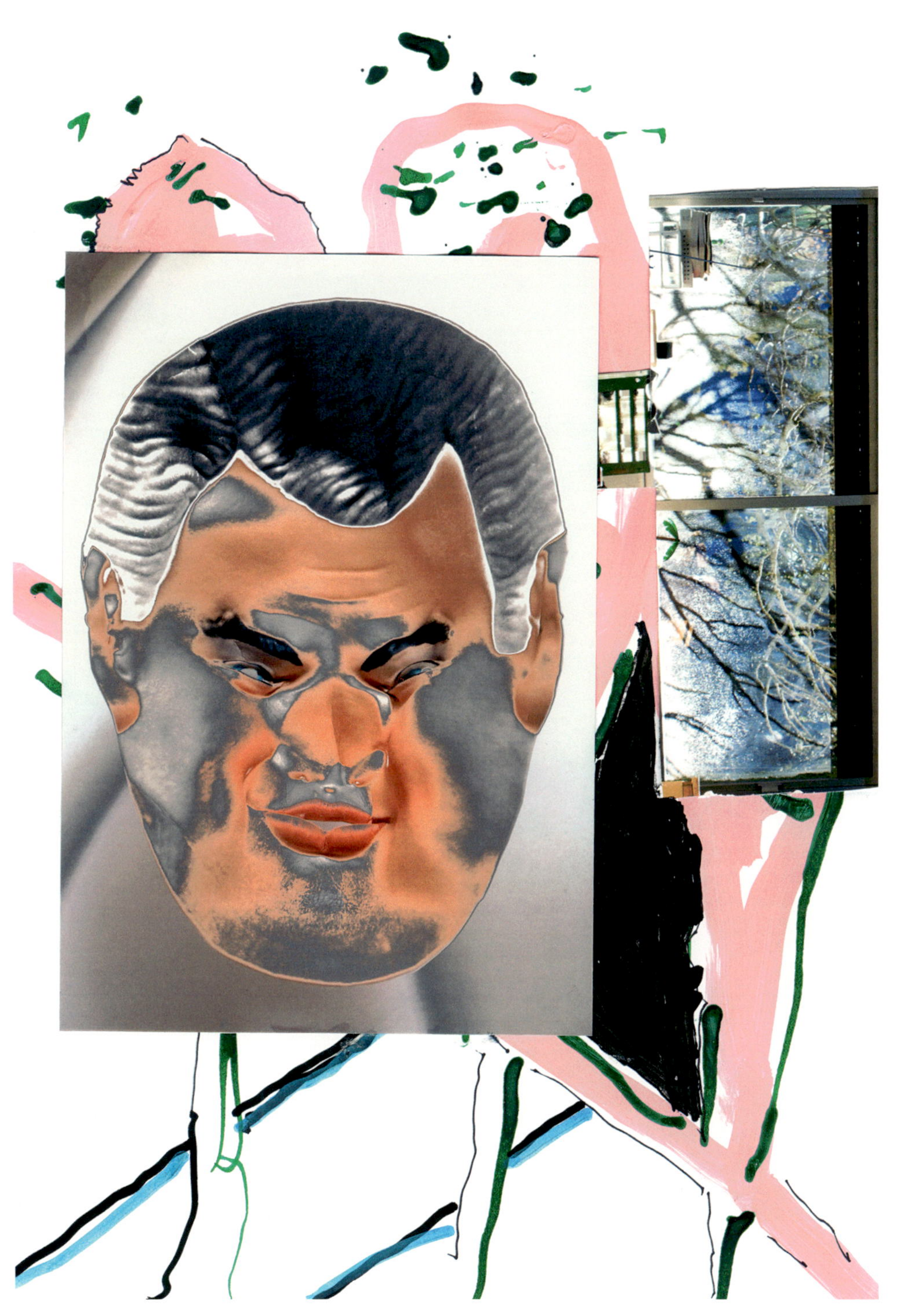

Cabezoides C, D, 2018

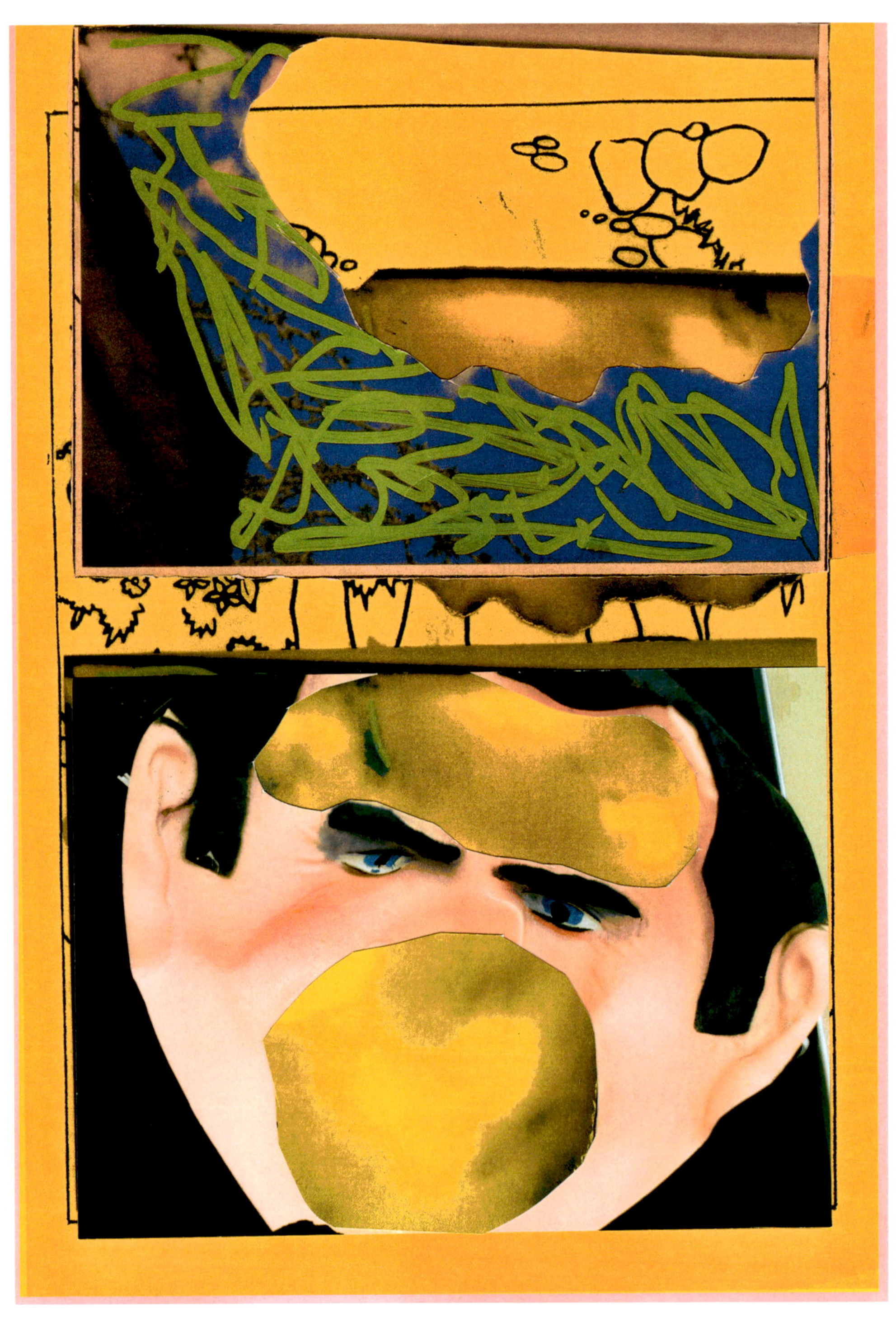

Headz E   Cabezoides E, 2018

machacando cristales dentro de la piscina

—machacando cristales dentro de la piscina—

—pareja durmiendo en una cama de matrimonio llena de cristales rotos—

—los espectadores en el *stadium* en vez de aplaudir machacan cristales—

—el lago helado es como un gran espejo, un oso enorme lanudo patina
a cámara lenta—

—el rectángulo de la portería enmarca un gran cristal: los goles son
recibidos con un silencio sepulcral—

—producimos electricidad arañando paredes de acero con cristales
rotos: es electricidad transparente—

—Kandinski machaca cristales, Mondrian se los traga: cuando defeca
produce pollocks rojos (¡qué mal gusto!, ¡qué horror, Gordillo!)—

—machacando cristales dentro de las góndolas con luna llena—

—en el suelo de la gran sala se despliega una pieza gigante de
terciopelo, sobre ella se coloca una gran cantidad de peras maduras
bien esparcida; sobre ella se colocan 5 capas de terciopelo de
color azul claro, azul oscuro, azul con lunares rosas, ultramar con
pequeños paisajes marrones y azul de color marrón; sobre esta capa
va otra de un metro de altura de tomates muy rojos y muy maduros
y encima una capa de 30 cm de huevos de gallina. A continuación
poliuretano expandido blanco (5 capas de 5 cm cada una) Etc., etc.,
etc. No se ponen cristales—

—¡te voy a machacar la cabeza, mi Luis Gordillo, como no pares de
machacar cristales!—

—La densa niebla impide conducir por la autopista. Machacaría
masivamente lunas de coche y grandes montones de espejos
retrovisores—

—La autopista de madrugada vacía, llena de ingentes cantidades
de pulpa de melón (¿no habrá diminutos pedazos de cristalitos
escondidos dentro de la dulce masa?). Bueno, alguno puede
haber...—

s.f.

unidades de amoniaco virgen
sorprendidas en actos
técnicamente mórbidos
son obligadas a nadar *crawl*:
100 m más 100 m
más 100 m y más:
el destino indirecto
las mide, las comprime,
las hace llorar y orinar;
no hay nada como la química
para ahondar en la gnoseología
y en esa genética refleja
que es virgen y
delantero realizando gol

destripando la nada
asesinando la nada
aparecen micronadas:
infinitas culebras
de la secta de la nada.
Todo está lleno de nada
de nada impalpable
leve y transparente

¡los neomalthusianos a la derecha!
¡los de adoración nocturna a la izquierda!
¡los goleadores junto con los del batiscafo!
¡el orfeón donostiarra al fondo cantando
"maitechu mía" junto a los althusserianos radicales!
¡los sartrianos recurrentes y los pervertidos lacanianos!
¡los derridianos lanzadores de jabalinas!
todos juntos, en pelotas, al centro de la composición.
¡Focas! ¡Rodando!
¡Disparen el gran cañón con rosas
y perdigones de no hacer daño!
¡Fuego! ¡Foco! ¡Fooooocas!
Ahora todos desfilando de cinco en fondo:
las alegres focas las primeras
seguidas de los alegres focos.
¡Canten todos, todos y a la par:
desentonando lo más posible:
allons enfants de la patrie,
le jour de gloire est arrivé...
                    Tachín!

smashing glass in the swimming pool

—smashing glass in the swimming pool—

—a couple sleeping on a double bed full of broken glass—

—the spectators in the stadium instead of applauding they're smashing glass—

—the frozen lake is like a great mirror, a huge woolly bear skates across it in slow motion—

—the rectangular goalposts frame a huge pane of glass: goals are met with a deathly silence—

—we produce electricity by scratching steel walls with broken glass: it's transparent electricity—

—Kandinski smashes glass, Mondrian swallows it: when he defecates, he produces red Pollocks (that's disgusting! how awful, Gordillo!)—

—smashing glass inside the gondolas with a full moon—

—on the floor of the large room a huge piece of velvet is laid out, on top of it a large number of ripe pears are well spread-out; on top of that 5 layers of velvet are placed, in light blue, dark blue, blue with pink spots, ultramarine blue with small brown landscapes and a brown blue; on top of this layer another one is placed, a metre high, with very red and very ripe tomatoes and on top of that a 30-cm-layer of hen eggs. And then white expanded polyurethane (5 layers of 5 cm each) Etc., etc., etc. No glass is included in it—

—I'll smash your head in, my Luis Gordillo, if you don't stop smashing glass!—

—The dense fog makes driving on the motorway impossible. It would smash en masse the cars' windscreens and huge piles of rear-view mirrors—

—The early morning motorway empty, full of vast amounts of melon flesh (will there not be teeny-weeny bits of glass hidden in that sweet pulp?). Well, there might be some shards...—

n.d.

units of virgin ammonia
caught
in technically morbid acts
they are forced to swim front crawl:
100 m plus 100 m
plus 100 m and more:
the indirect destination
measures them, compresses them,
makes them cry and piss;
there's nothing quite like chemistry
to delve deeper into gnoseology
and in those genetics it reflects
that it is a virgin and
a striker scoring a goal

when disembowelling the emptiness
murdering the emptiness
microemptinesses appear:
infinite serpents
from the sect of the emptiness.
All is full of emptiness
of an impalpable emptiness
so light and transparent

neo-Malthusians to the right!

those from Nocturnal Adoration to the left!

goalscorers next to the bathyscaphe lot!

the San Sebastian choir at the back singing

"maitechu mía", next to the radical Althusserians!

recurrent Sartreans and Lacanian perverts!

javelin-throwing Derrideans!

huddle up, naked, in the centre of the composition.

Let's seal the deal! Action!

Shoot the huge cannon full of roses

and harmless pellets!

Shoot! Spotlight! Seeeeeeals!

Now everybody march five-deep:

spot the delighted seals at the front

stomping their seals of approval.

Everybody sing, all together now:

as out of tune as possible:

allons enfants de la patrie,

le jour de gloire est arrivé...

Ta-da!

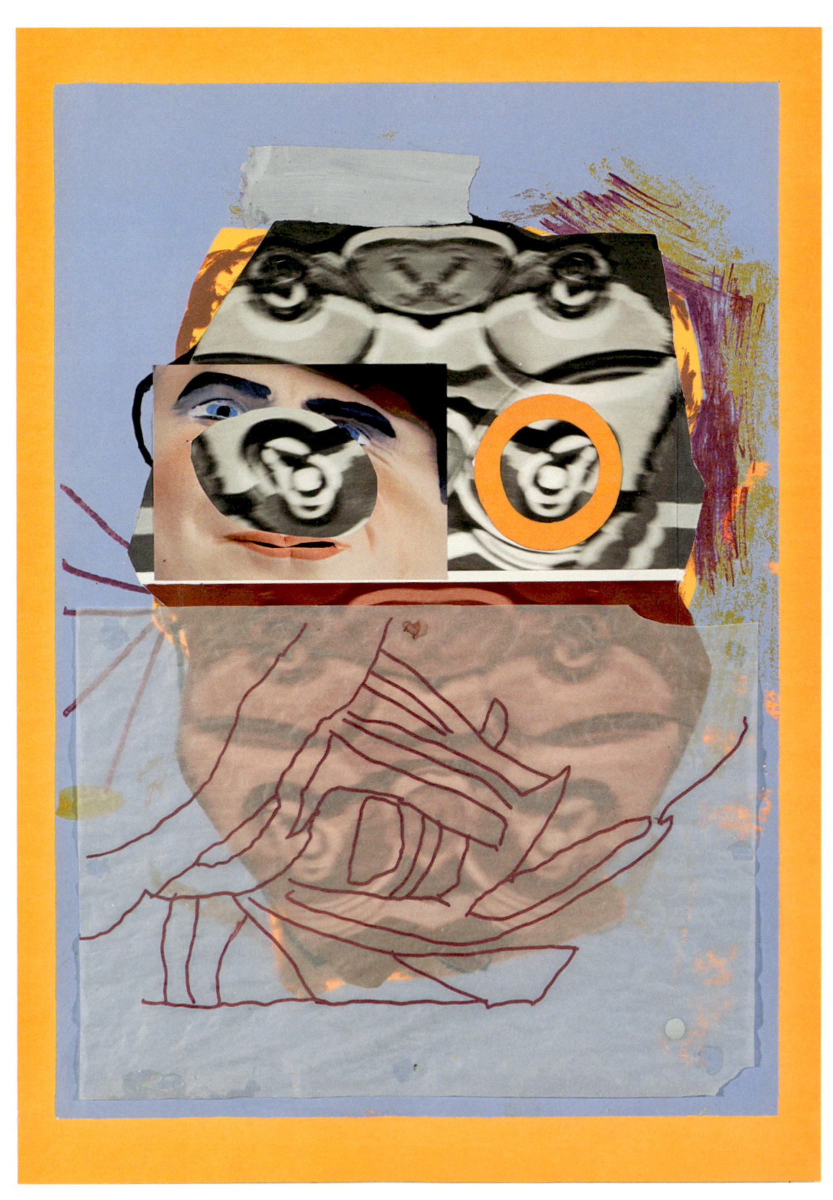

Dreaming   Soñando, 2018

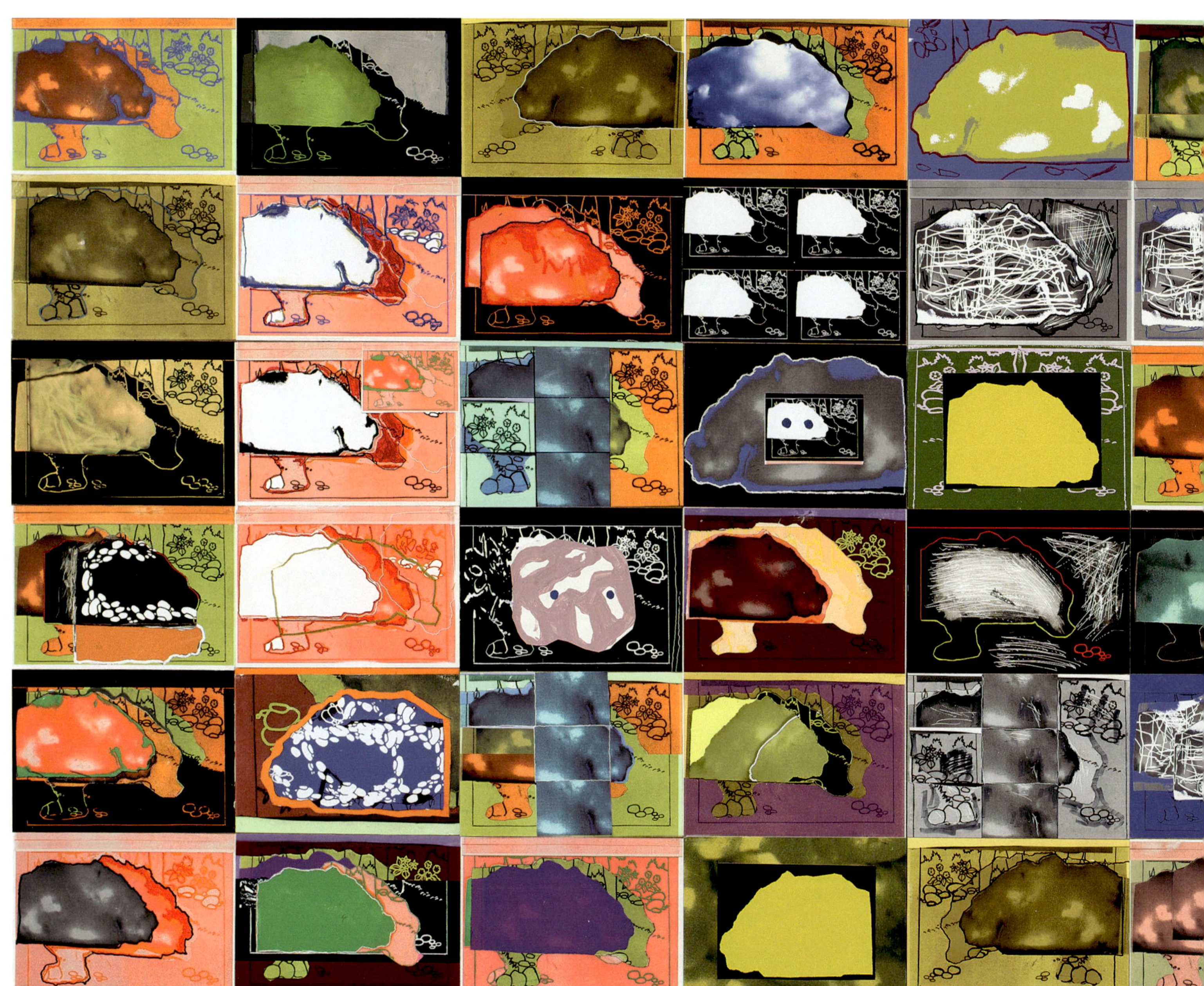

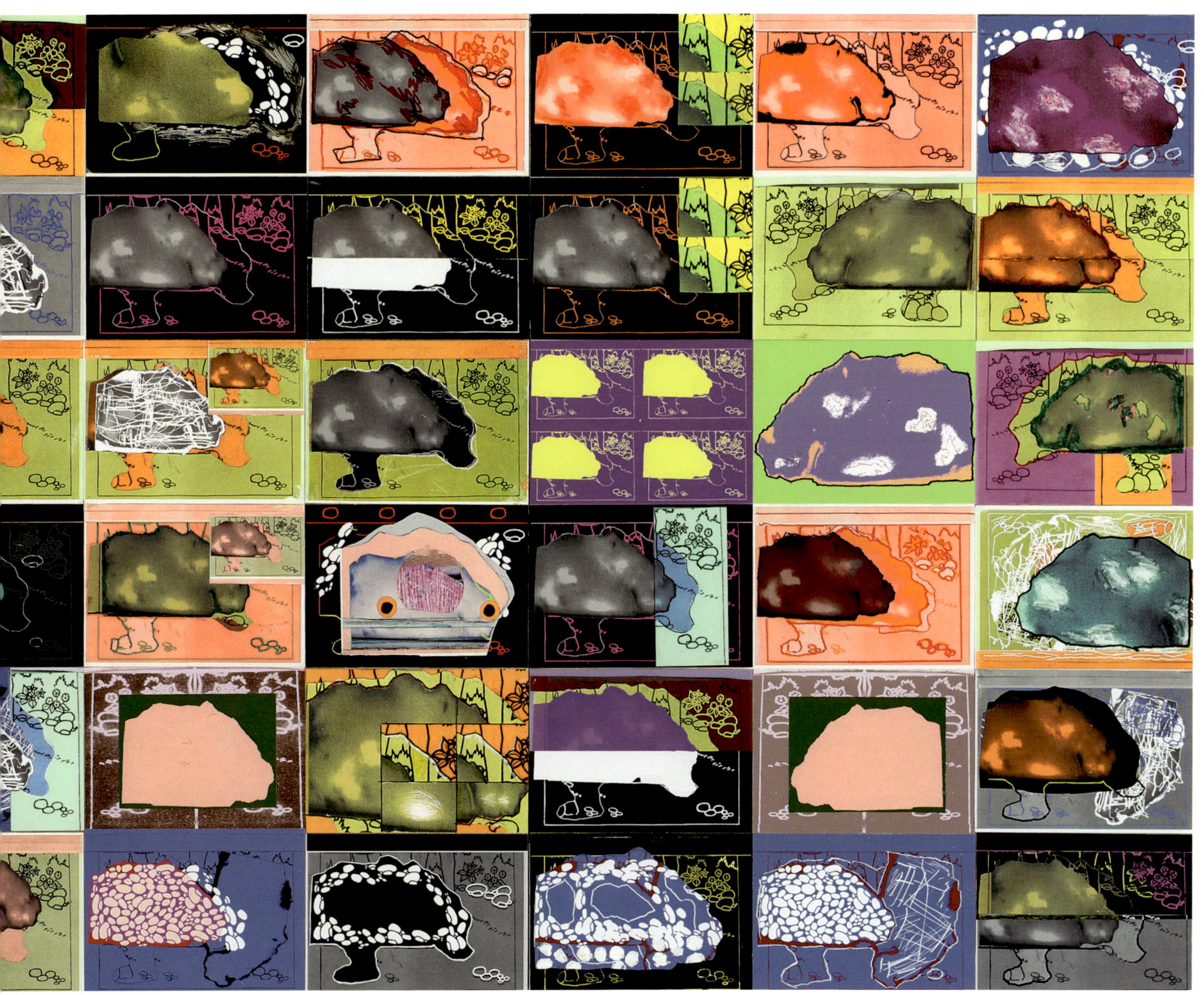

Transmigración de almas A, 2020

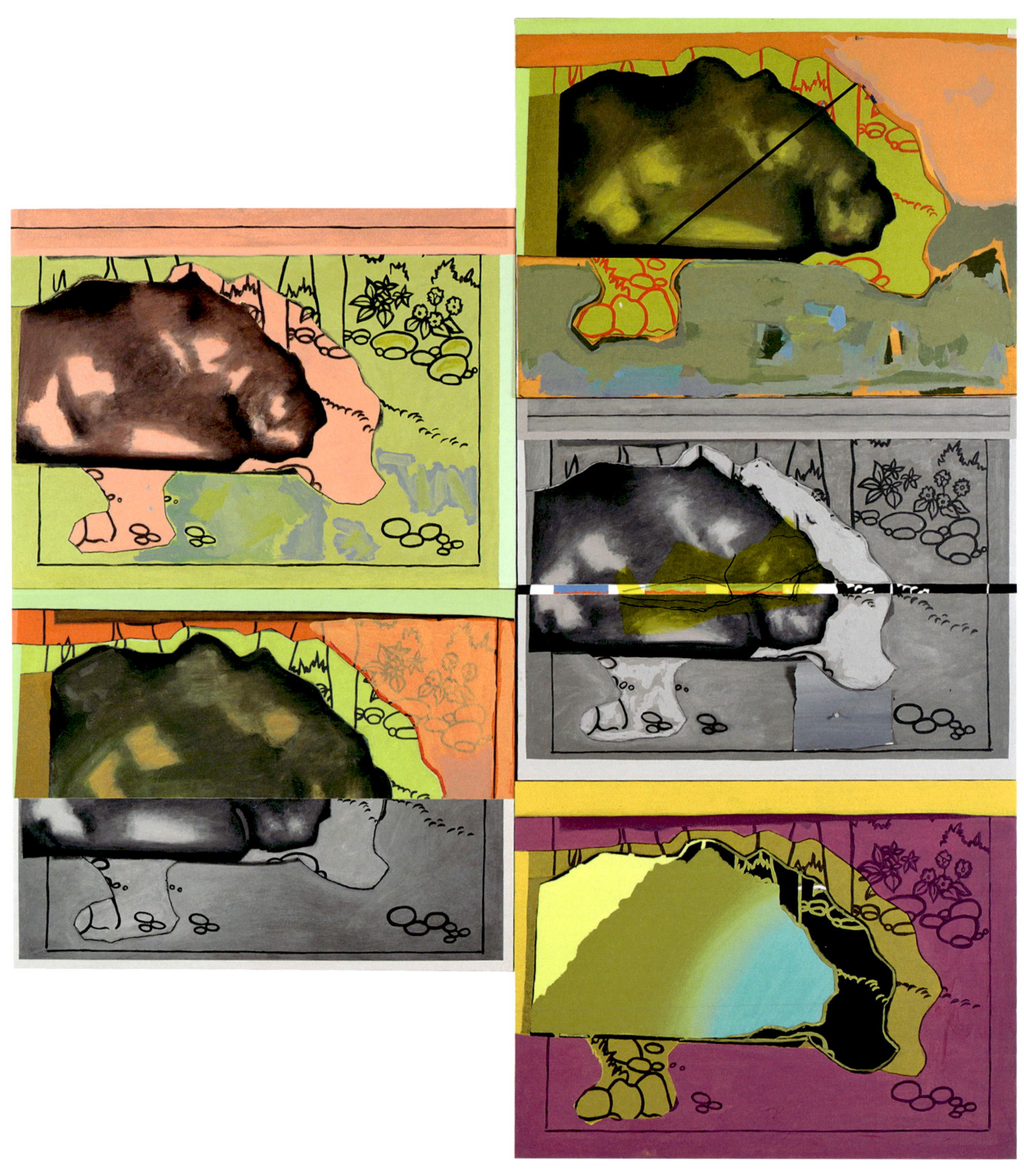

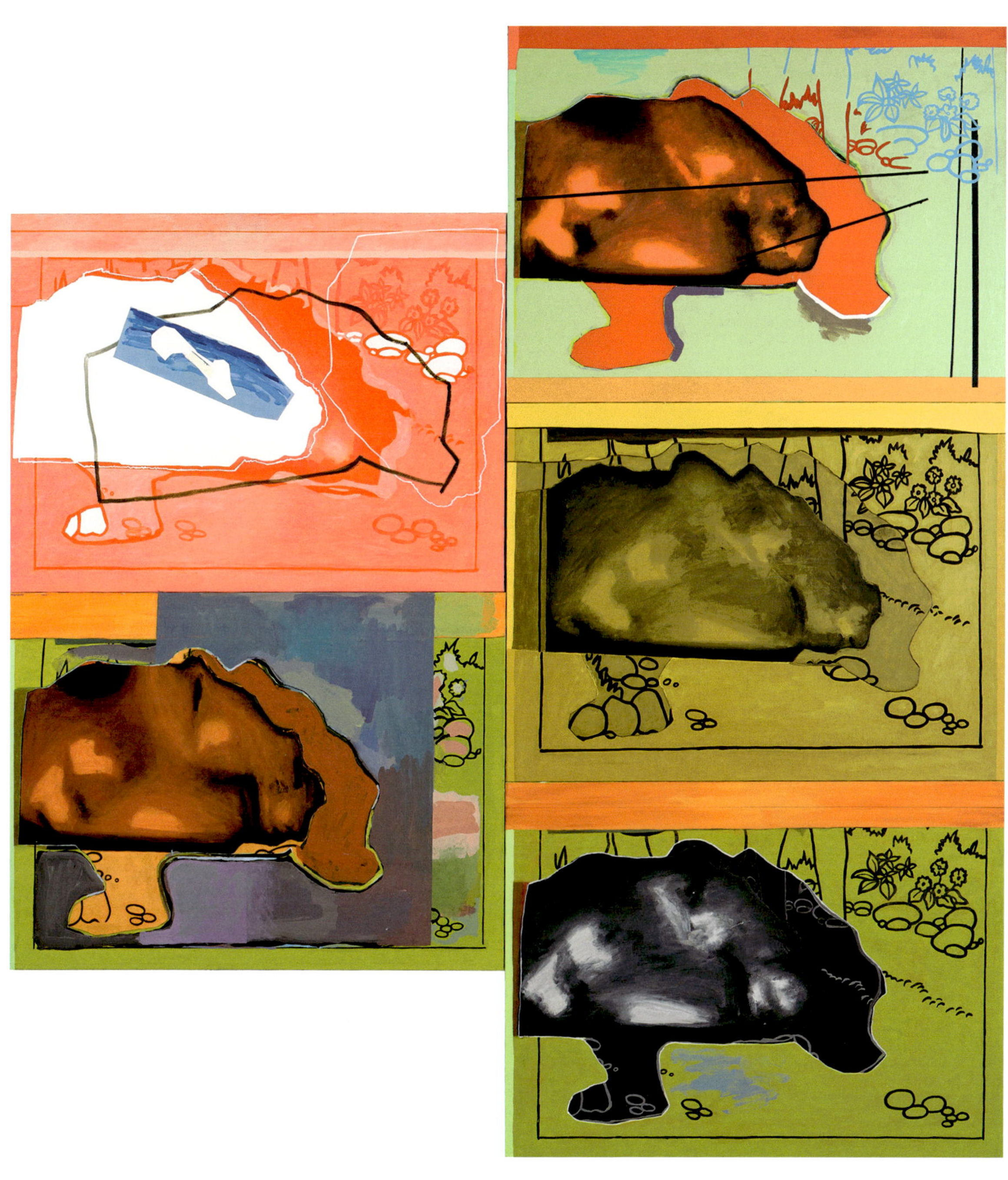

Nubes de tierra A, B, 2020

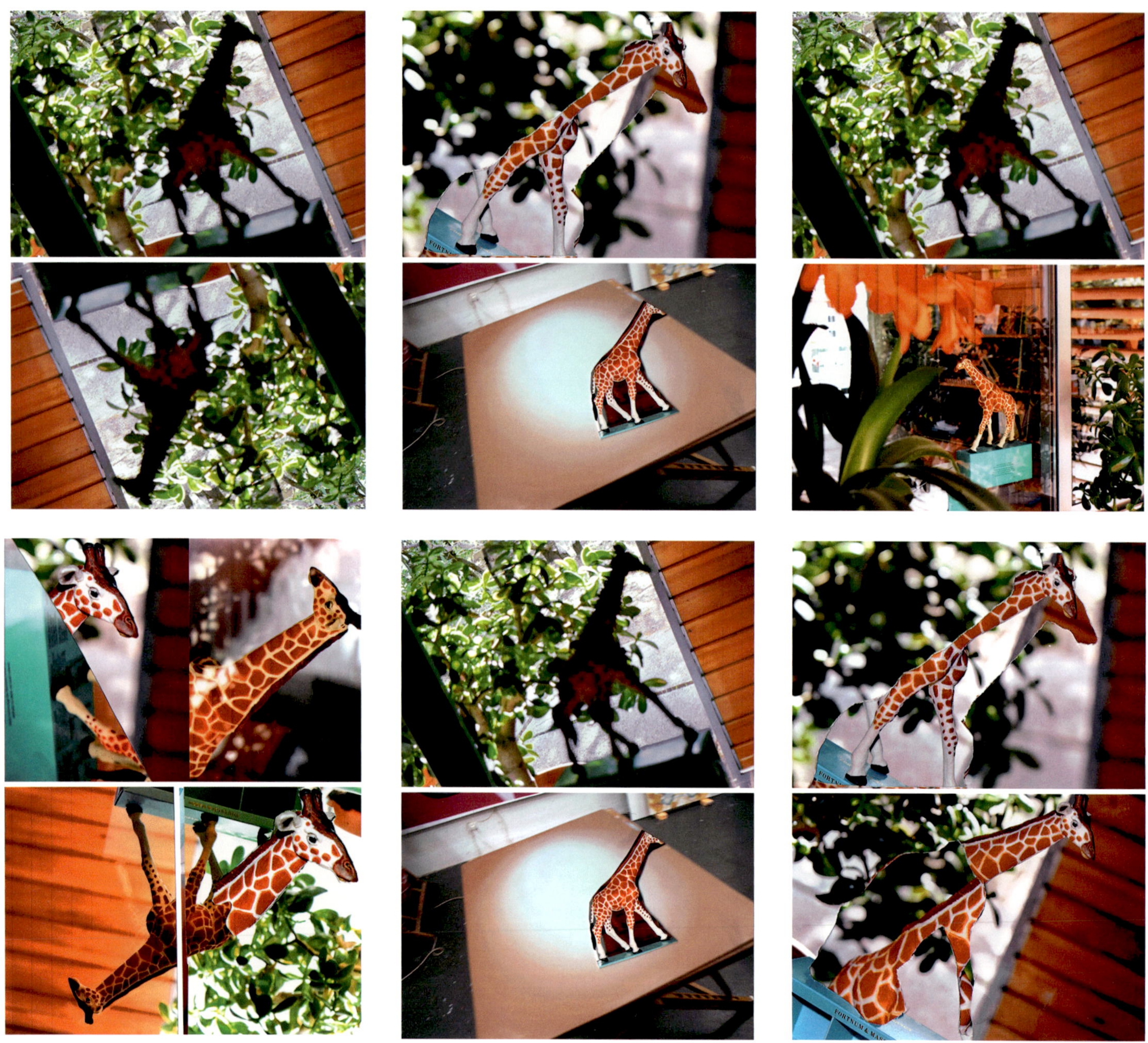

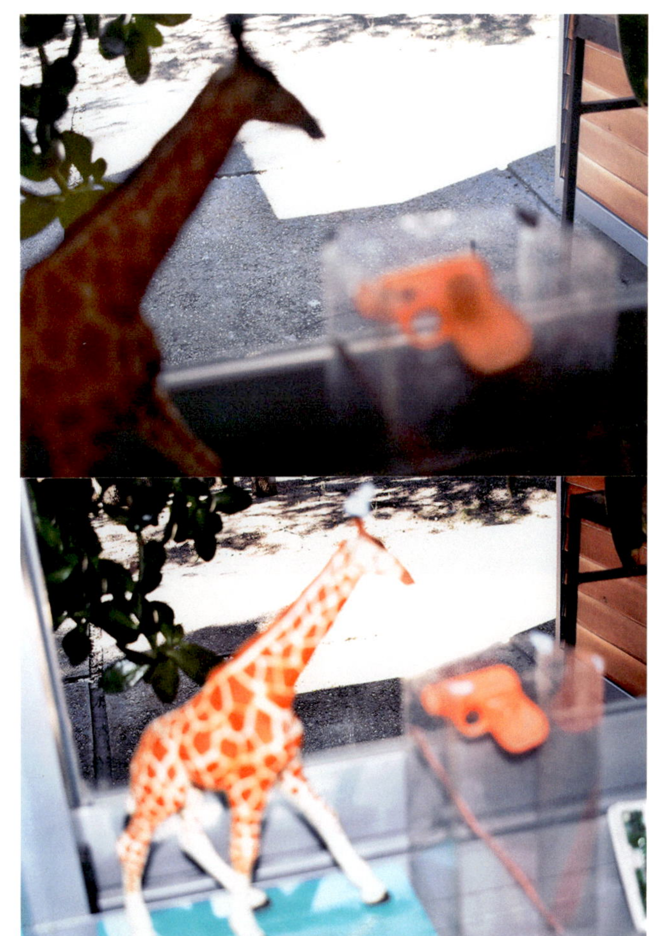

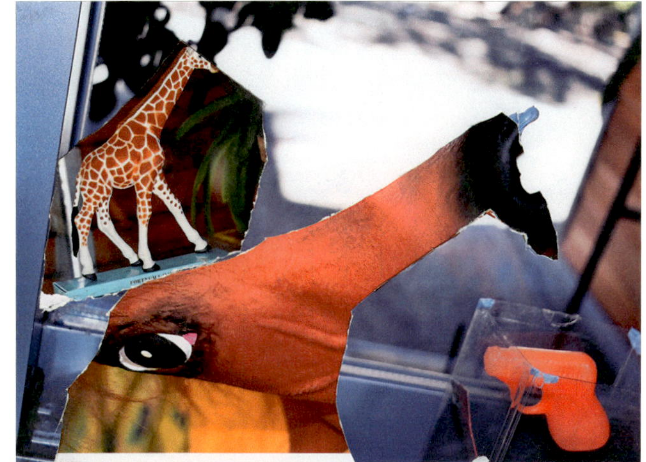

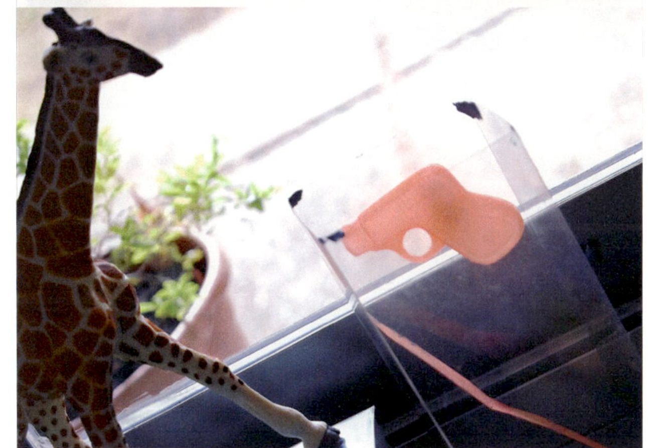

Giraffe 2   *Jirafa 2, 2021*

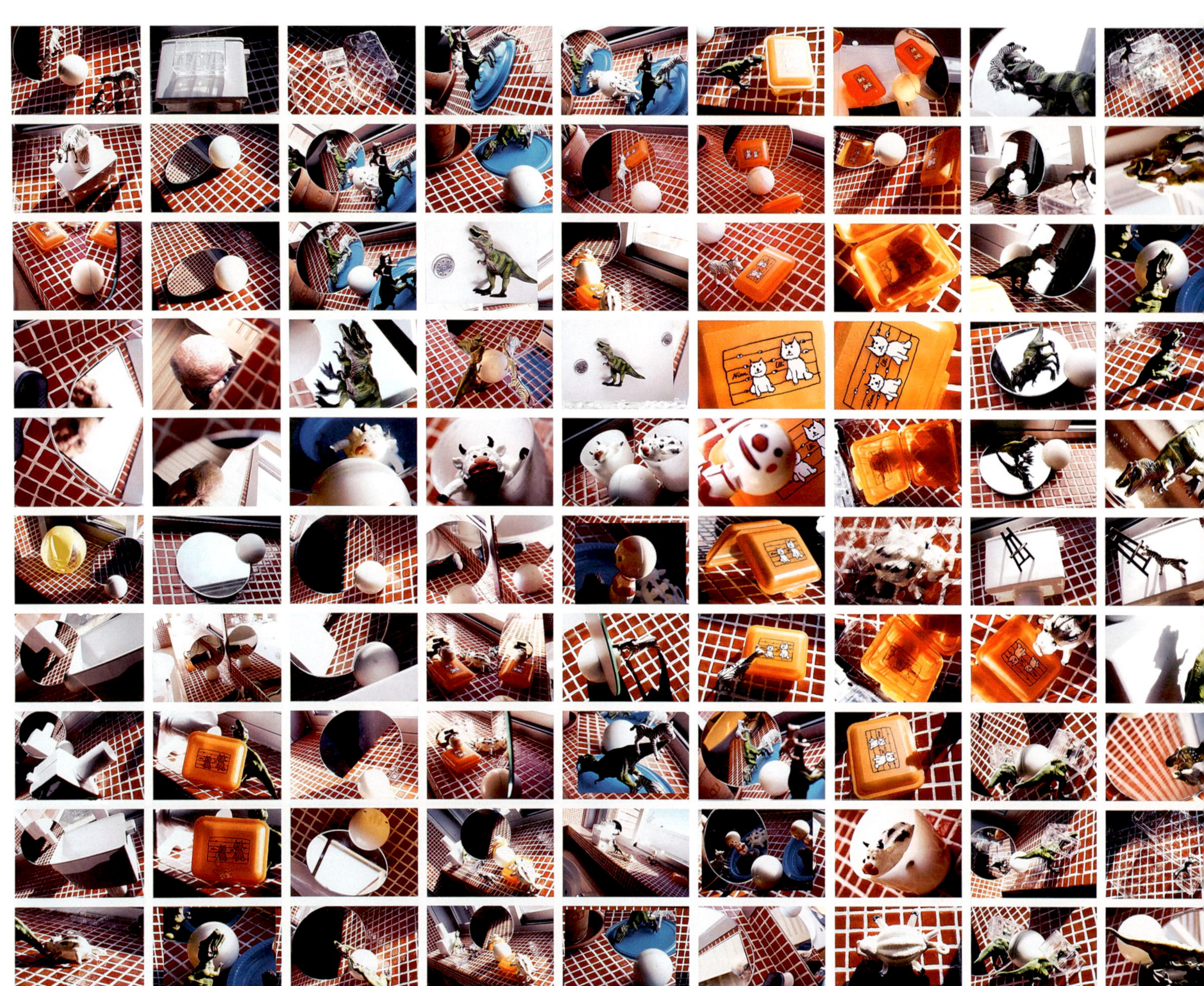

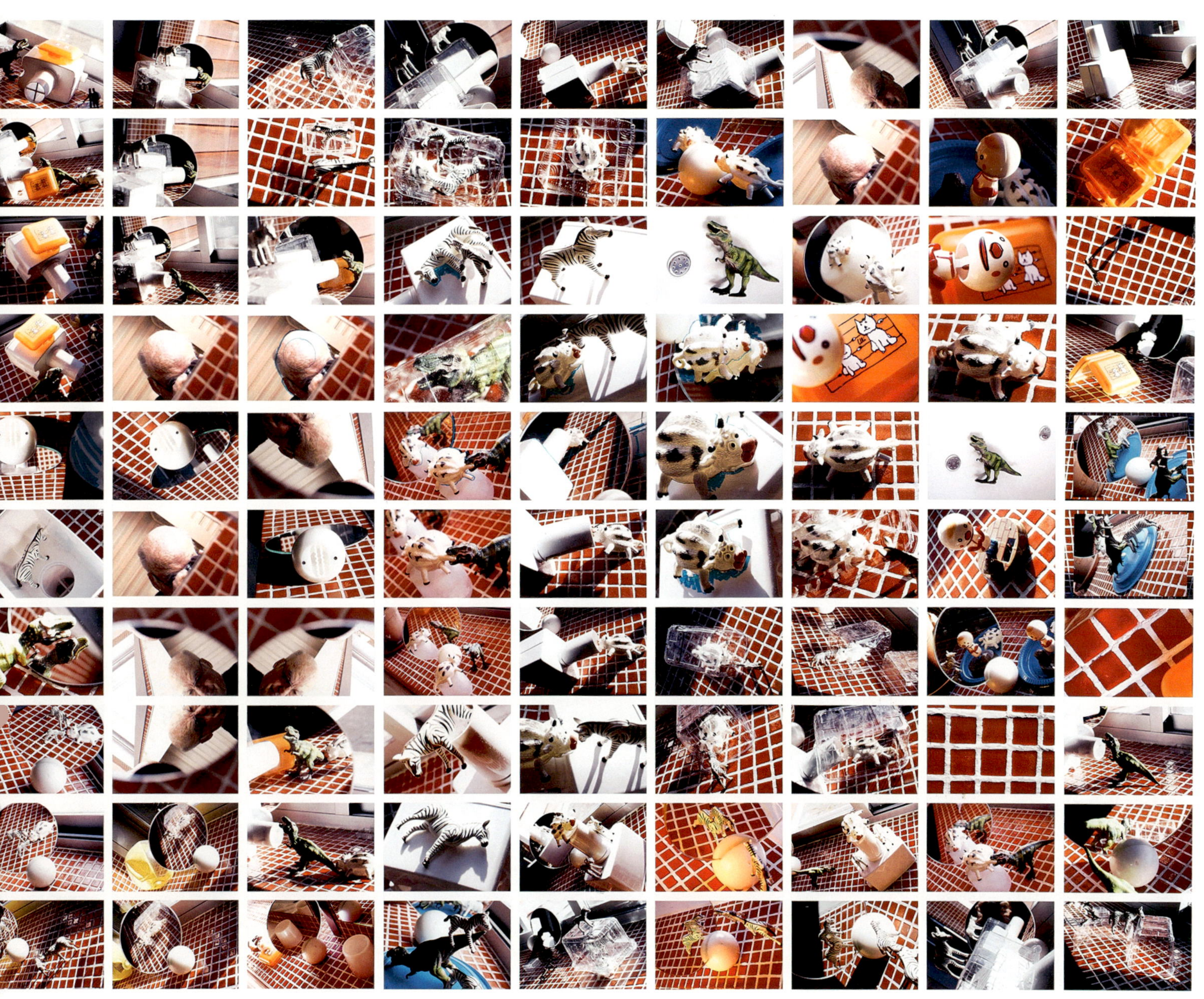

Refracciones-refractivas, 2019

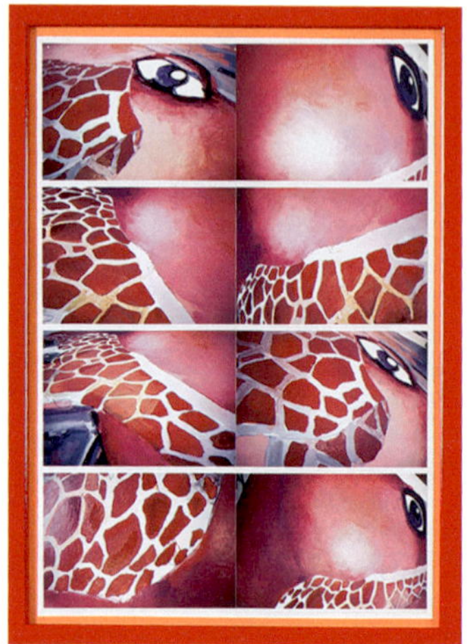

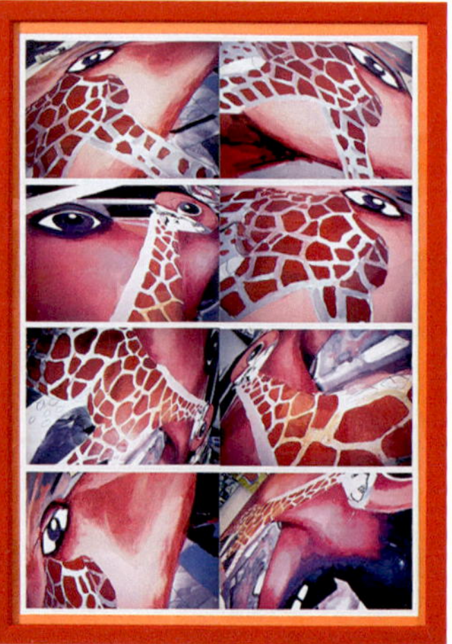

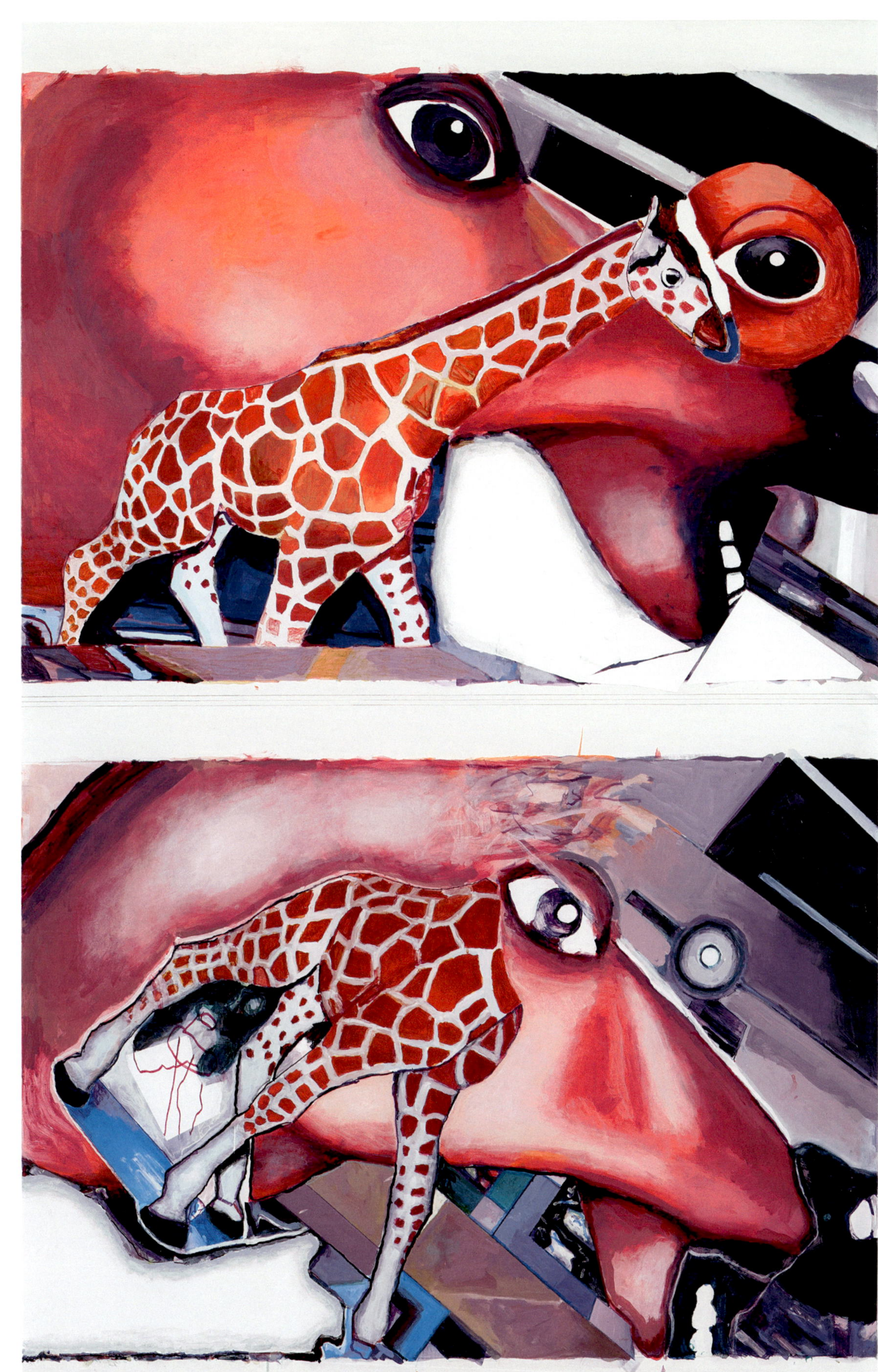

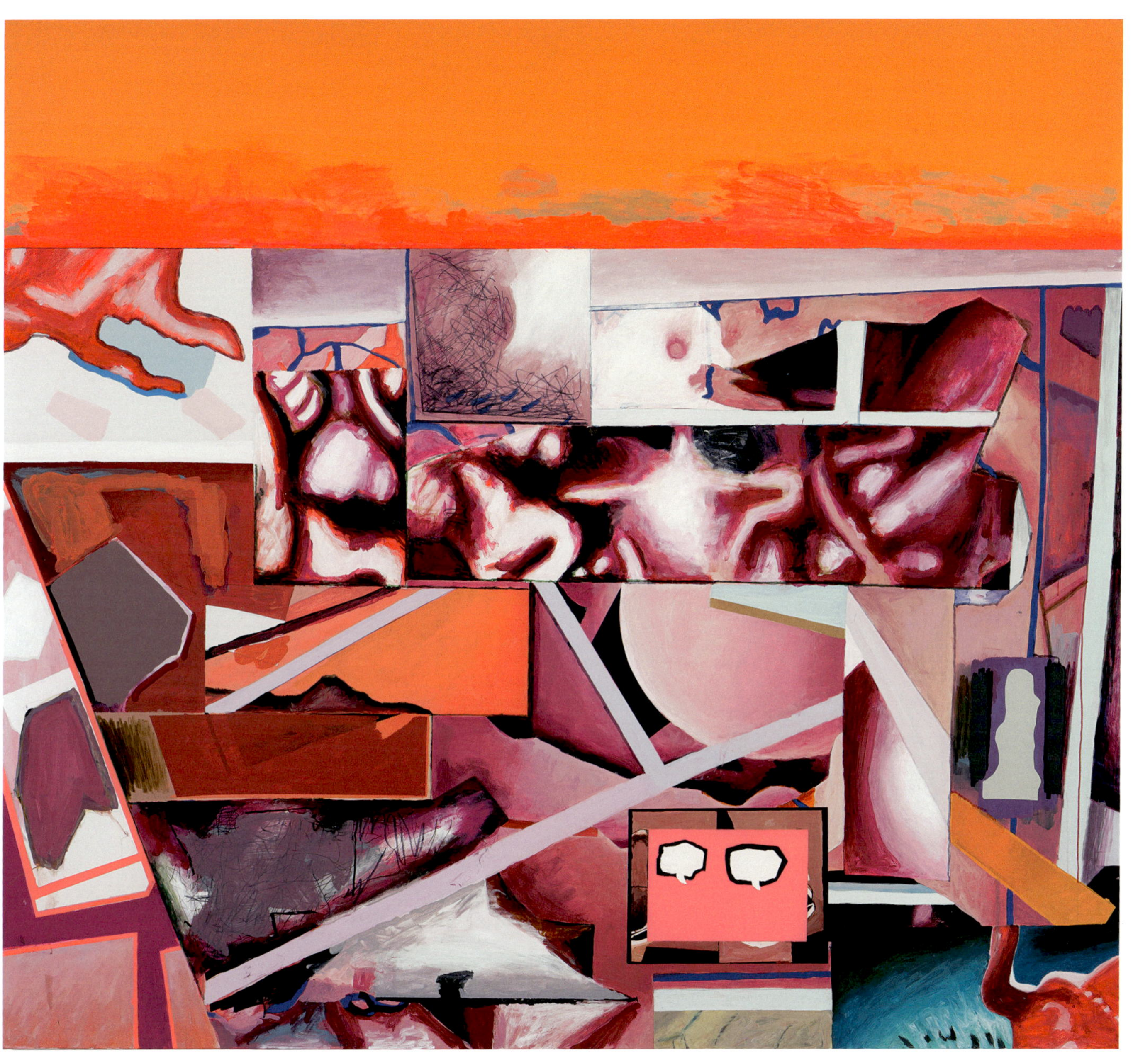

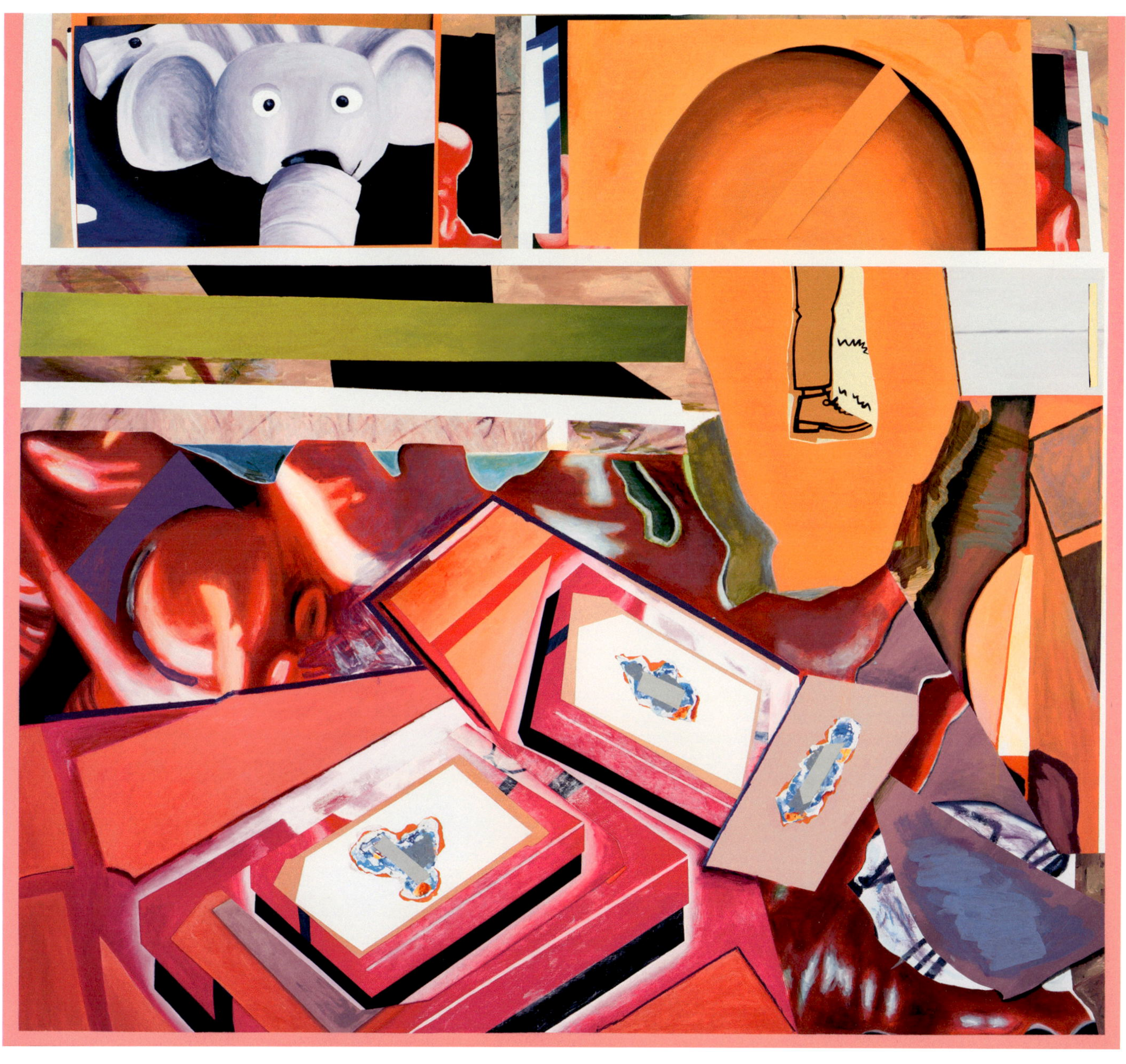

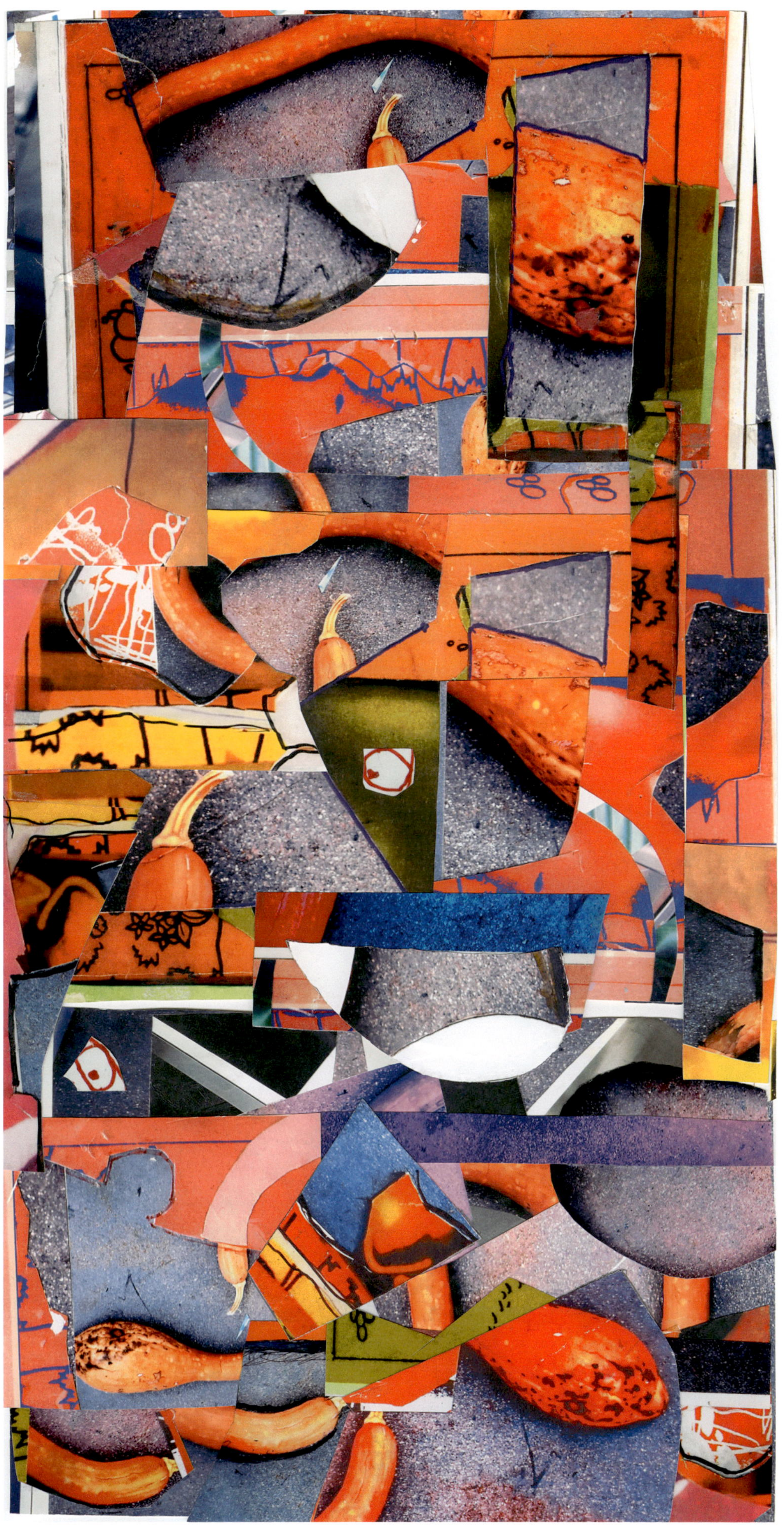

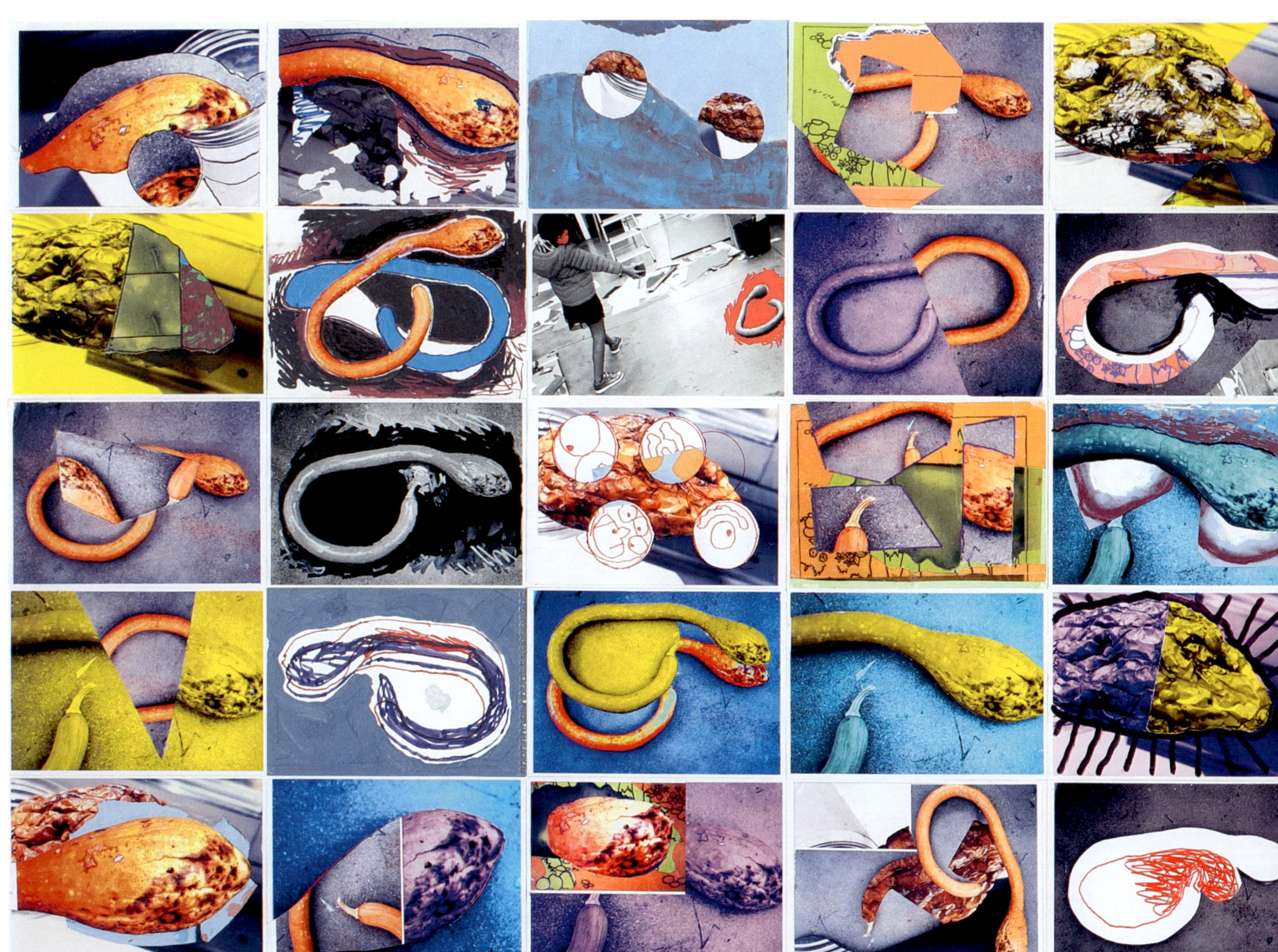

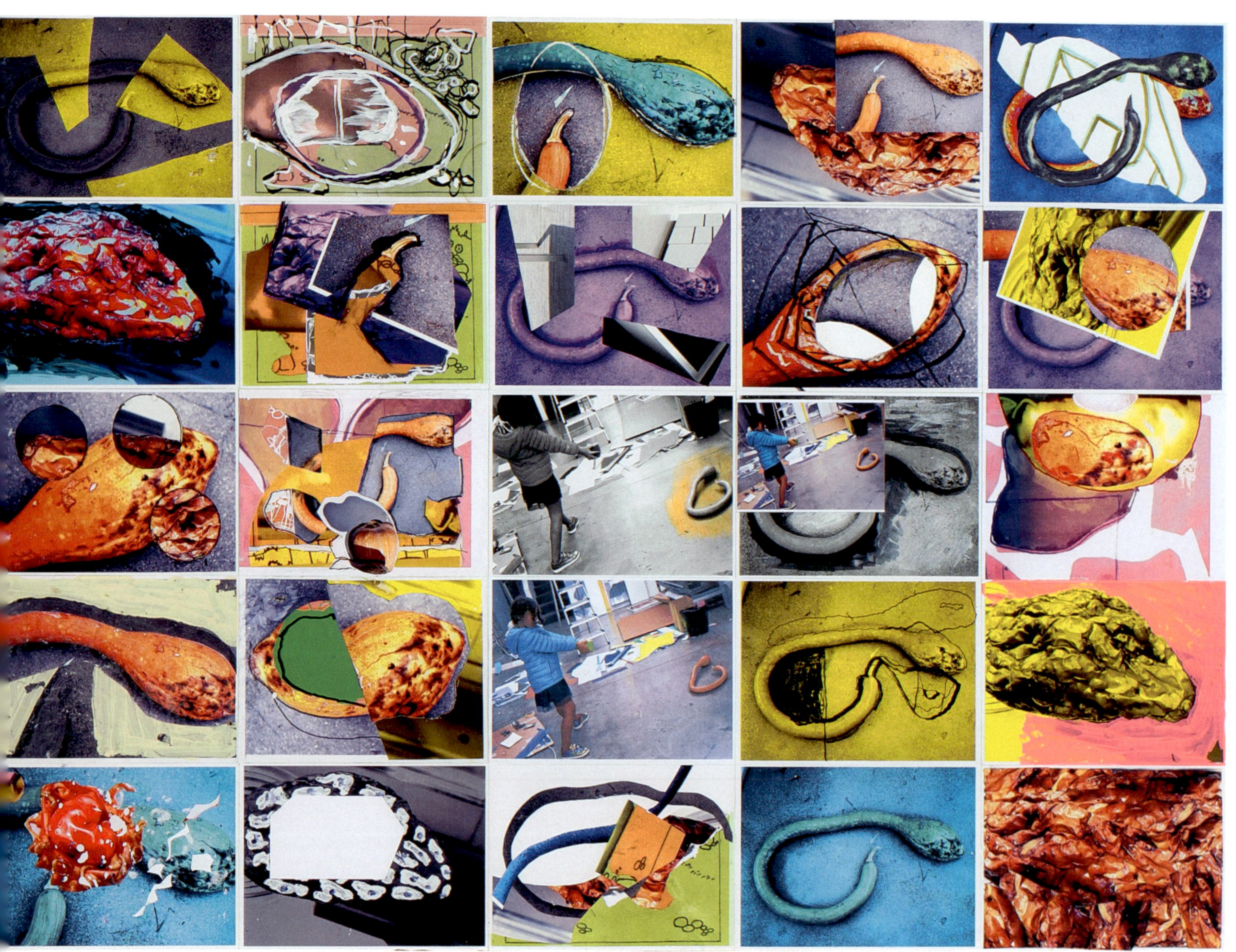

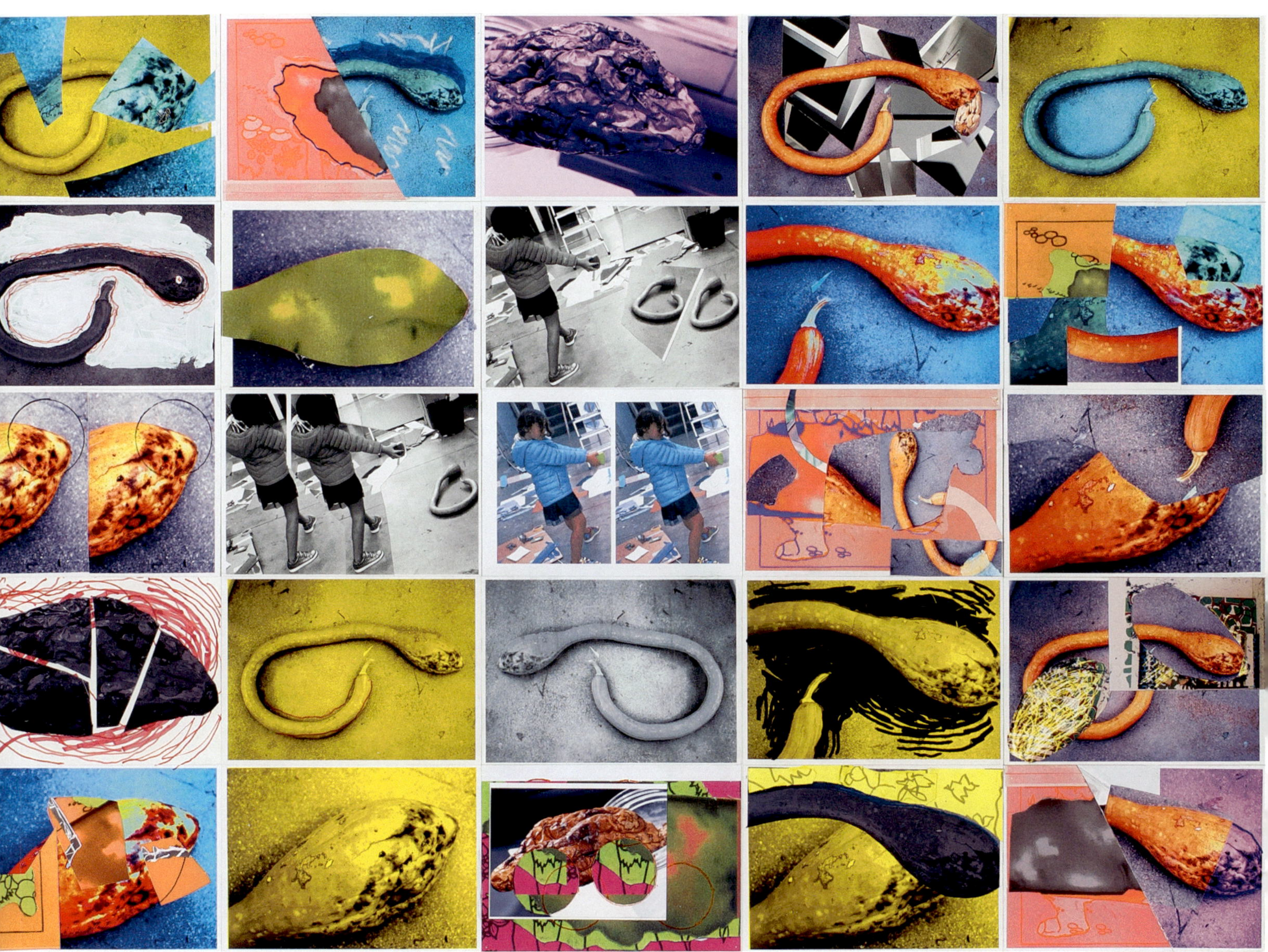

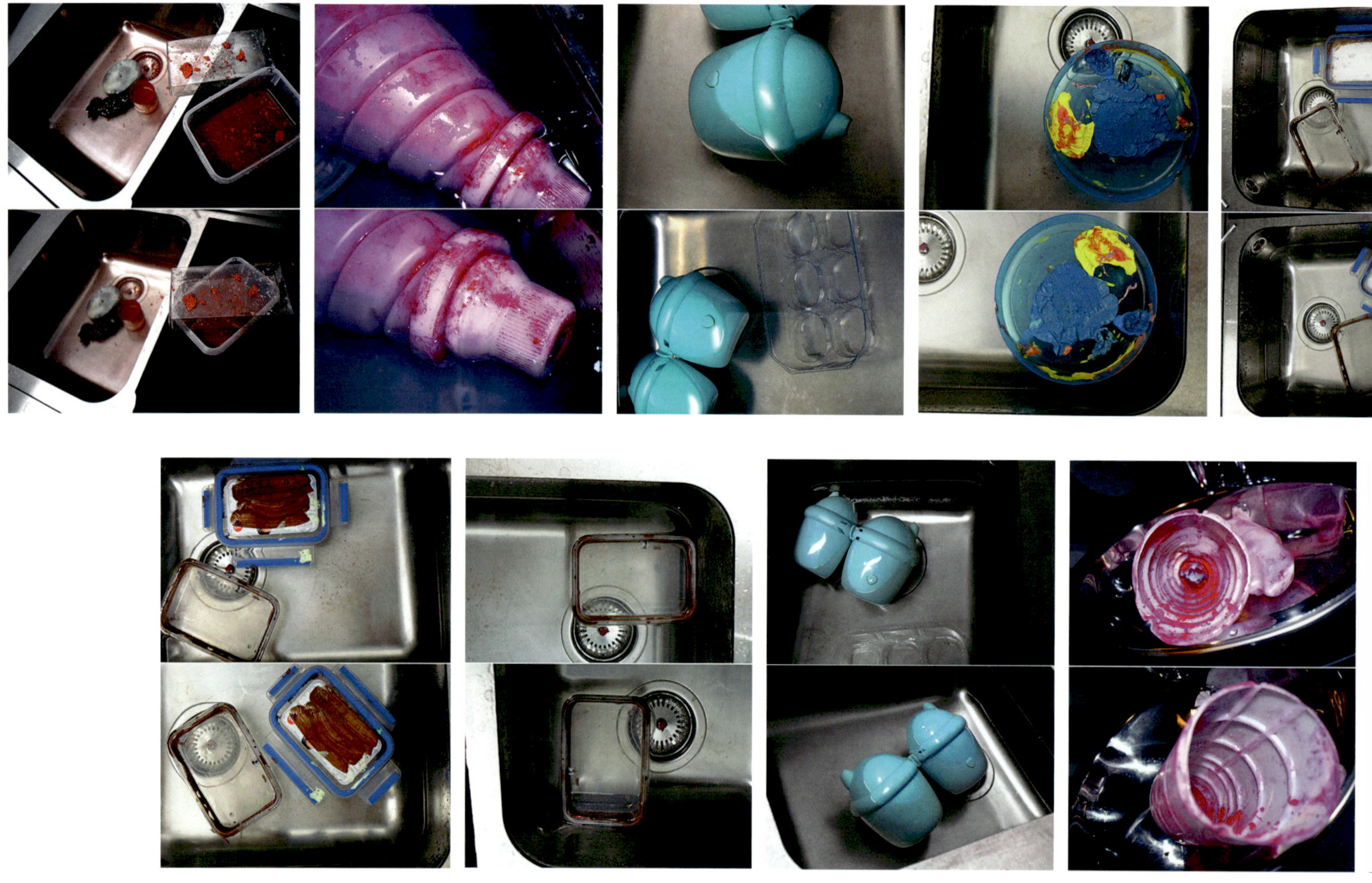

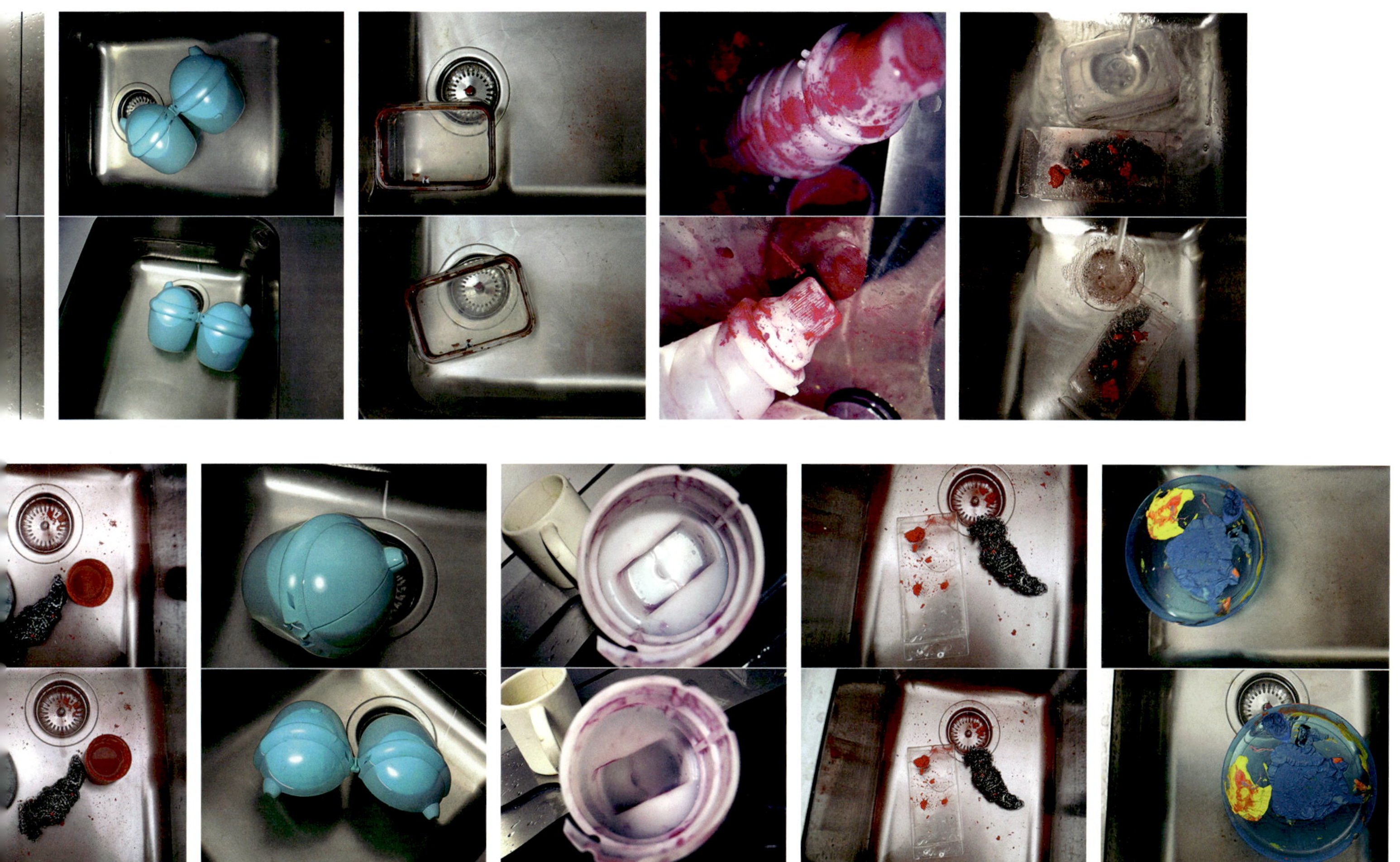

Naufragio, 2020

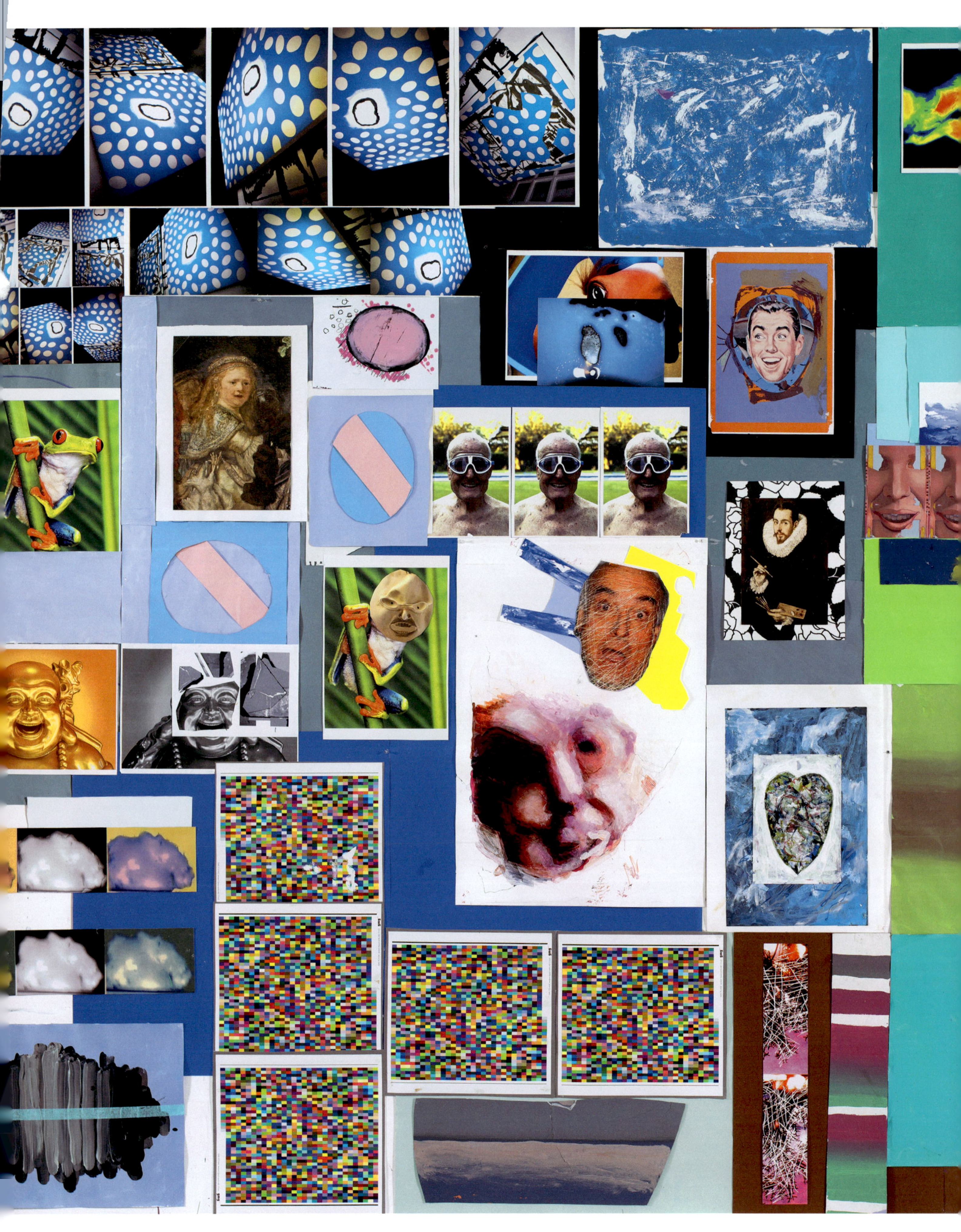

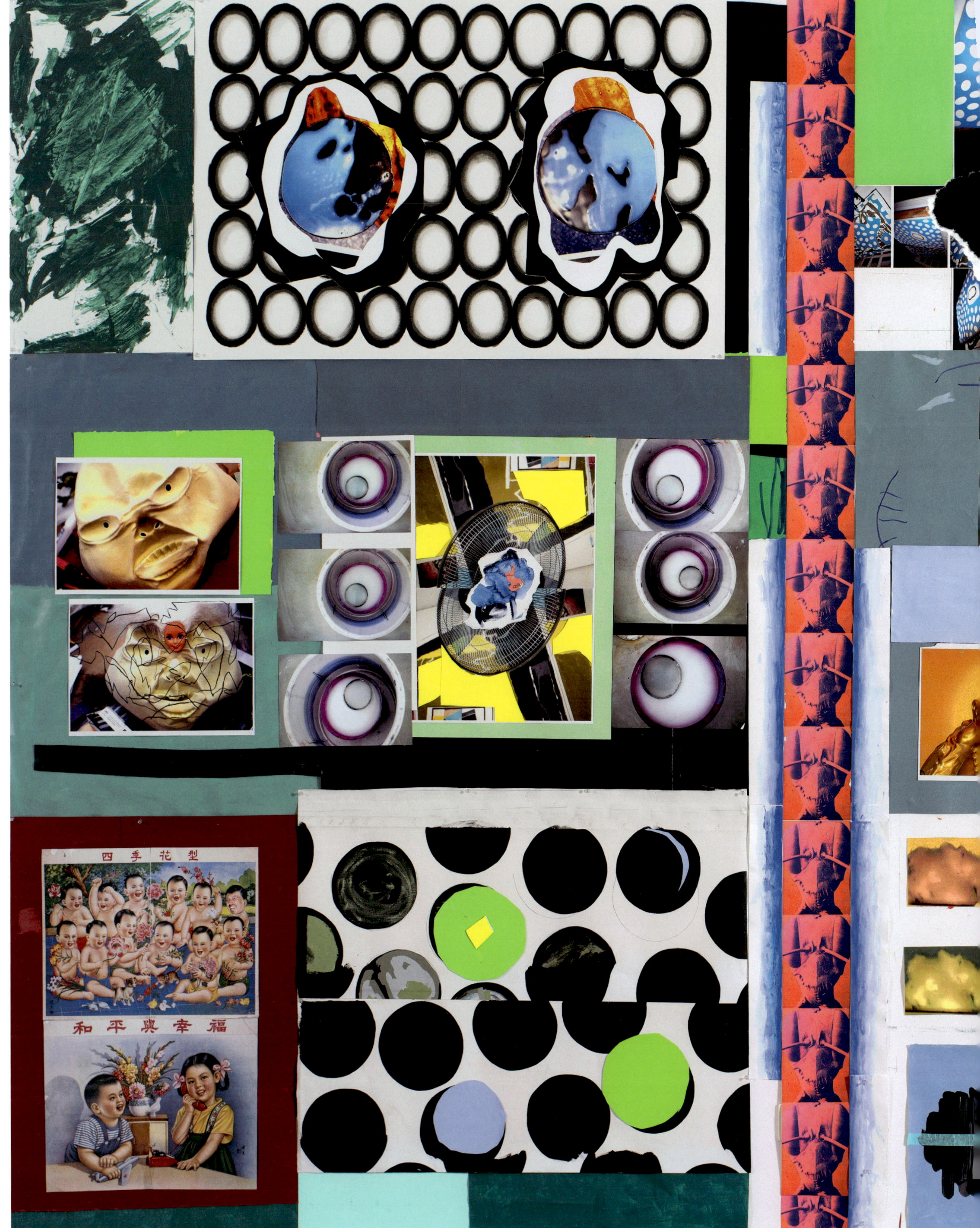

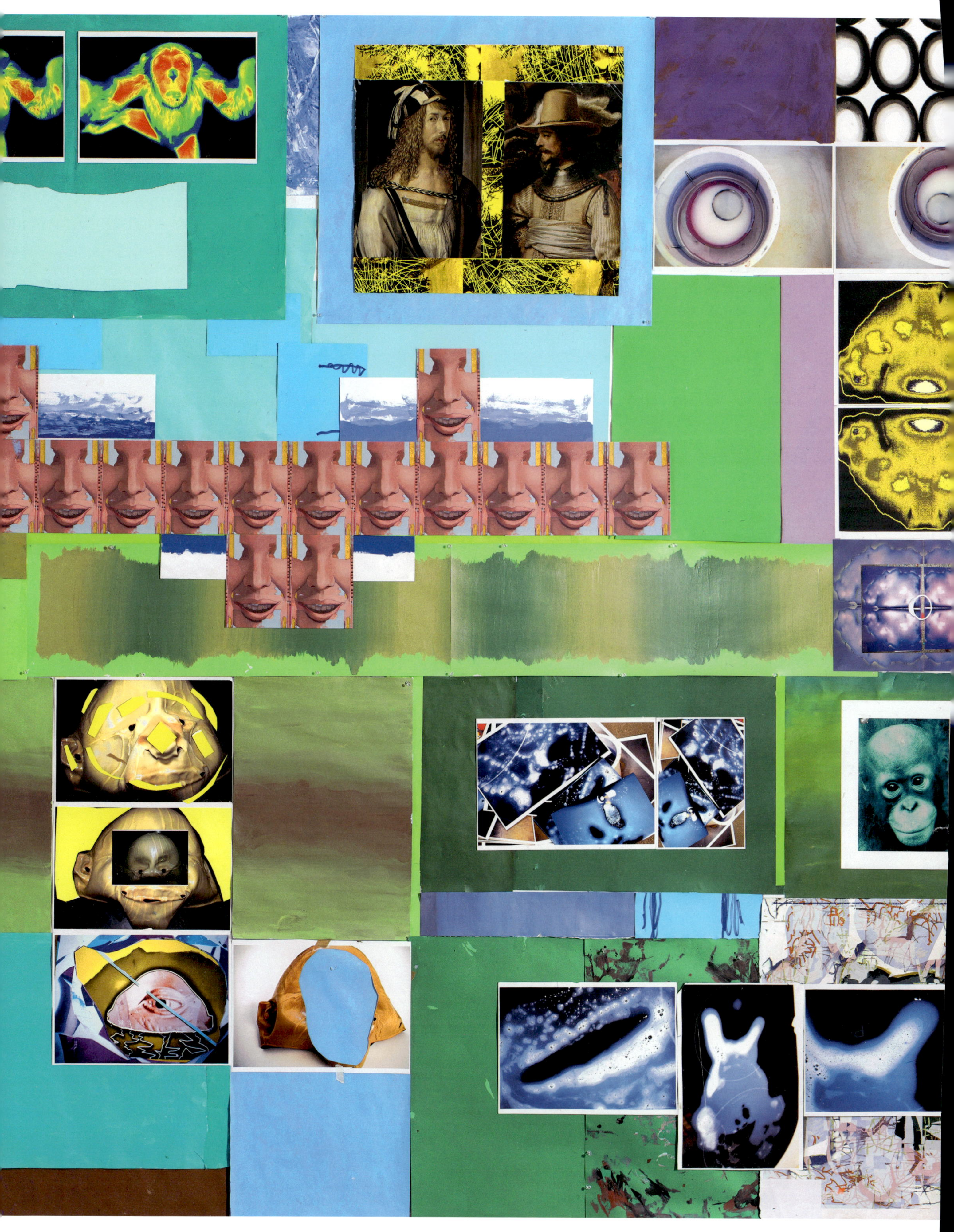

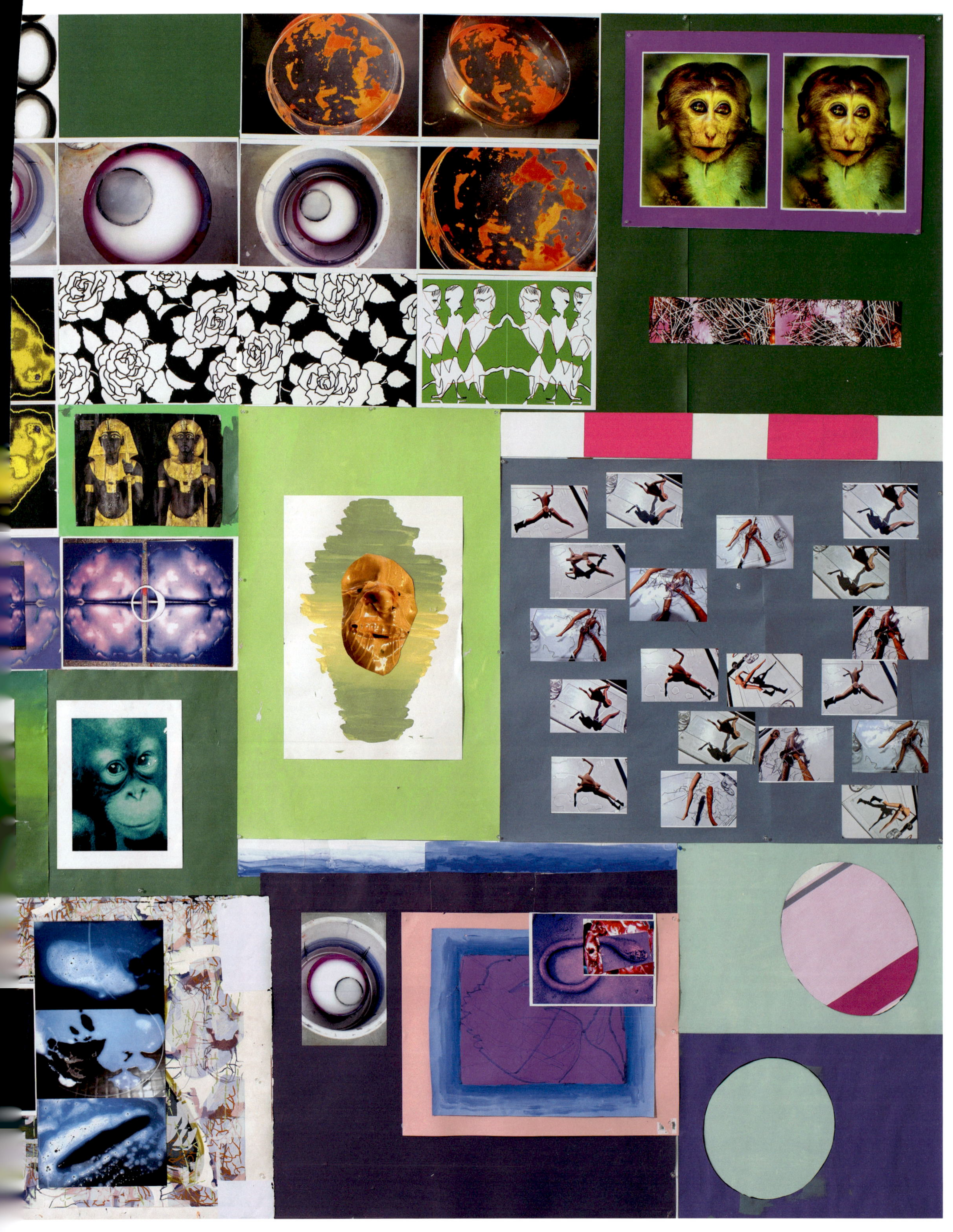

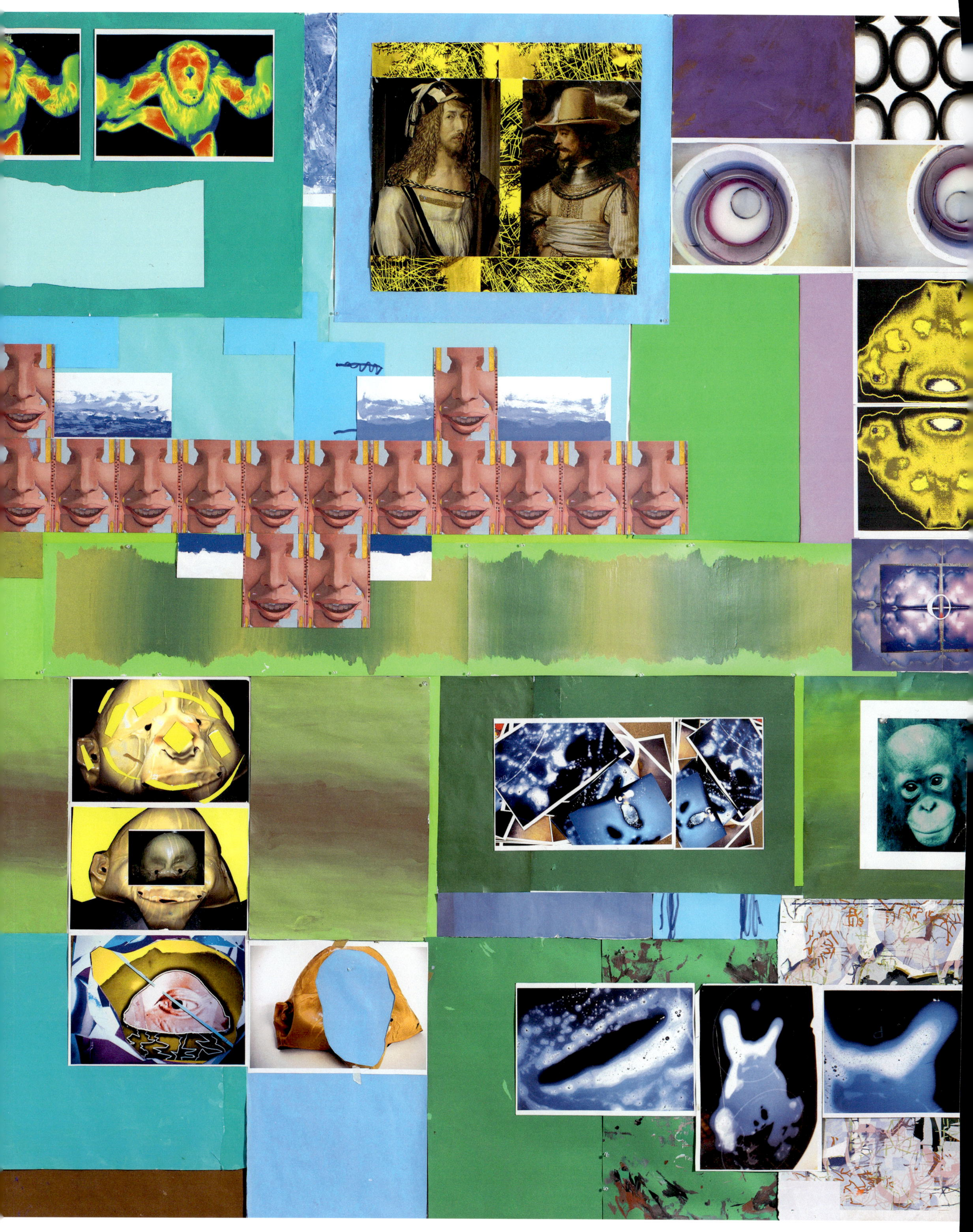

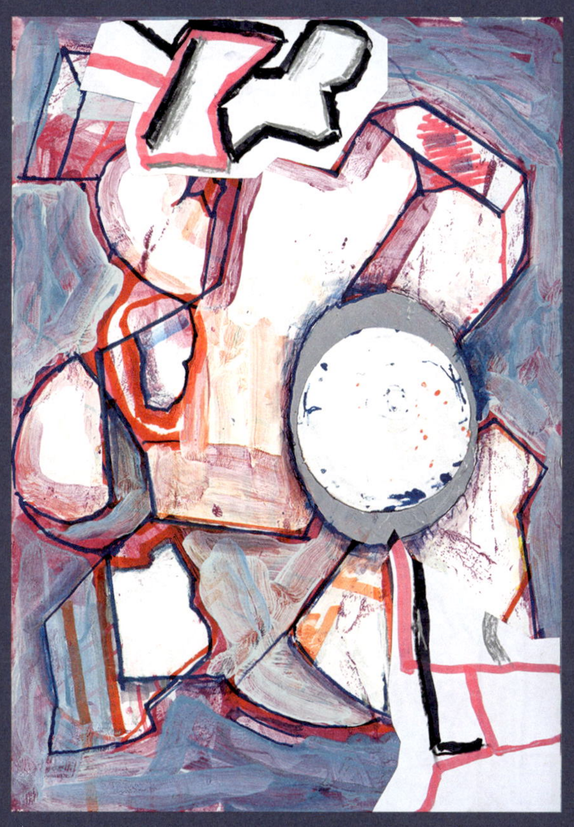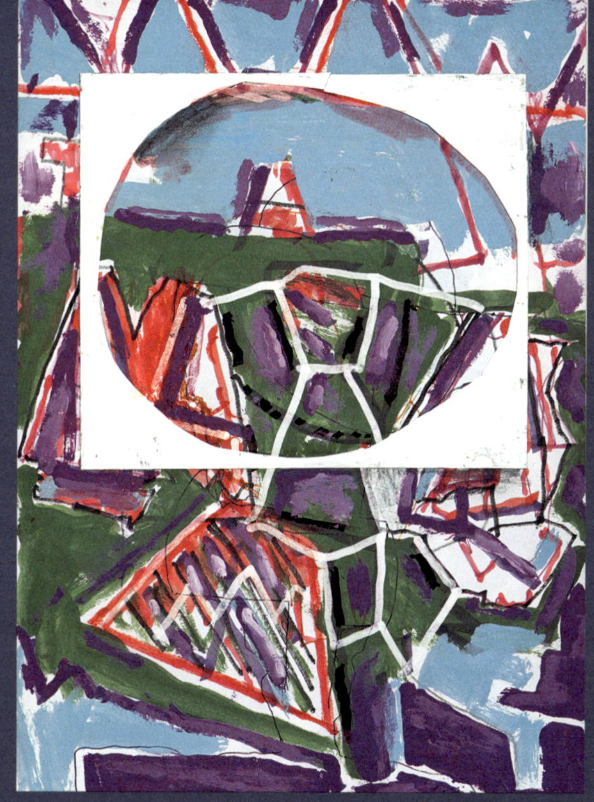

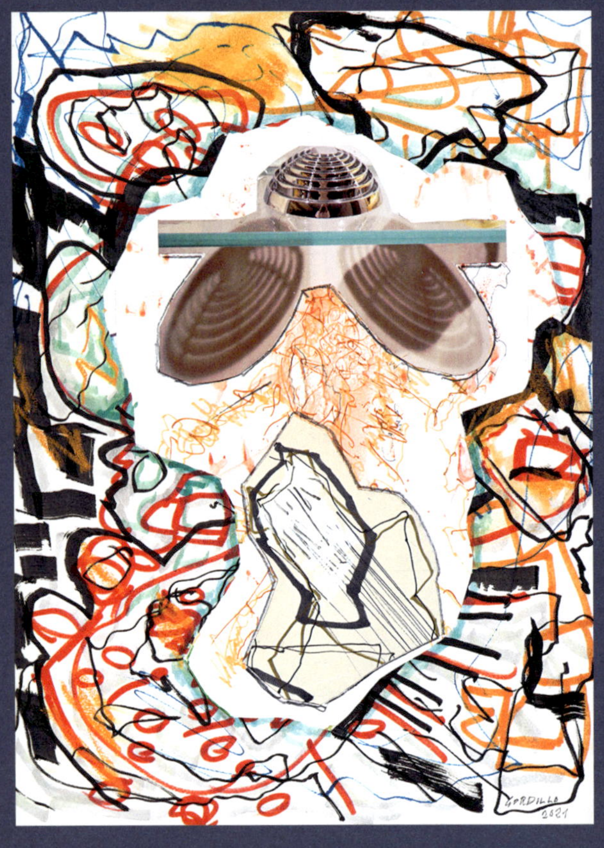
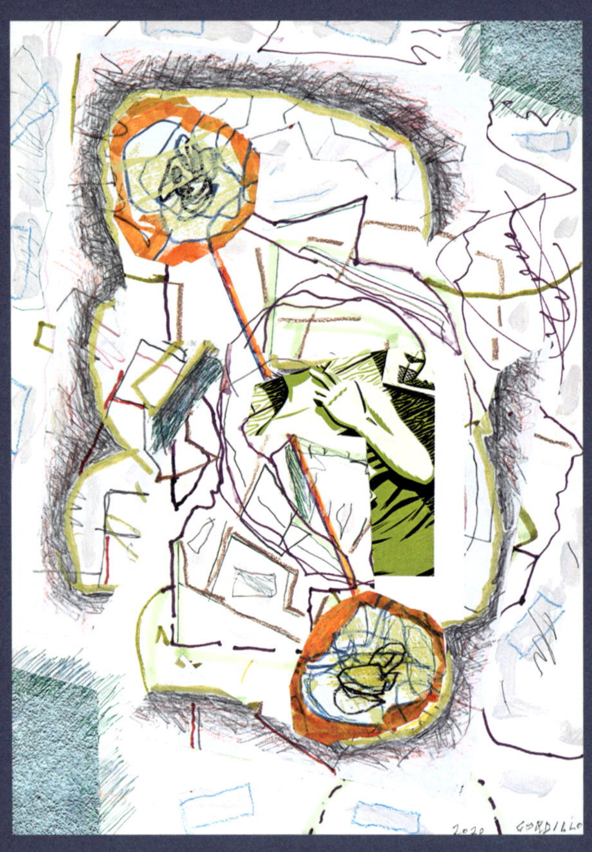
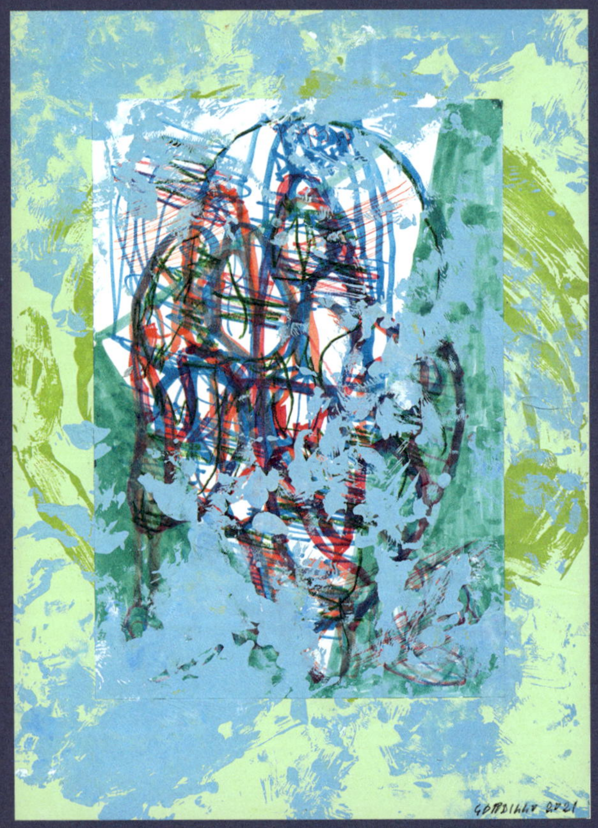
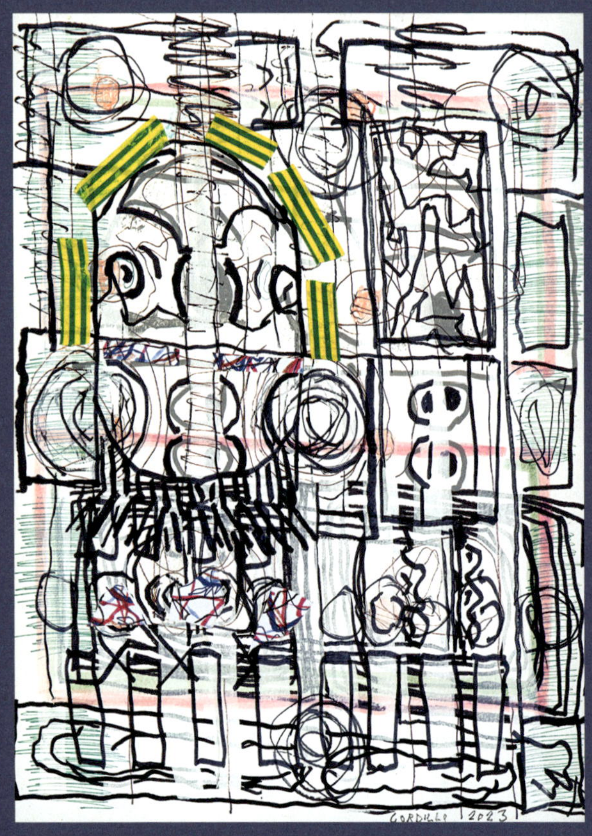

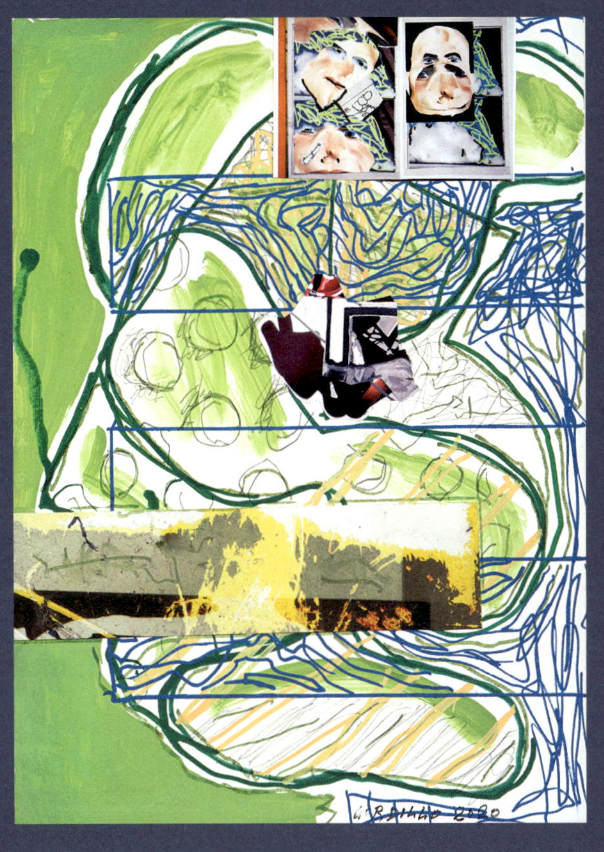
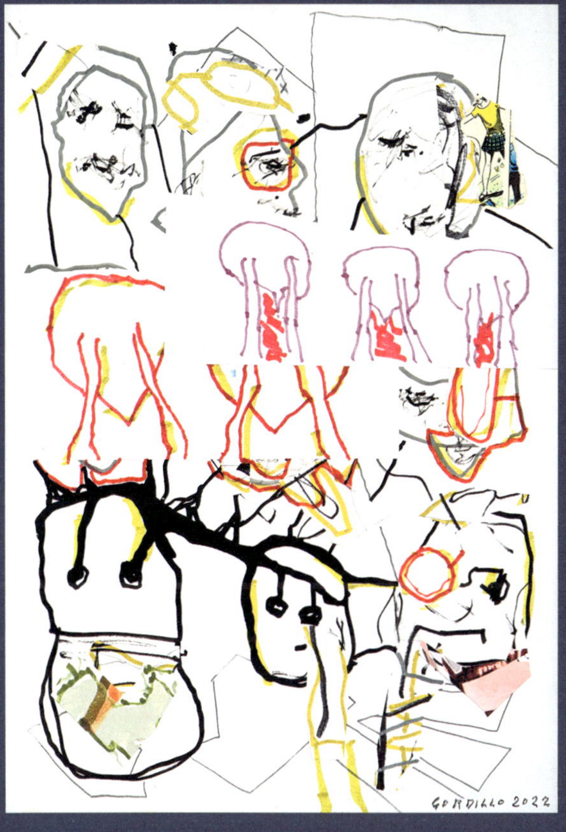
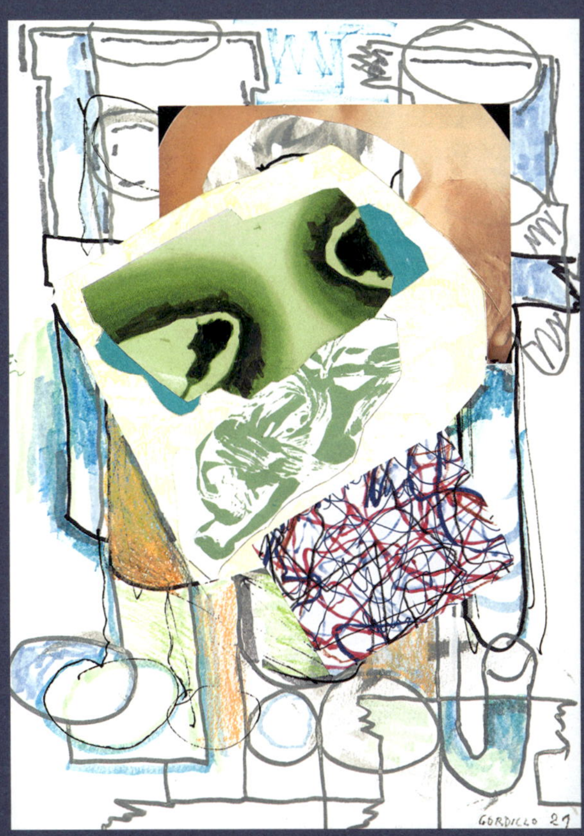
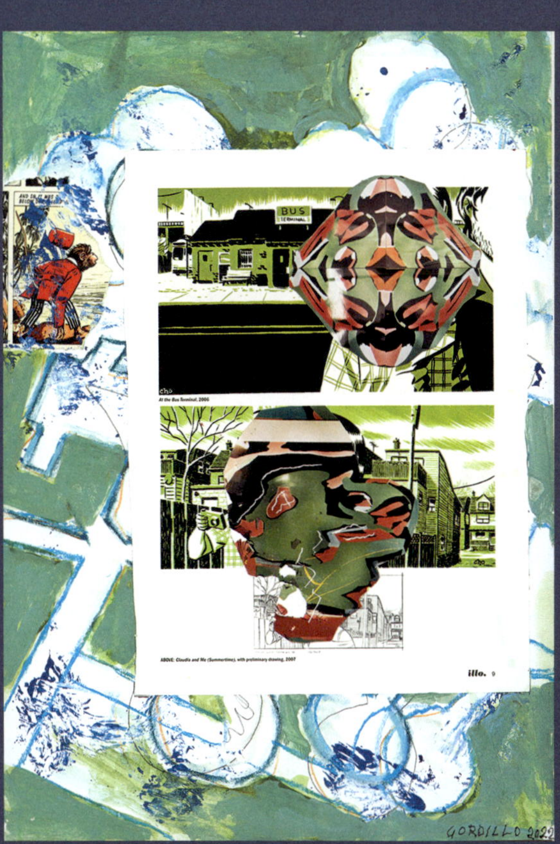

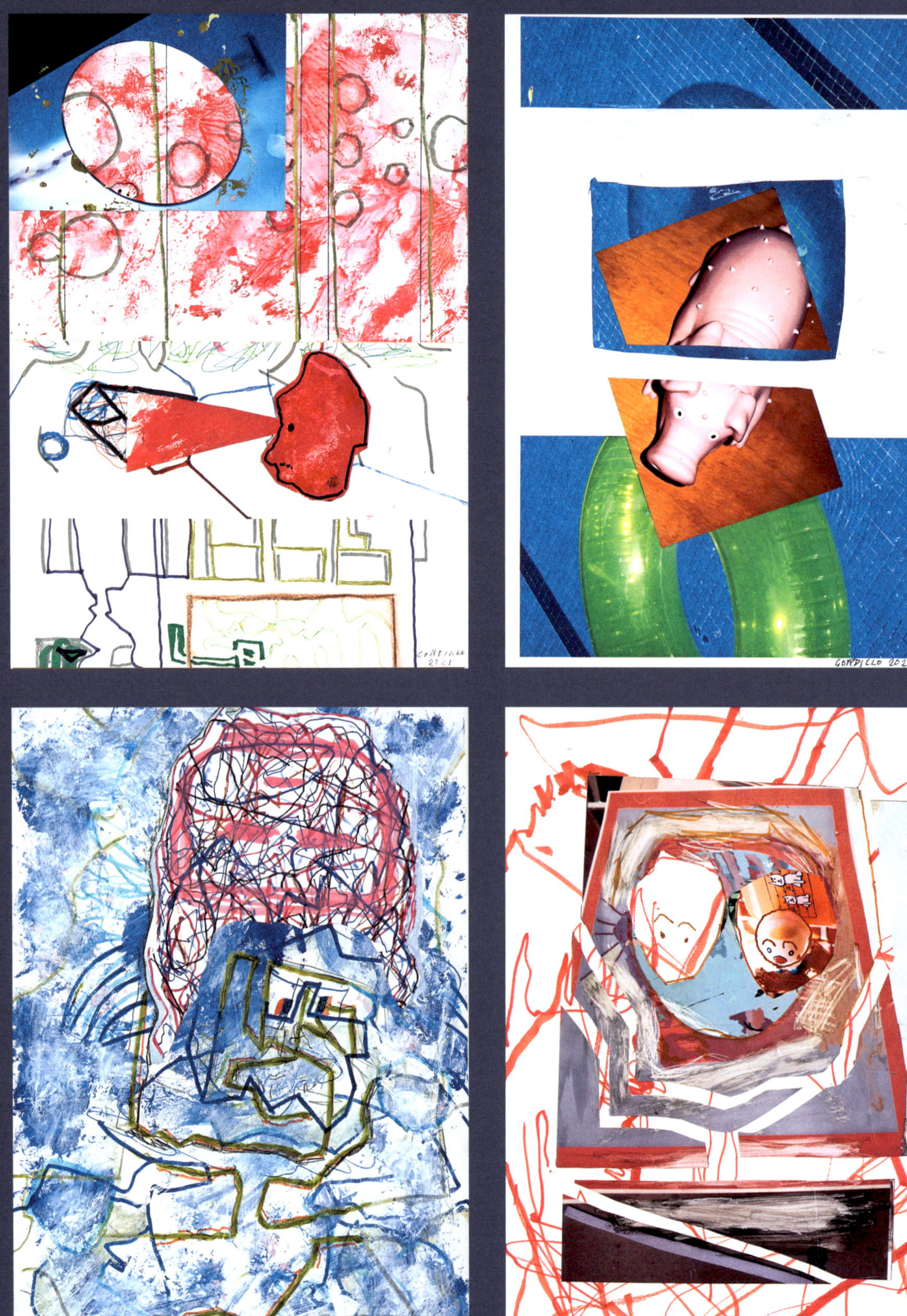

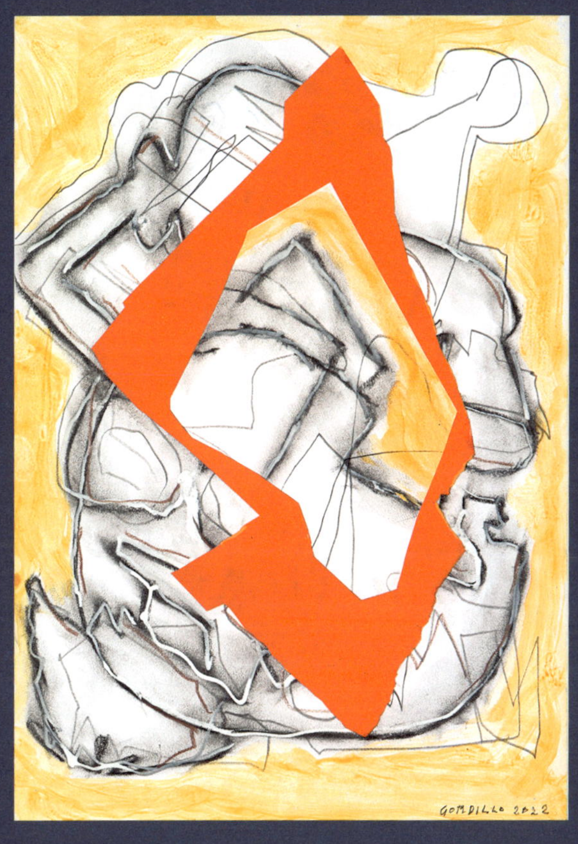
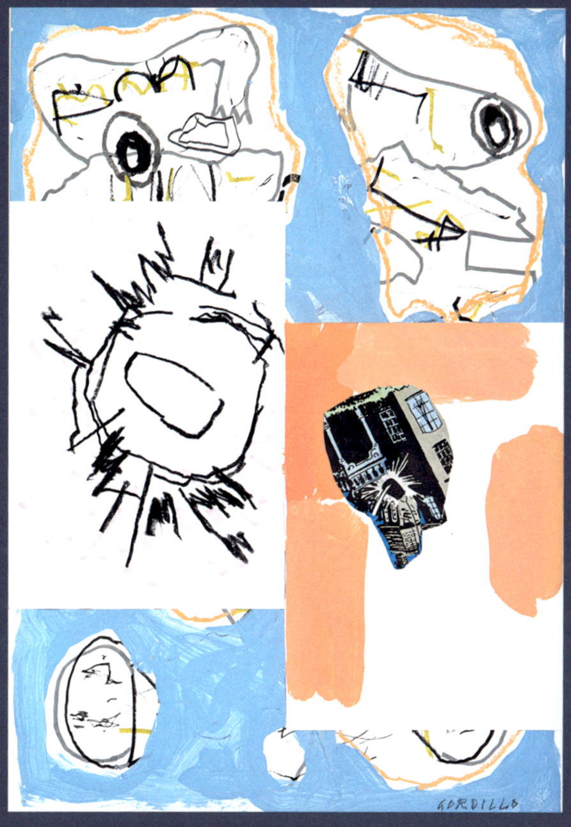
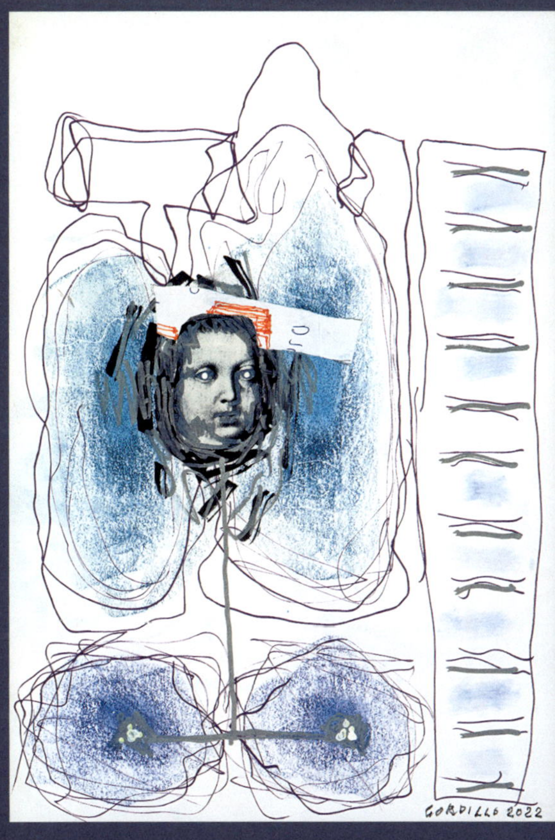
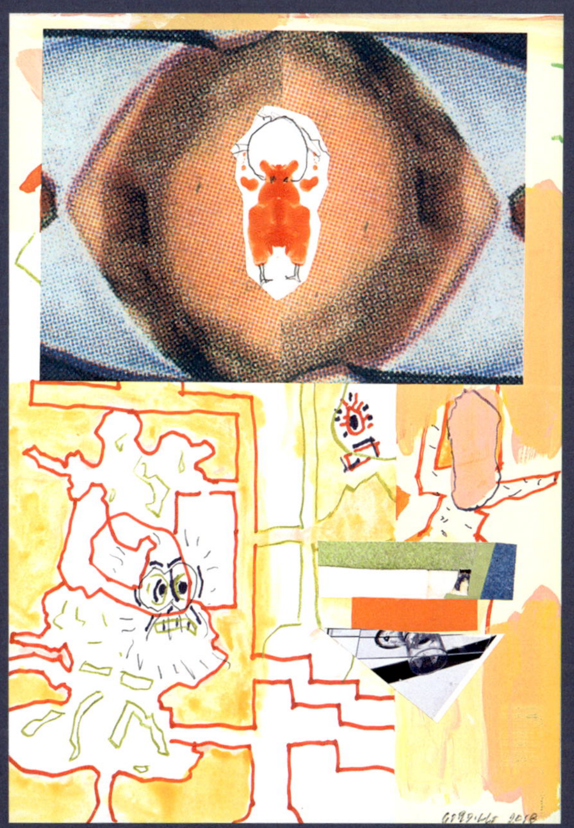

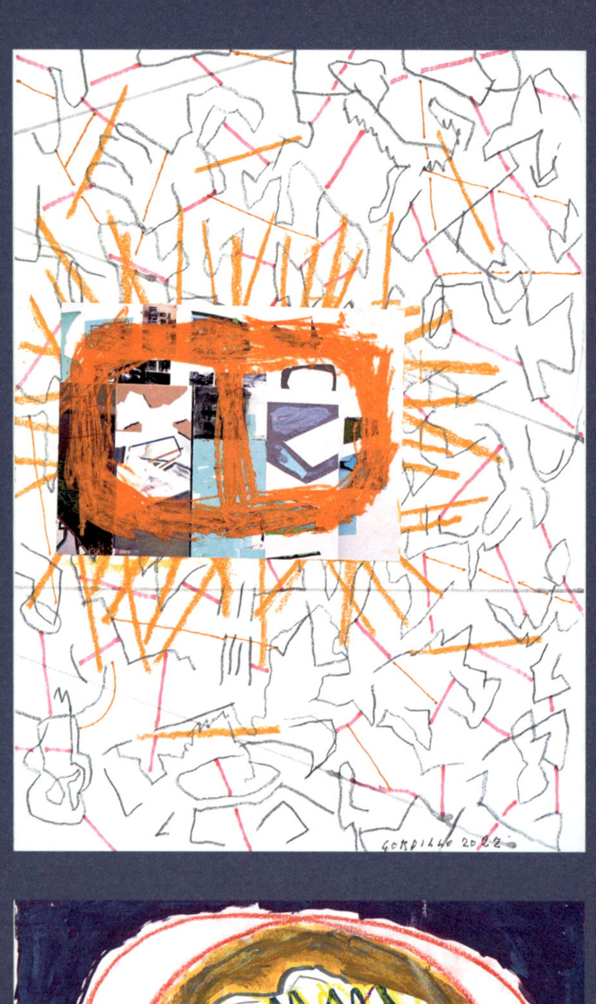

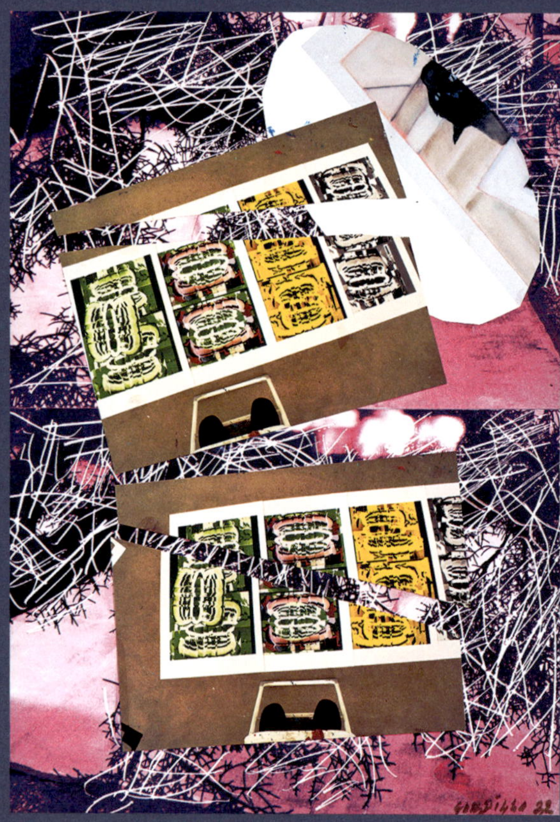

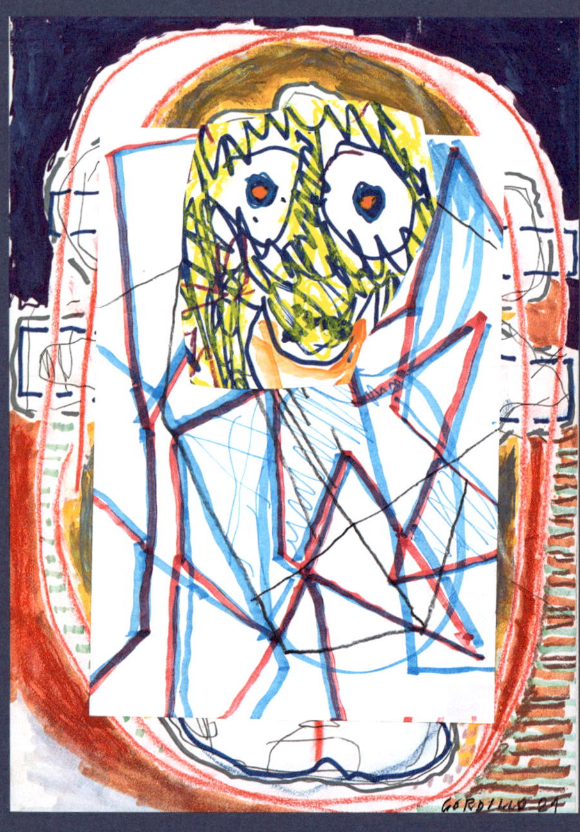

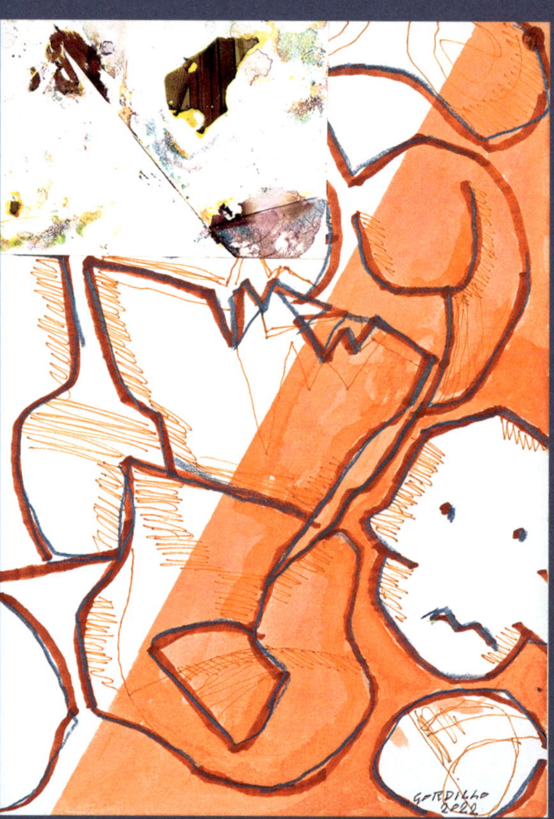

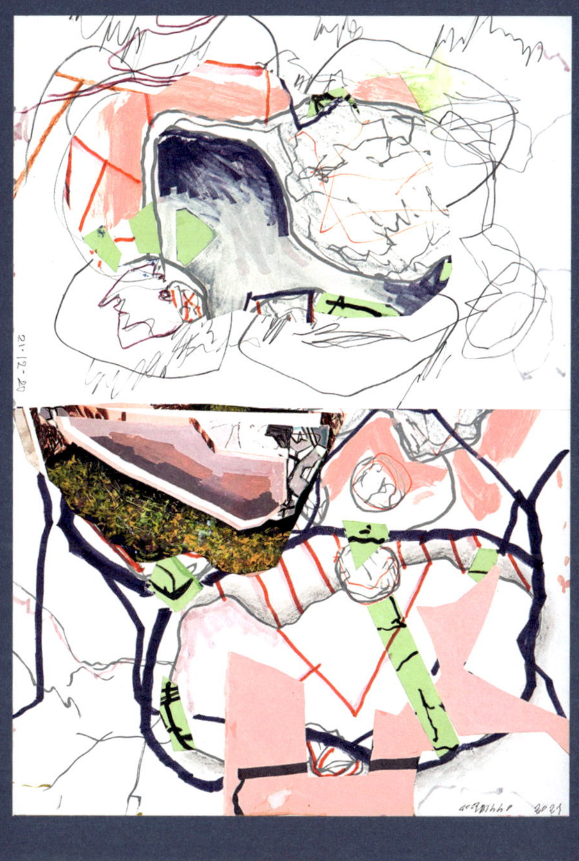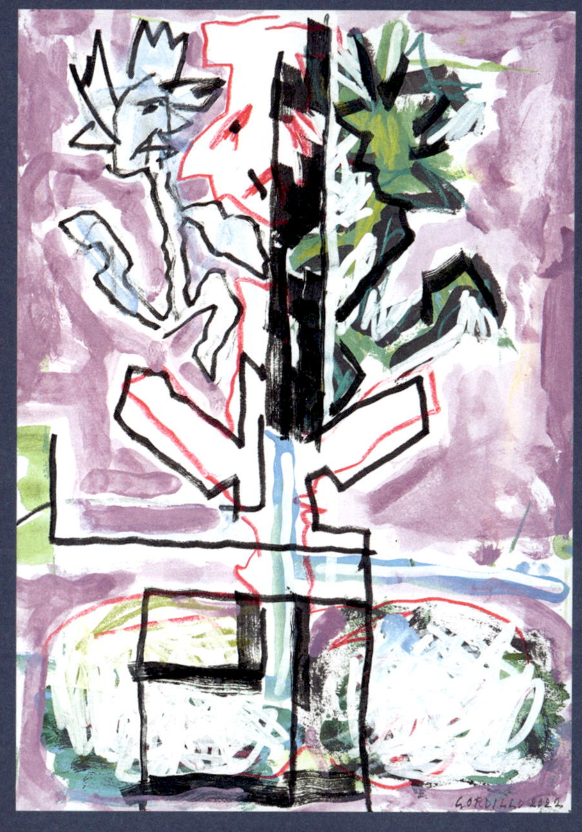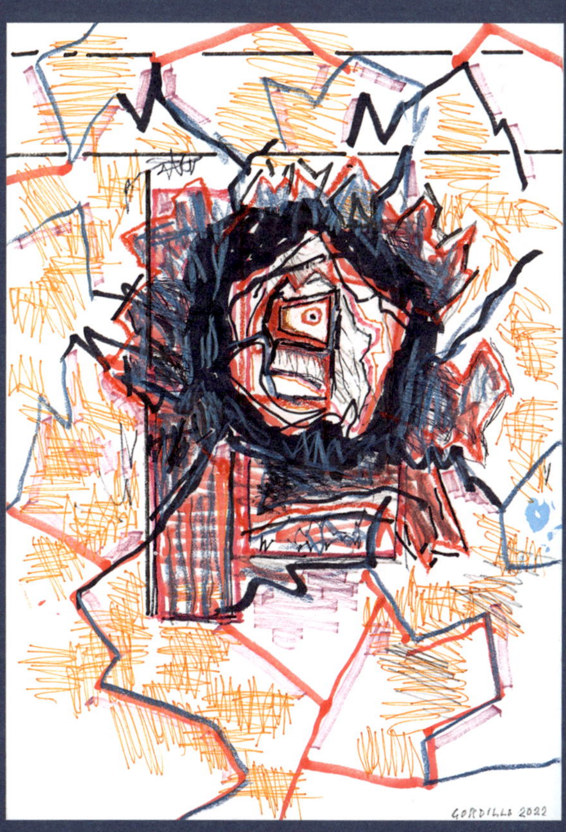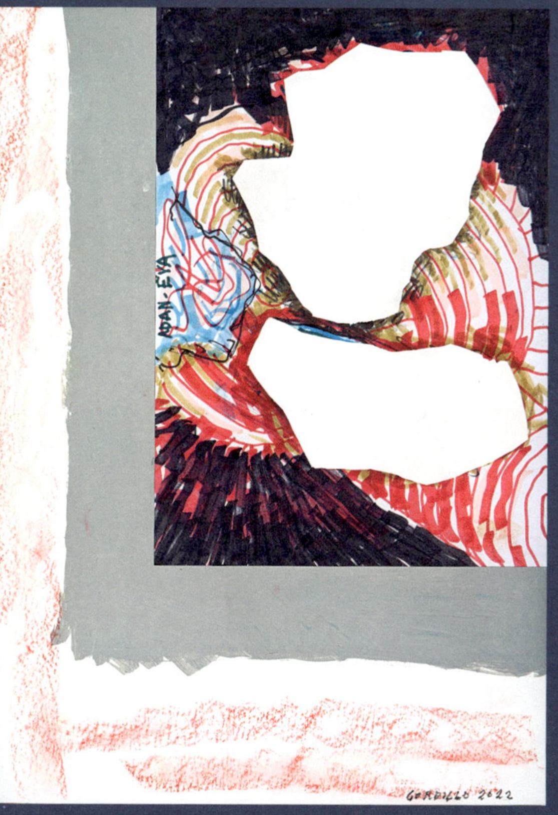

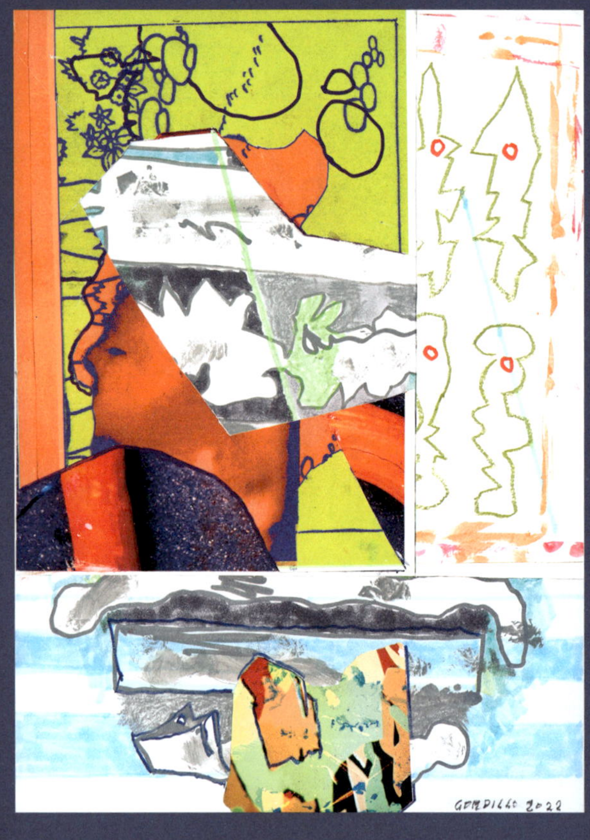
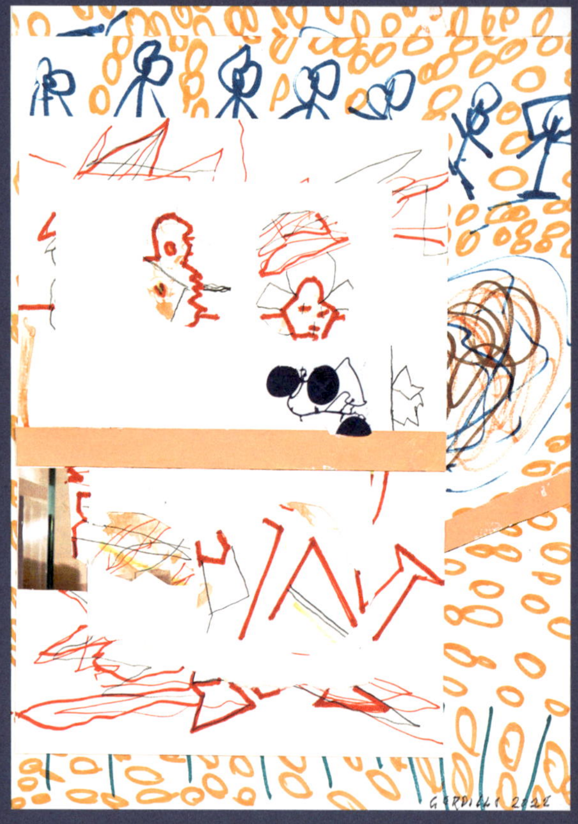
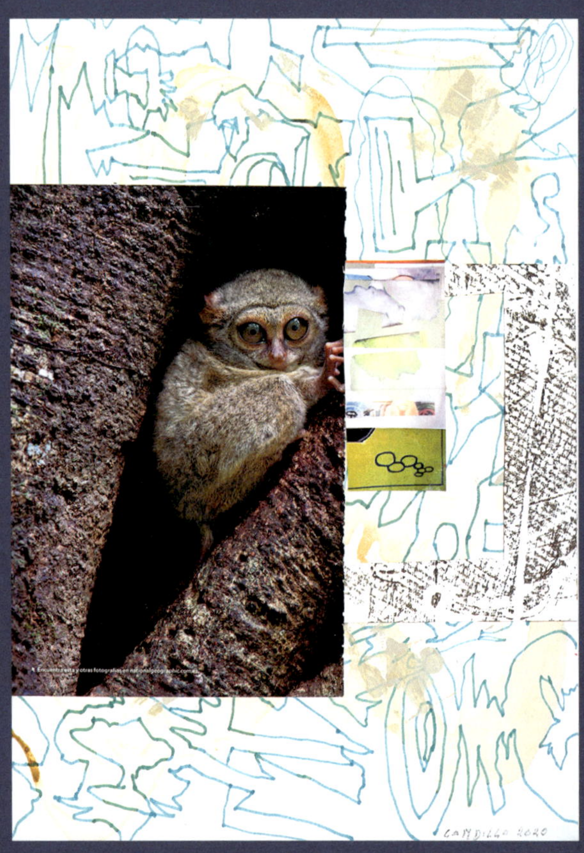
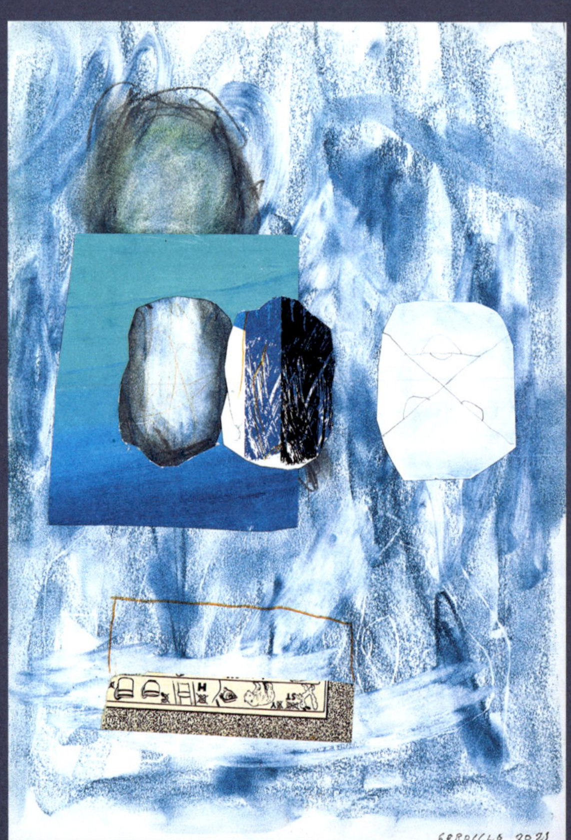

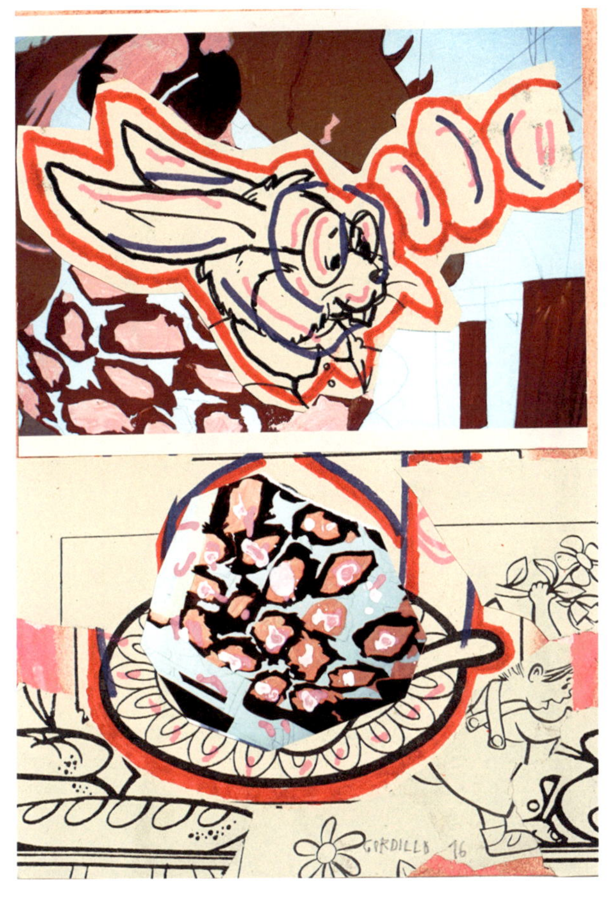

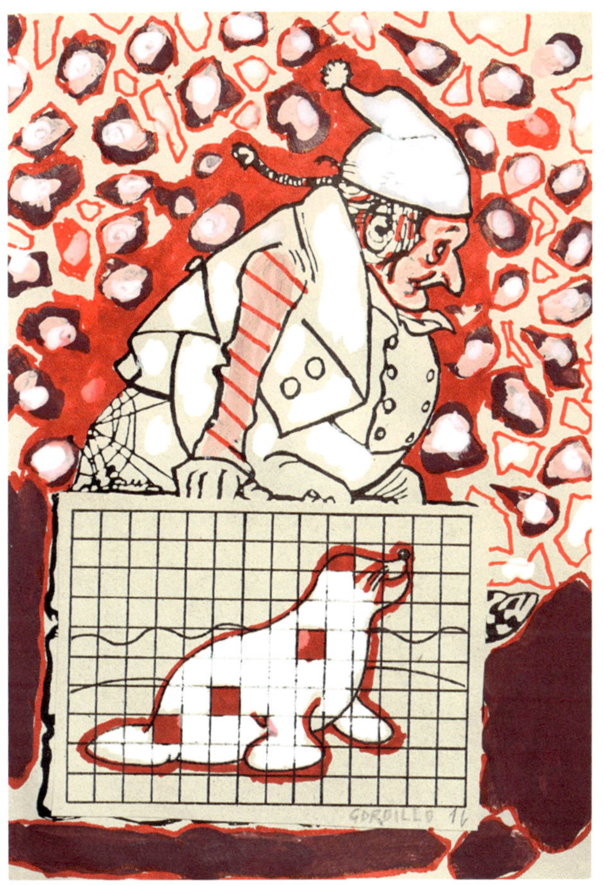

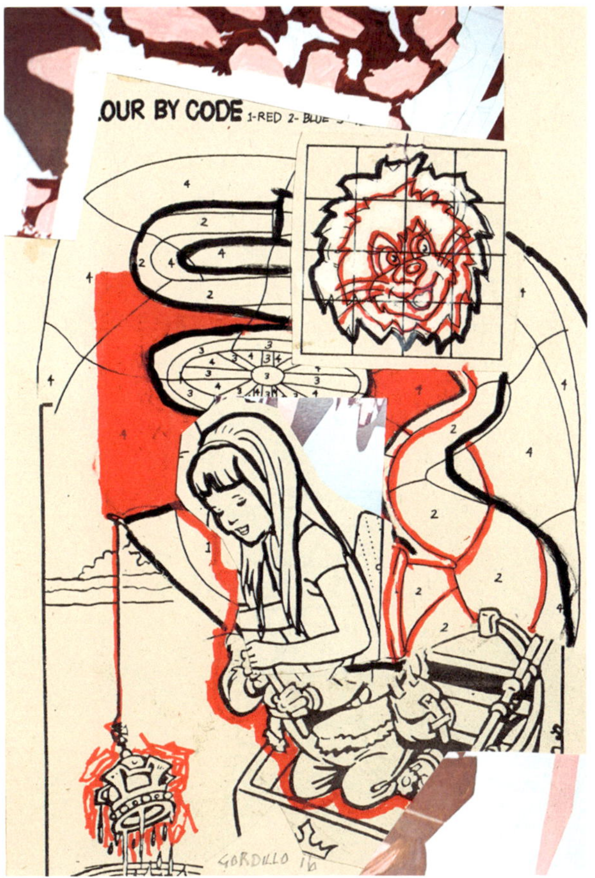
OUR BY CODE 1-RED 2- BLUE

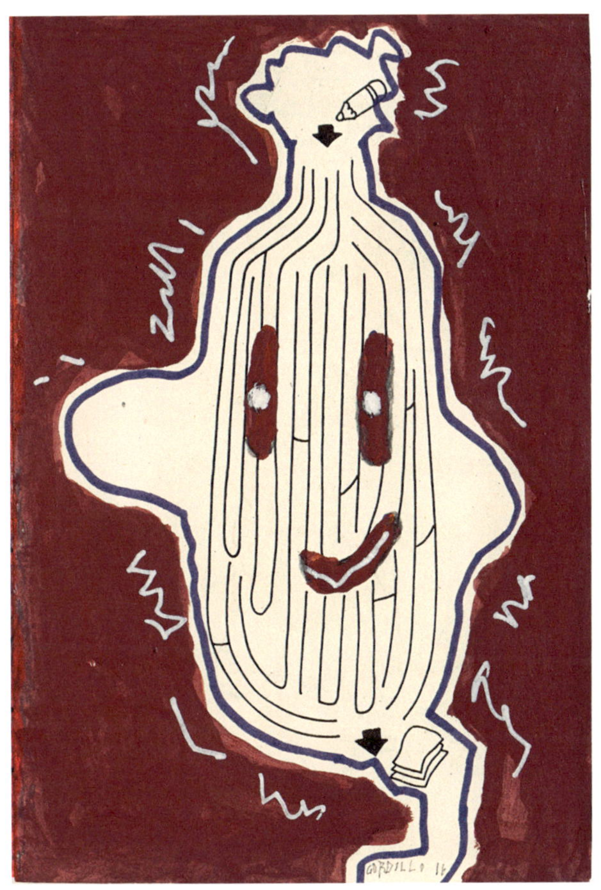

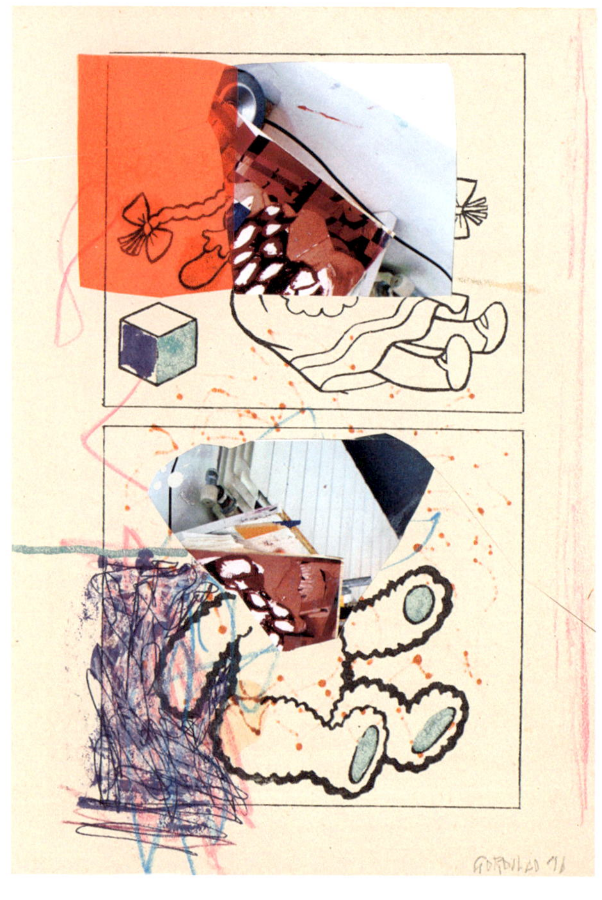

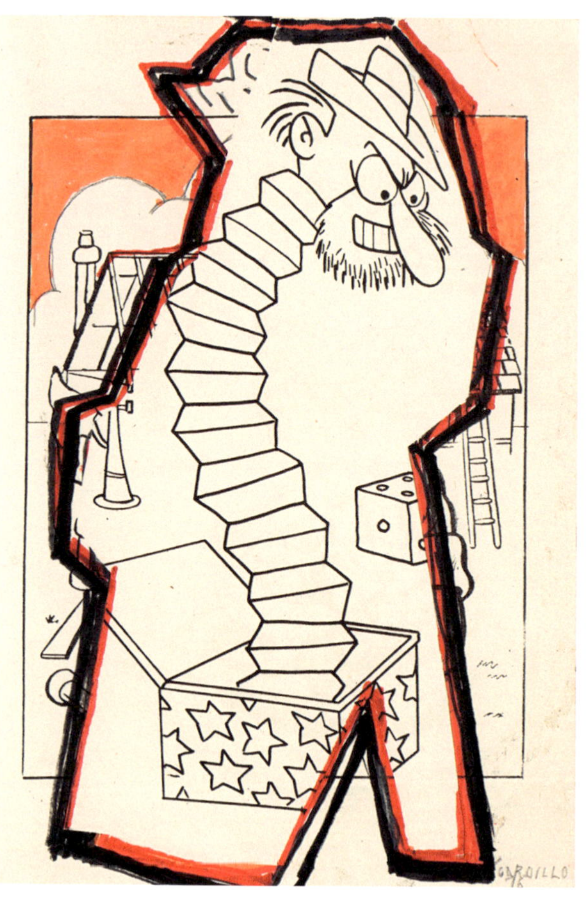

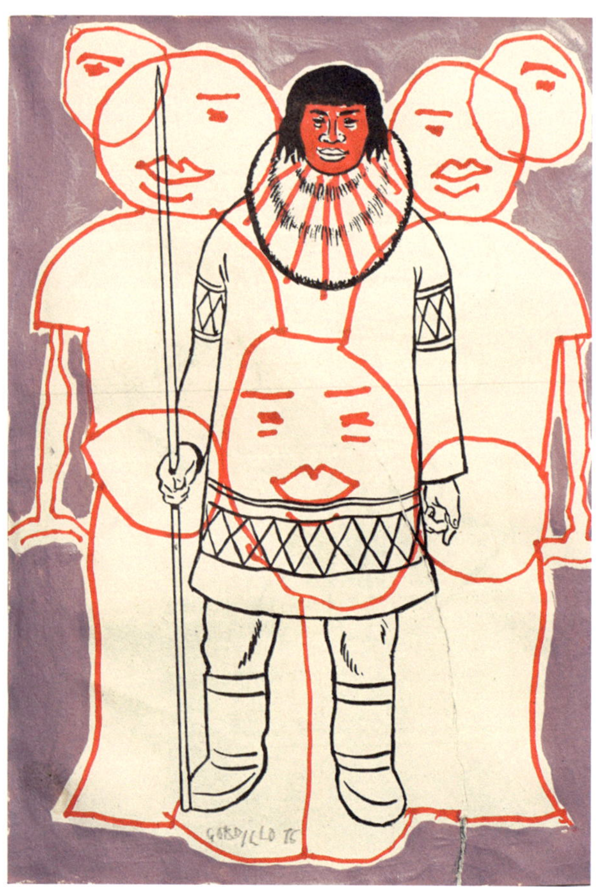

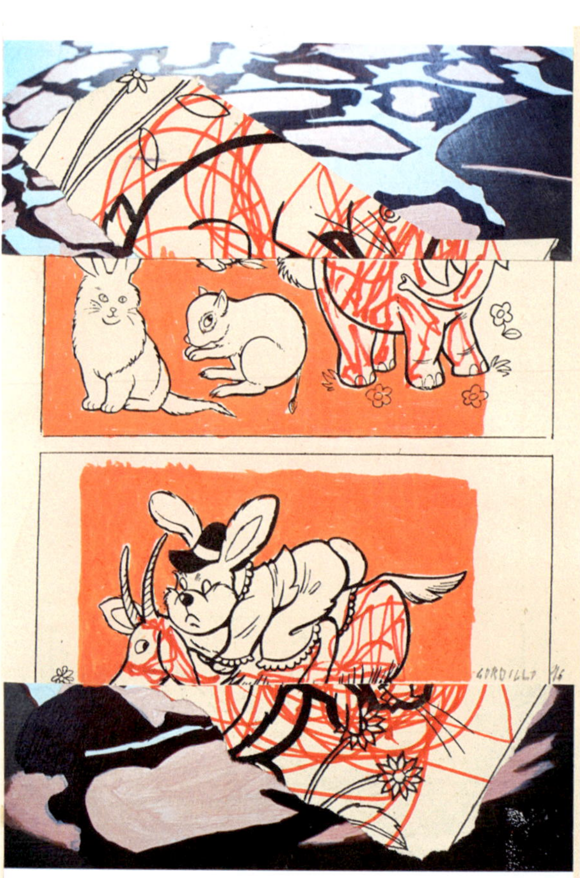

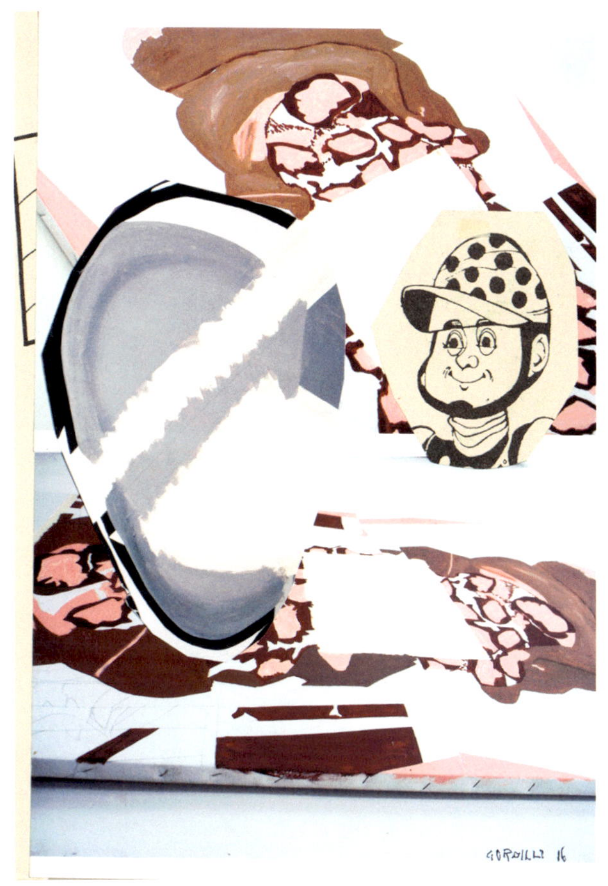

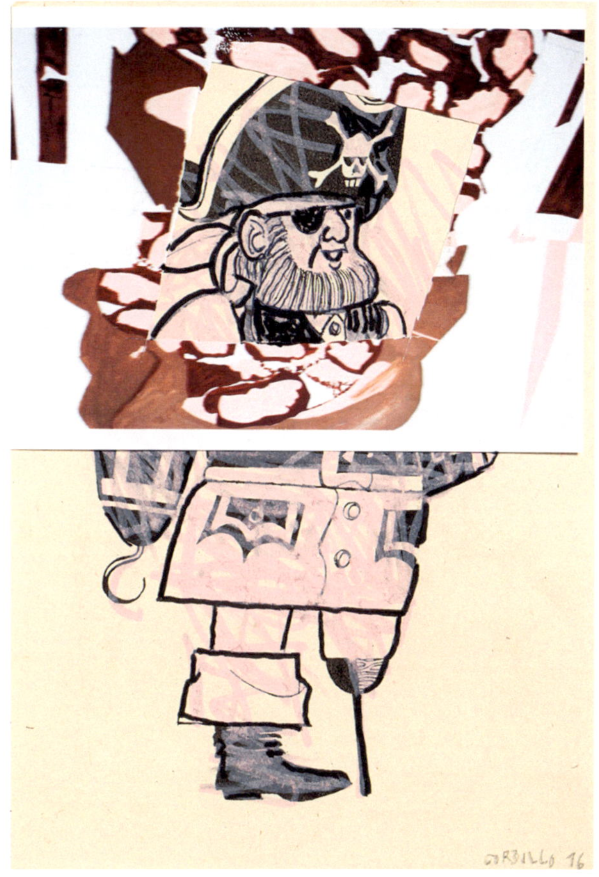

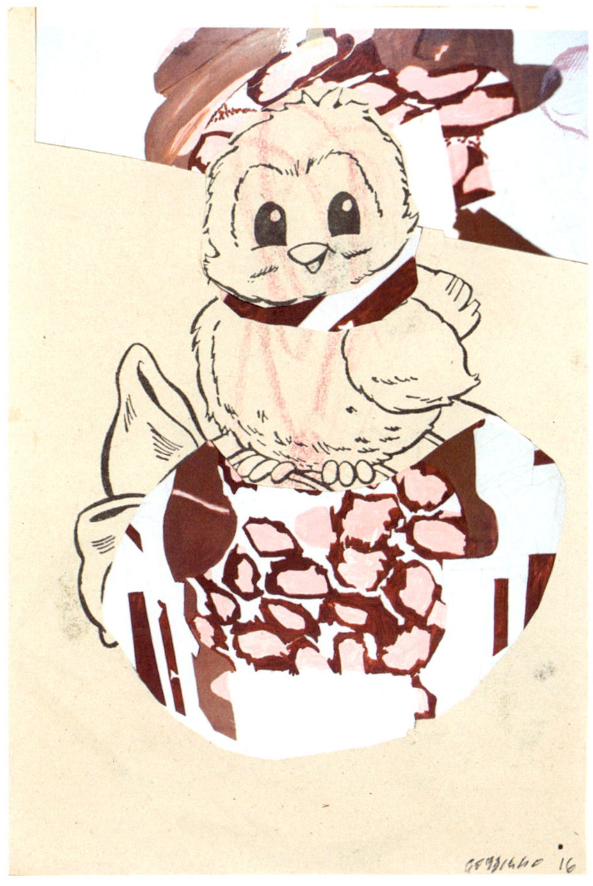

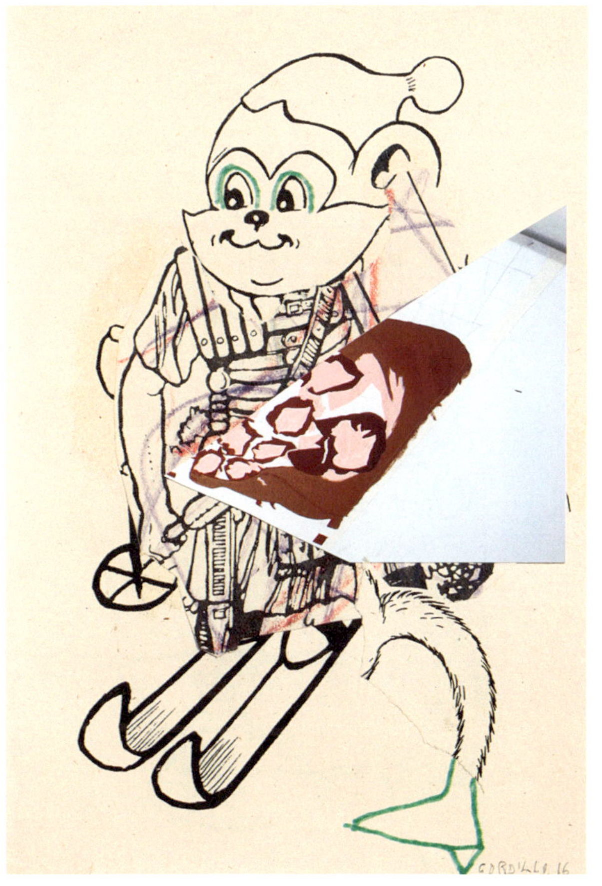

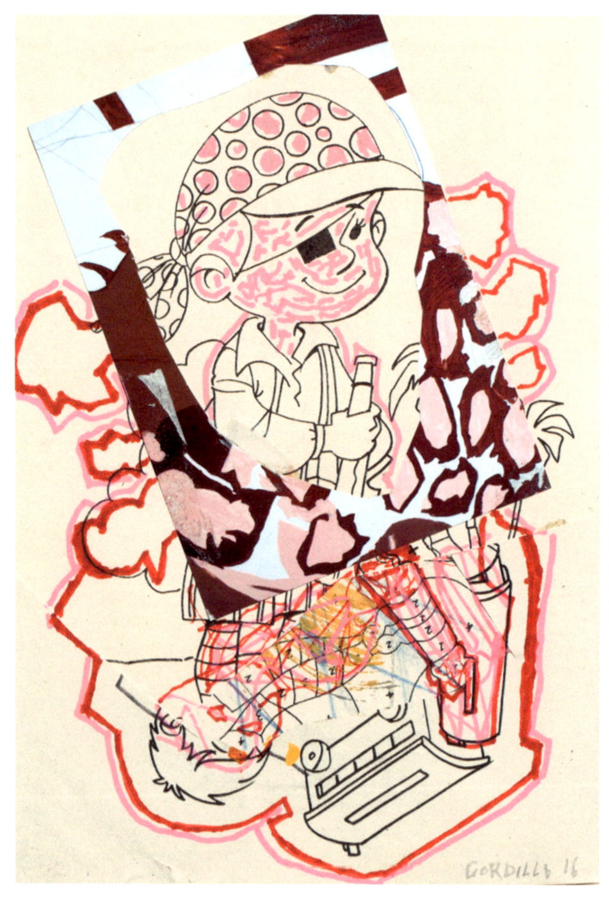
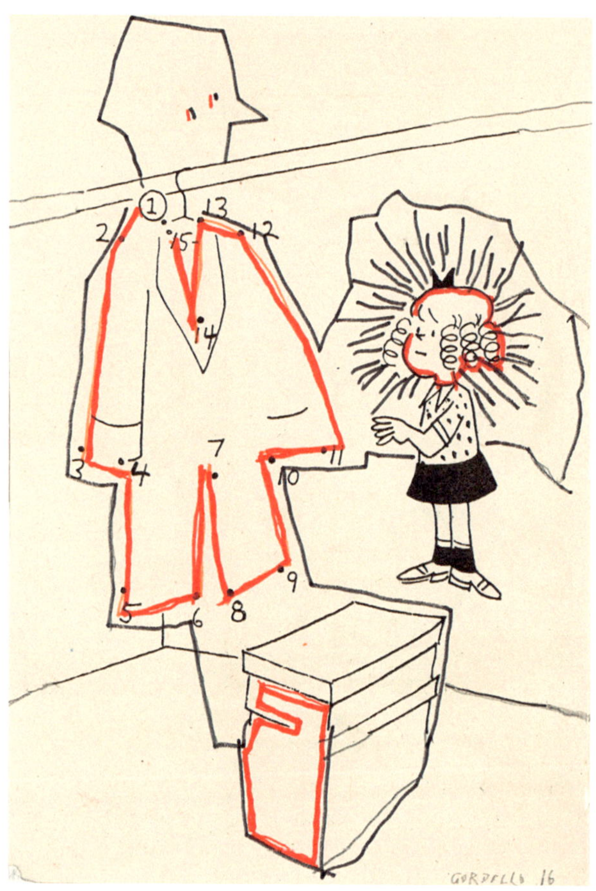
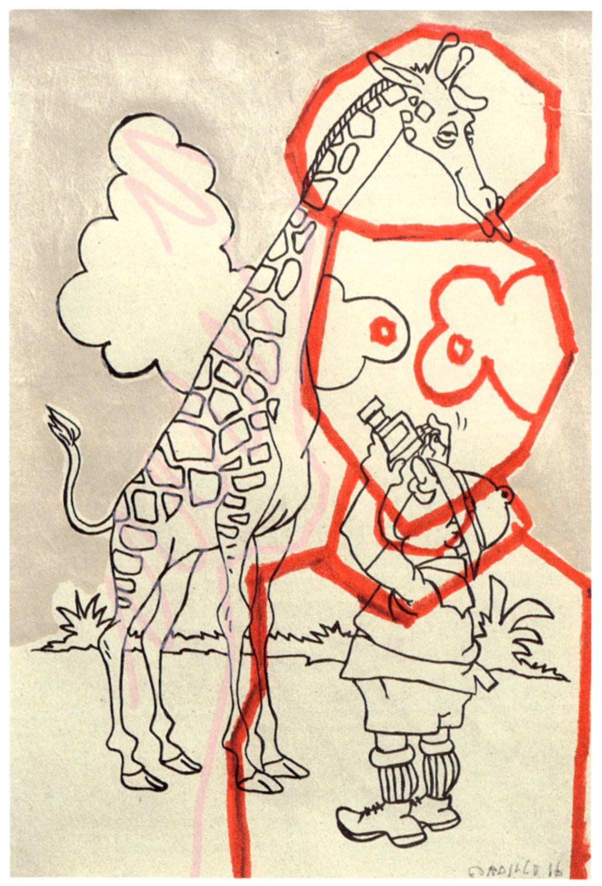
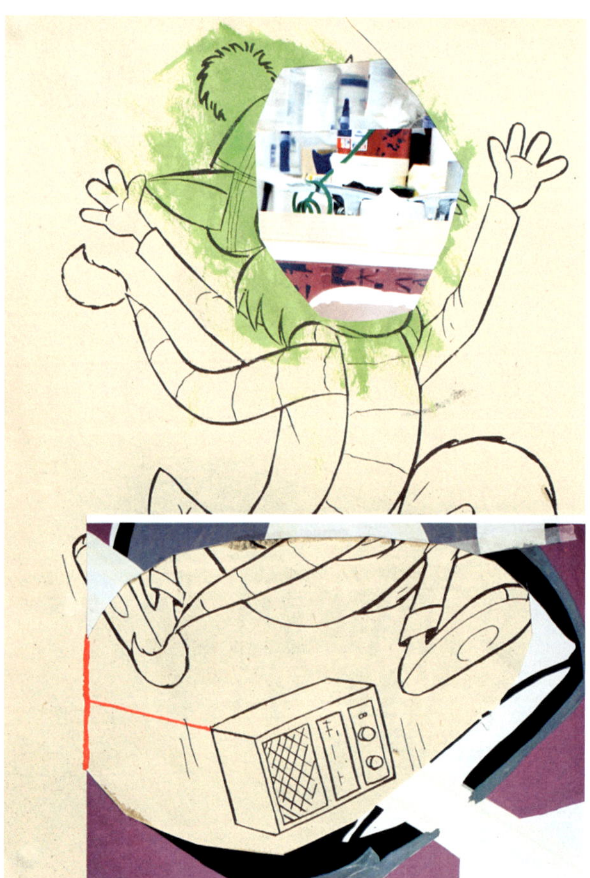

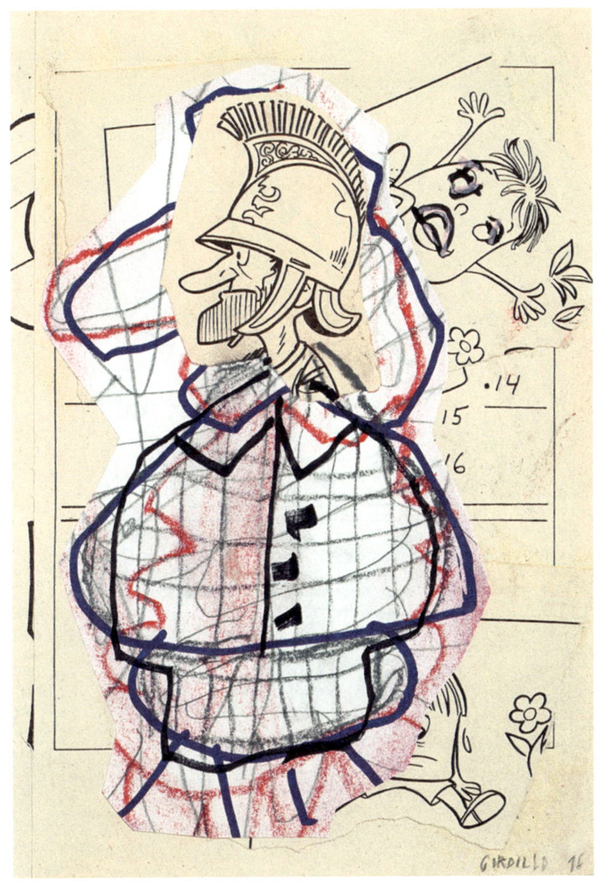
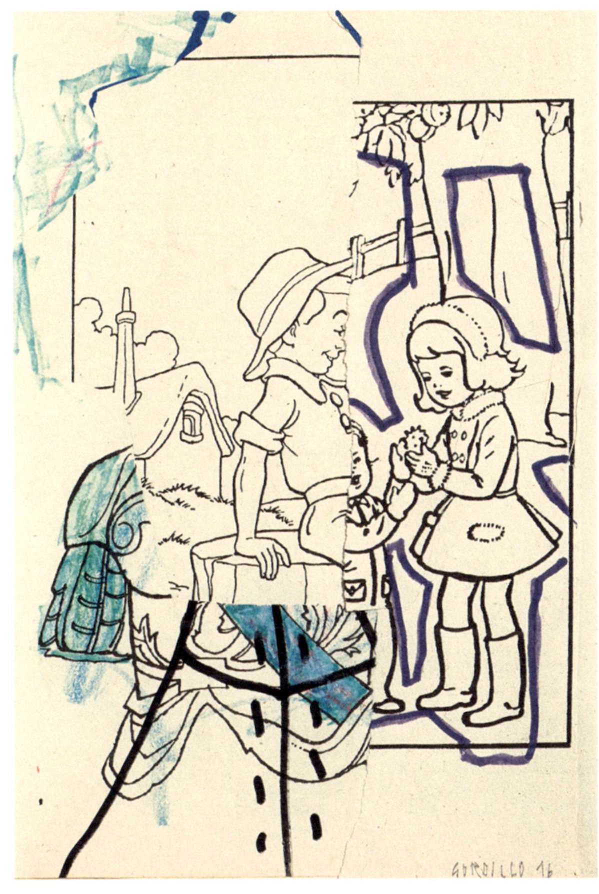
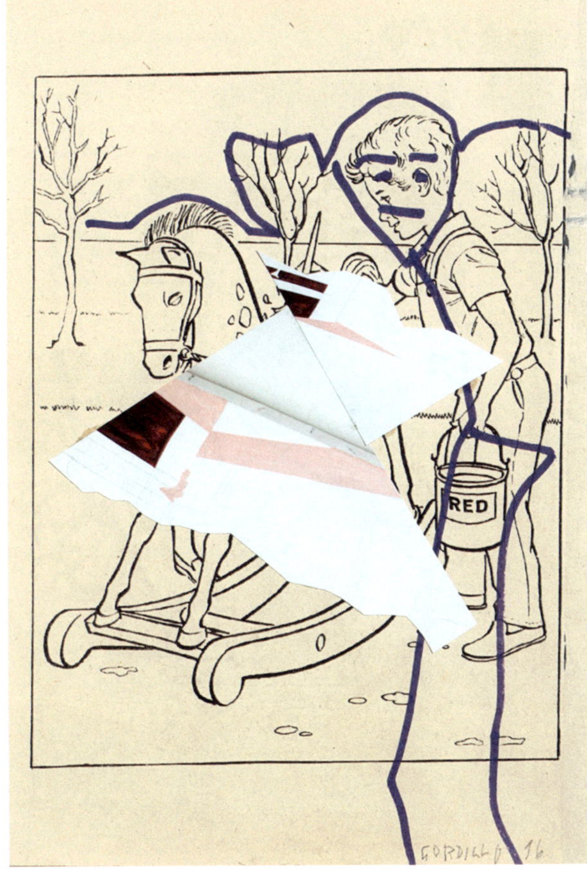
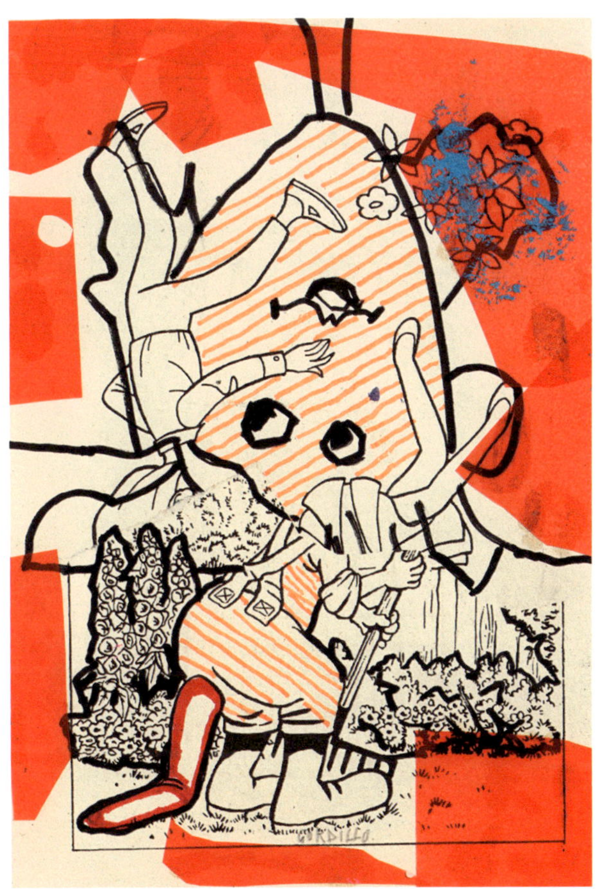

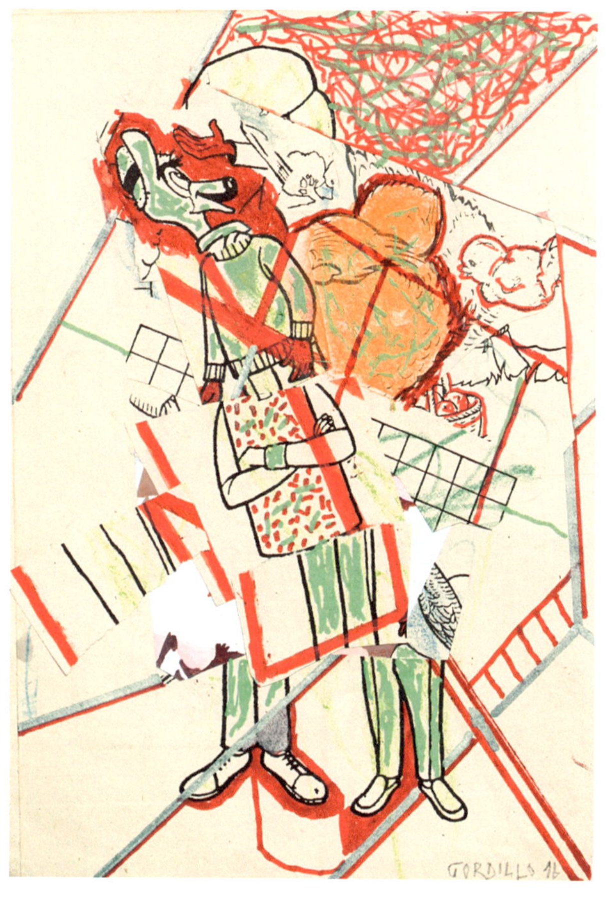
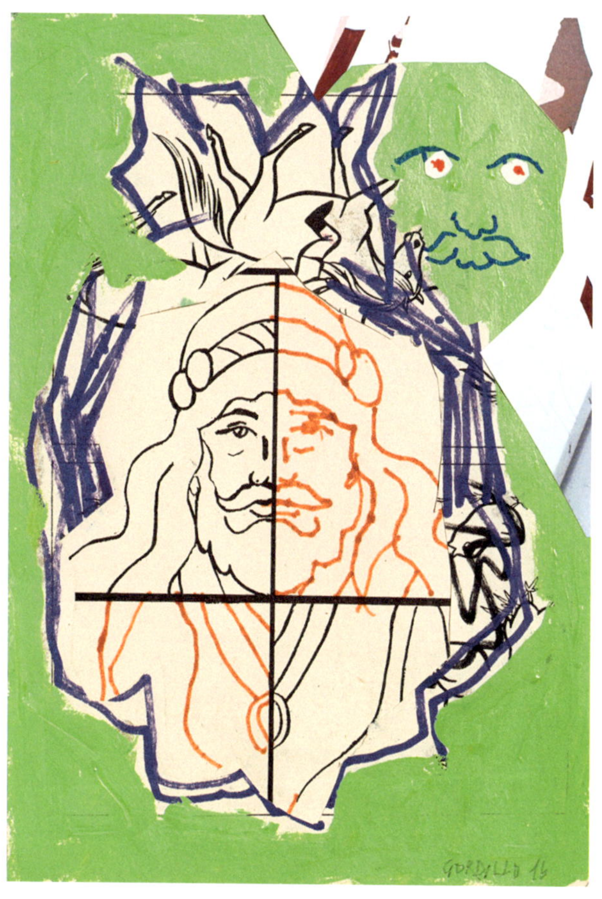
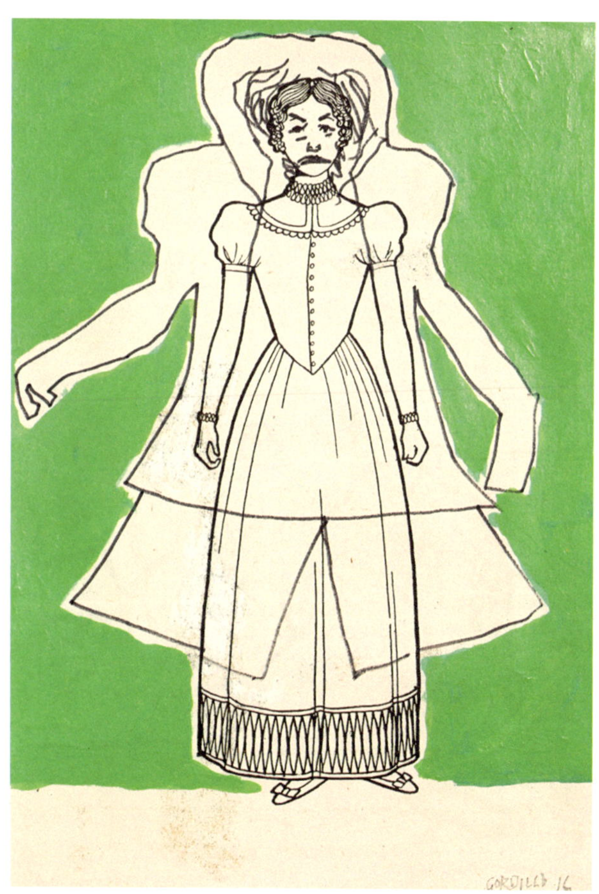
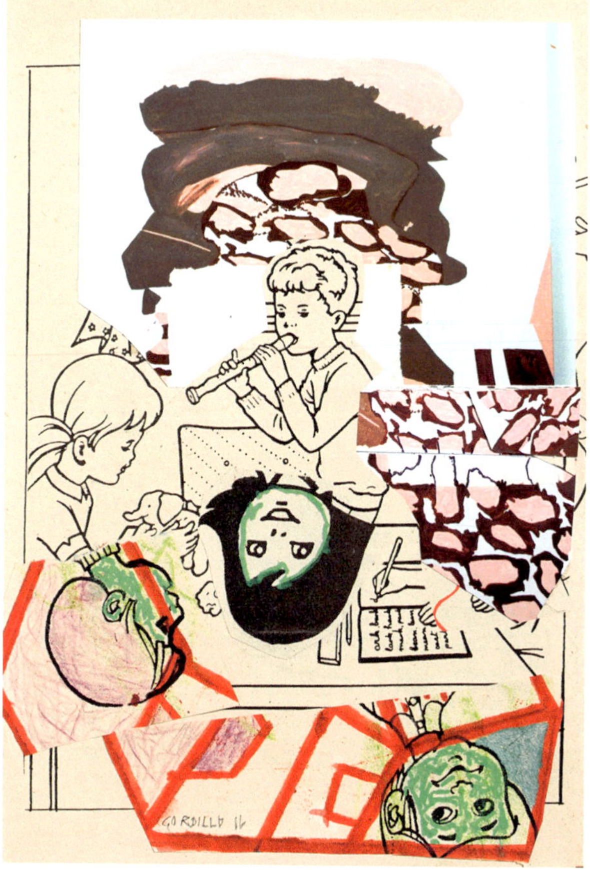

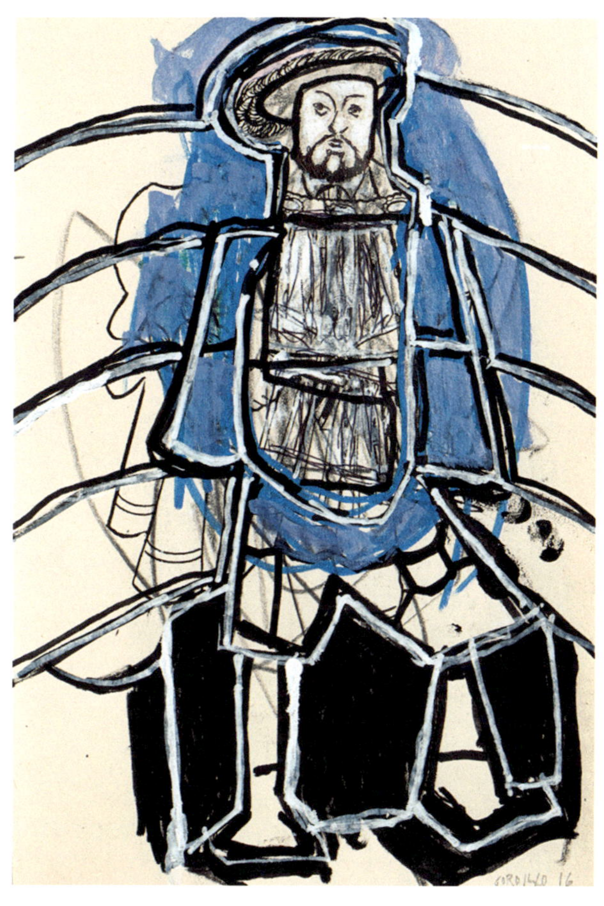
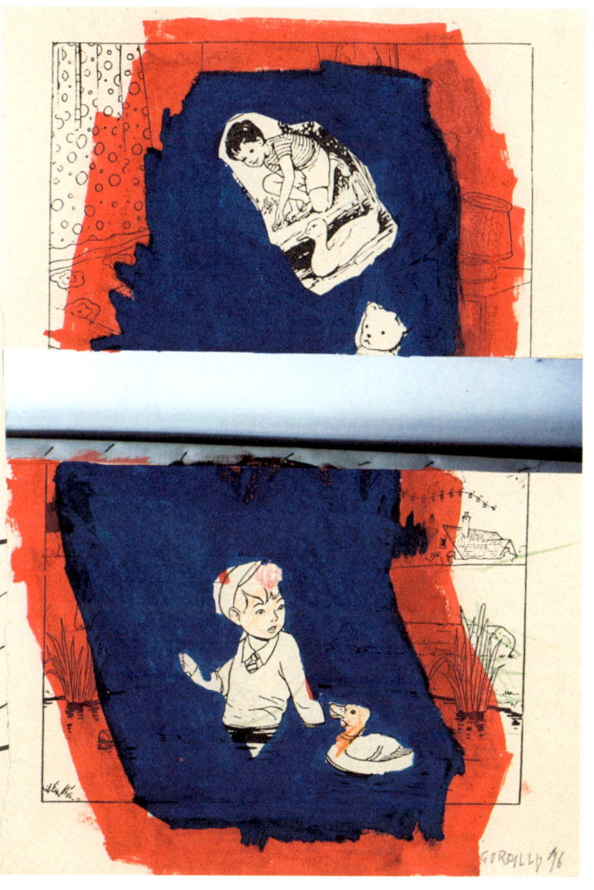
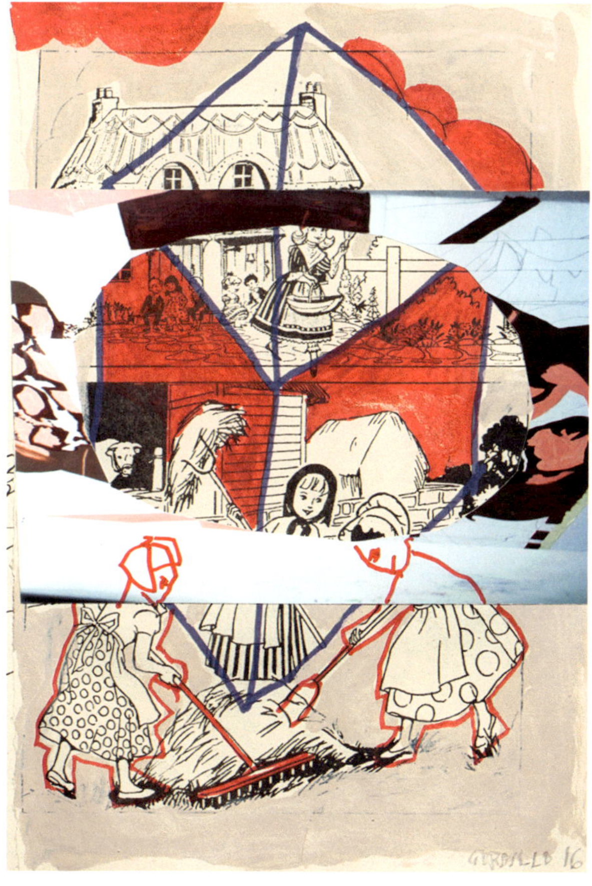
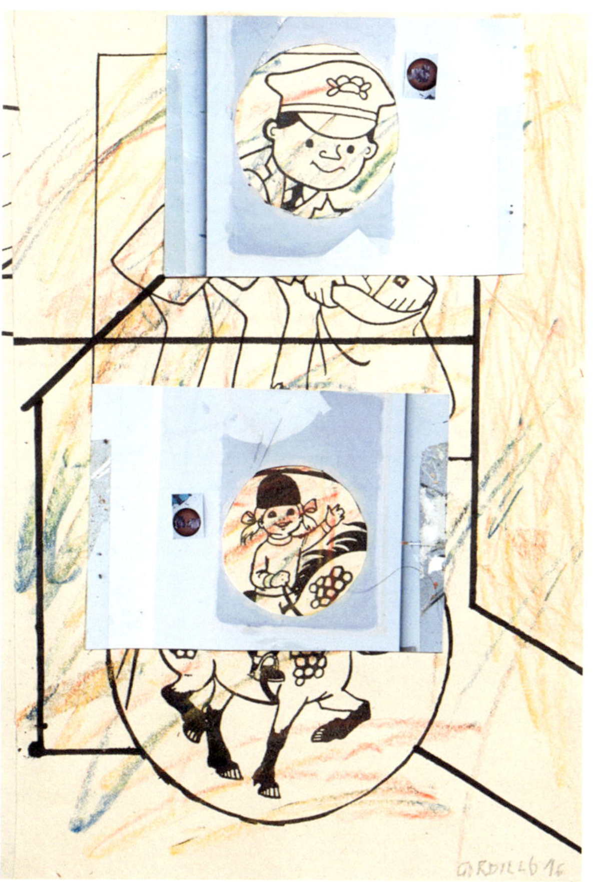

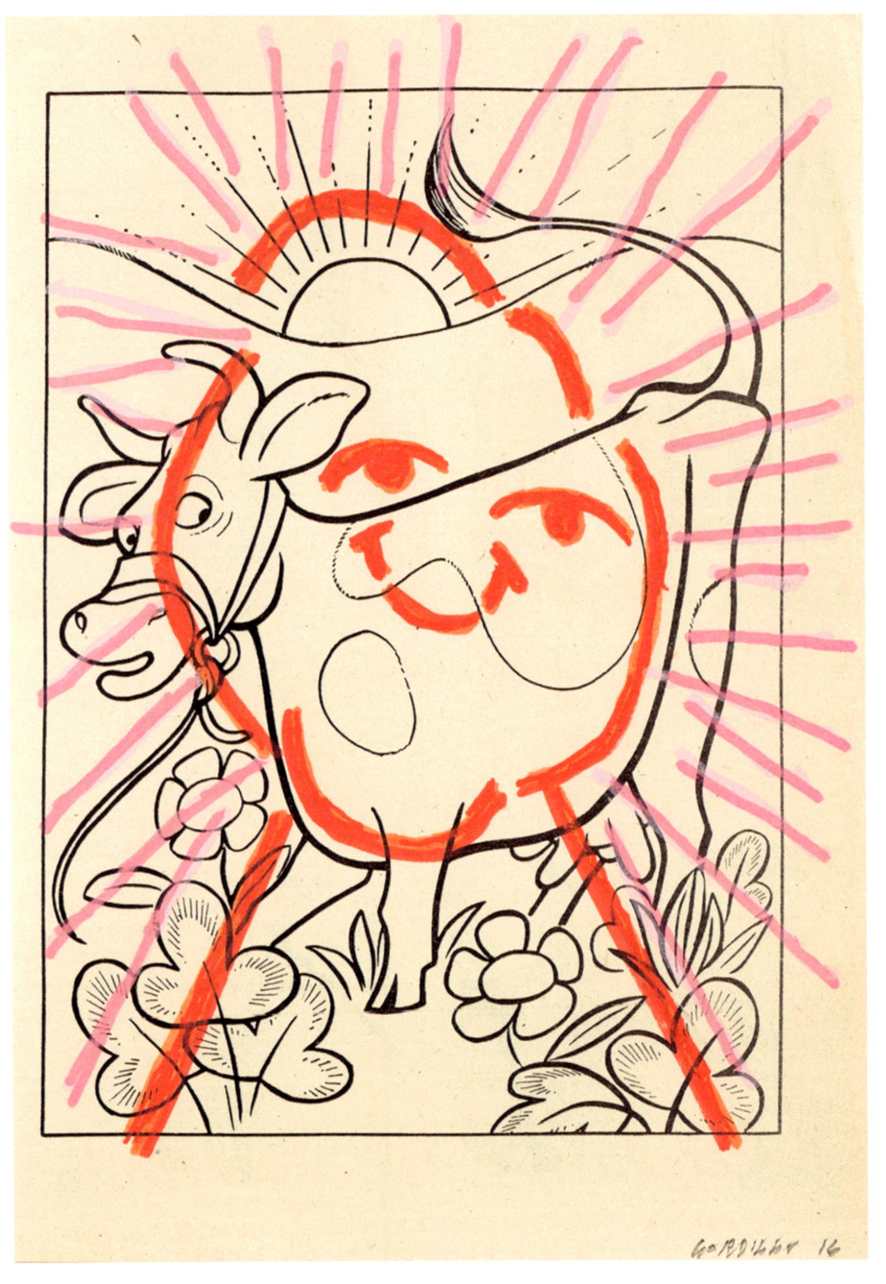

CHUS MARTÍNEZ

EL SORDO OYE
CUANDO LO TOCAN*

* Proverbio samoano, recopilado por George Pratt

Órganos

En una conversación con una monja budista coreana que ha dedicado su vida a la recuperación de las virtudes y los elementos definitorios de la cocina budista me comentaba la importancia de atender a los órganos. En un primer momento no entendí a qué se refería exactamente. Mi cara de sorpresa la impulsó a precisar: "Mientras que todos parecen entender que el cuerpo y los rasgos que este tiene son los que definen nuestra identidad, también los órganos forman parte de ella y no parecemos darles ninguna importancia. La imposibilidad de mirar dentro de nuestro cuerpo y descubrir qué forma tienen nos ha hecho indiferentes a sus formas y a sus diferencias". Me pareció una reflexión muy acertada y en la que no había pensado antes. Tras una pequeña pausa, continuó: "Por ejemplo, cuando uno va a un hospital con máquinas y descubre que solo tiene un riñón, la falta de ese órgano entra a formar parte de su identidad. Algunas personas descubren que los órganos de una parte de su cuerpo son ligeramente distintos o más pequeños que los de la otra parte. Al visualizar esas diferencias automáticamente las hacemos parte de quienes somos".

El contexto en el que tenía lugar esta conversación estaba muy lejos de la pintura y de la obra de Luis Gordillo, pero me abrió una luz para entender la pulsión de reflejar vísceras, órganos y células en parte de su pintura. Al igual que apuntaba la religiosa coreana, la introducción de esas imágenes está relacionada con el desarrollo tecnológico de aparatos que nos permiten ver esos órganos. Sin embargo, la necesidad de entender lo que somos más allá de la apariencia y la función fisiológica y social de nuestro cuerpo es anterior a la posibilidad que nos otorga la tecnología. A partir del 1800 se da el surgimiento de la ciencia de la embriología y de una nueva noción del desarrollo, basada en la visualización de los diferentes estadios de la vida. Ignaz von Döllinger (1770-1841), catedrático de Medicina en Würzburg y uno de los naturistas alemanes más influyentes de su época, intentó establecer los principios de una nueva ciencia de la vida: la biología. Döllinger sostenía que, mientras que la física establece vínculos causales entre sus observaciones individuales, la biología no puede proceder así porque la vida no "es" tanto como "llega a ser". La pintura y la biología podrían parecer muy alejadas la una de la otra. Pero no tanto como podría pensarse en un principio. Una de las inspiraciones conceptuales para entender el concepto mismo de llegar a ser fue la poesía y la filosofía del ritmo. Friedrich Nietzsche (1844-1900), filósofo alemán absolutamente interesado por la relación entre pensamiento y música, escribió el ensayo —publicado póstumamente— "Estudios rítmicos", dedicado a entender el poder del ritmo. Este aspecto es importante para entender cómo ciencia, arte y filosofía imaginan el tiempo y la idea misma de sucesión. La pintura es un género que históricamente se ha relacionado con la posibilidad de captar el evento y retratar la historia. Las transformaciones políticas y sociales vividas por un artista como Luis Gordillo a buen seguro han forzado su reflexión sobre este parámetro desde muy diversos puntos de vista. ¿Coinciden los eventos de la historia con los desarrollos en la biología? ¿Es el tiempo de la historia el mismo tiempo de la vida o de la cuántica? ¿Qué hace falta introducir en el ámbito de la percepción, de la experiencia, para que el común de los mortales tengamos la experiencia de esos aconteceres en paralelo?

El trabajo de Luis Gordillo es imposible contemplarlo desde la unidad. La unidad existe del mismo modo que existen las células y los glóbulos rojos, pero lo importante es la comprensión del flujo de todos esos elementos y del potencial de posibles formaciones que puedan darse en un futuro. ¿En un futuro? El futuro en su pintura puede estar unos pasos o muchos metros de lienzo más adelante. Seguir, mantener una gran parte de la obra en flujo significa mantener las preguntas fundamentales en permanente actualidad junto con la experiencia de la transformación que se abre ante nuestros ojos. Como en la biología, en la pintura de Luis Gordillo hay muchas "células madres", unas células que en el embrión solo deciden de qué tejido u órgano van a formar parte cuando el cuerpo las reclama como integrantes de un nervio óptico, del cerebro o de un riñón. También en su pintura hay muchos momentos en los que las formas más o menos abstractas permanecen alerta y en ese río de formas y tejidos y estructuras hasta que emerge, tal vez, una forma o una imagen. Esa dimensión siempre cambiante hace de su pintura un lugar casi natural, porque, como la naturaleza, Luis Gordillo no se esfuerza por retener, captar, atrapar un momento en el tiempo, sino por entender la infinitud de tiempos que componen las dimensiones de la vida. El mundo vivo, y especialmente el desarrollo, es un aspecto muy importante en su trabajo. Esa dimensión puede abordarse desde un planteamiento formal a través de los conceptos de patrón rítmico, movimiento rítmico, representación rítmica y aparición de motivos e imágenes que determinan la composición de la obra. Pero existe también la posibilidad de abordarlo desde un lugar mucho más vital y emocional. Es complejo, creo, para una generación de artistas e intelectuales como aquella a la que pertenece Luis Gordillo, atreverse a abordar la historia por "temas". El dolor y la superación de mil miserias compartidas y colectivizadas de mil modos para bien y para mal de las múltiples etapas de nuestra historia reciente y ya no tan reciente demandan más dinámica performativa que ilustración ideológica. O eso es lo que yo creo leer en su trabajo. Huir de la tentación de plasmar es, en sí mismo, un gesto político que tiene su origen en la necesidad de garantizar la libertad y una apertura constante en la que todo pueda caber y tener lugar. Una pintura dinámica e infinita sería, por tanto, su definición de una pintura democrática y abierta a un futuro diverso y posible para muchos. De ahí su inmensidad y su interés por la biología y el ritmo.

Tecnología infinita

Pero bien es verdad que no todo acaba ahí. La lógica abierta y metamórfica de la pintura de Luis Gordillo está abocada a funcionar como un preacontecer tecnológico. La pintura es un lugar, un lugar dinámico y extenso, en el caso de Luis Gordillo, que nos permite entender las múltiples relaciones espacio-temporales y las conexiones que estas establecen con el lenguaje y la cultura oral. Como en muchas tradiciones aborígenes y culturas indígenas, la obra que se crea establece una relación narrativa de inmediato con el espectador. La expansión de la obra tiene que ver con la formación paulatina y rítmica de motivos y temas, pero también con la capacidad de cada uno de nosotros de percibir y narrar esos motivos y temas. Idealmente, a una exposición de Luis Gordillo debería irse en grupo y determinar quién se atreve a narrar esas secuencias a los demás creando un vínculo entre imagen e historia oral con esa obra. Extensión significa una dimensión performativa por parte de la obra que se dilata en el espacio y de nuestro cuerpo que se adentra en ella e intenta seguir su ritmo. Es casi como entrar en un bosque o situarse en el centro de una máquina generativa de imágenes —al igual que hace la inteligencia artificial— e intentar navegar dentro de esa sustancia. La obra de Luis Gordillo puede interpretarse como

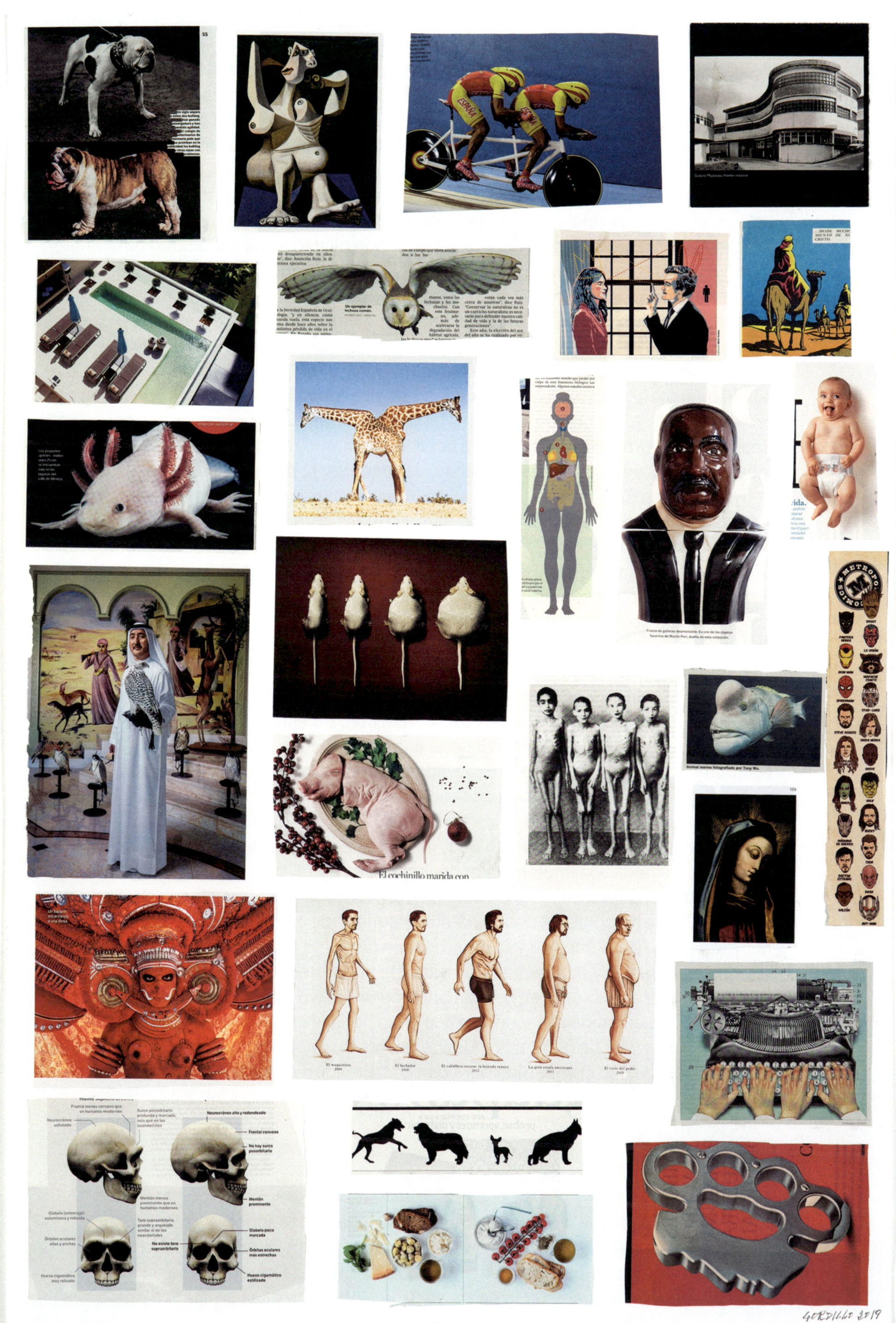

Press Photographs 3   Fotografías de prensa 3, 2019

intercultural. No en referencia a la identidad étnica de su creador, sino a la relación entre culturas de creación analógica y culturas de autocreación o generación tecnológicas. No hace falta usar *software* y tecnología para preconizar sus resultados en el mundo de las imágenes. Tampoco debe leerse su obra como interesada o fascinada por ese mundo, sino más bien coordinada con las posibilidades que las máquinas ofrecen y los cuerpos y las manos ya habían logrado antes. Vista así, la obra gana en sentido crítico en relación con las tecnologías que son capaces de desmenuzar y reconstruir imágenes de una forma automática. La diferencia —aparte de la factura— está en el hecho de que el pintor Luis Gordillo tiene memoria, y esa memoria está teñida de sentimientos, y la máquina tiene disponibilidad y una capacidad combinatoria infinita que solo responde a la estadística. Pero diría que la obra no juzga para nada ese fenómeno, puesto que esa tecnología ha venido después. Diría más bien que la obra es premonitoria de una forma de hacer que hemos decidido traspasar en forma de código a las máquinas. La obra tiene una dimensión de especialidad a la que es importante atender porque es imaginable que las generaciones futuras vean en ella el advenimiento de una lógica propia de tecnologías futuras que no necesariamente está presente en lecturas de generaciones pasadas. La obra nos permite entender que determinadas prácticas se ofrecen a la sociedad como membranas en las que formas más tradicionales, modernas y arcaicas, de entender la pintura y el hecho pictórico como tal entran en contacto con otras culturas venideras de generación de imágenes y modos pictóricos. Es algo así como afirmar que la obra de Luis Gordillo se ofrece como un ancestro de la estúpidamente denominada inteligencia artificial. Tal vez, en la percepción en simetría de esta gran obra con las capacidades de máquinas futuras, entendamos que no hay nada, absolutamente nada de artificial en esas formas programadas de inteligencia. Es imposible pensar que nada en el complejo ámbito de la vida pueda escapar de la mutualidad, de las múltiples y constantes formas de influencia de unos elementos con otros. El arte en décadas recientes nos ha hecho ver que incluso las rocas y las piedras son interdependientes y sufren y gozan dependiendo de los eventos geológicos que acontezcan. De este modo, la insistencia en la metáfora de la inteligencia artificial tiene unas intenciones muy claras y está orientada a separar la máquina del ámbito de la vida. Esa separación —como decíamos antes de la obra de Luis Gordillo— tiene consecuencias a la hora de interpretar y de garantizar la libertad humana y la de todos los seres vivos. Un ser radicalmente artificial está, comprensiblemente, desproveído de toda empatía y es fácilmente pensable como un arma destinada a la implantación de una nueva esclavitud. Por esa razón el arte es importante y una obra como la de Luis Gordillo es especialmente elocuente en ese sentido. El arte no contesta estas metáforas forjadas en la industria. El arte nos recuerda y actualiza la importancia de atender a cómo se forman las relaciones entre las dimensiones reales y abstractas de la vida y la importancia de atender a esa complejidad siempre para no caer en la seducción de un nuevo dominio. La creación de una atmósfera de sostenibilidad iconográfico-emocional es una misión de la obra de Luis Gordillo. ¿La razón? La generación desde la obra en relación con los espectadores de una responsabilidad compartida para con esas imágenes, su vida y la nuestra.

Expresión

Un hecho interesante y triste es que la especie humana, con el fin de conservar su lugar en la pirámide de las especies, se ha negado a reconocer determinados rasgos en animales y seres vivos que desmontarían también esa inmunda metáfora. El descubrimiento de que algunos peces son capaces de reconocerse en un espejo sería un motivo para cambiar la narrativa de la historia de esa humanidad héroe solitaria. Pero aún hay otro hecho que es muy significativo de nuestro desprecio por la vida —de otros—: la negación de los sueños en animales. Aceptar que los animales sueñan implica aceptar que tienen una memoria que les permite replicar dormidos experiencias que han vivido despiertos. La existencia de esa memoria supondría, por ejemplo, la aceptación de la recepción de nuestras acciones sobre sus vidas y la existencia de una conciencia del dolor. Es un aspecto de la vida que tiene dimensiones y consecuencias éticas y de modificación del comportamiento muy claras.

Al volver sobre el trabajo de Luis Gordillo, este me ha hecho reflexionar sobre las múltiples dimensiones de lo invisible —nuestros órganos internos—, los sueños de los animales que tienen la necesidad de imagen y de expresión. Estoy segura de que el trabajo no tenía estas dos dimensiones presentes. Sin embargo, nombro estas dimensiones como oportunidades para actualizar la función de dar expresión a las formas e imágenes que existe en su trabajo. La expresión es la creación de una dinámica dentro del sentir. El arte no solo está preocupado por crear efecto y sensación, sino por entender las relaciones entre los sentidos y el pensamiento. Dejar rastros de la expresión ha sido una constante de la pintura a lo largo de los siglos. Las manos no solo tocan el lienzo con la intermediación de los pinceles, sino que cada registro del movimiento del cuerpo sobre esa superficie tiene una traducción que nunca es puramente formal, siempre emerge la emoción. Hacer emerger y evolucionar la emoción desde dentro de la obra es una forma de insistir en la capacidad metamórfica del color, de la pintura, pero también de cómo esta nos influye. ¿Seríamos capaces de aceptar las grandes transformaciones sin tener este gran laboratorio para experimentar de forma constante con las dimensiones incluso peligrosas de las emociones en nosotros? La increíble elocuencia emocional del trabajo de Luis Gordillo parece decir que no. Necesitamos de ese ejercicio constante en la generación de espacios para la explosión y reactivación de la expresión y las emociones para lograr una sociedad sin violencia.

La cualidad evolutiva, generativa de la obra de Luis Gordillo nos brinda no una gran superficie, sino una sustancia desde la que dramatizar las diferentes pulsaciones que animan la existencia. En esa gran danza, que, como diría el poeta alemán Novalis, no debe aspirar nunca a resolver las contradicciones en una síntesis y solo debe estar abocada a proponer más vida a la vida, la pintura absorbe todos los males del mundo y se los lleva consigo una y otra vez, dando así origen a la posibilidad de vivir en paz. Tocar esa paz repetidamente con los ojos, sentirla en la piel, traspasar esa emoción a las manos, percibirla en las entrañas tal vez nos haga mejores en un futuro cercano.

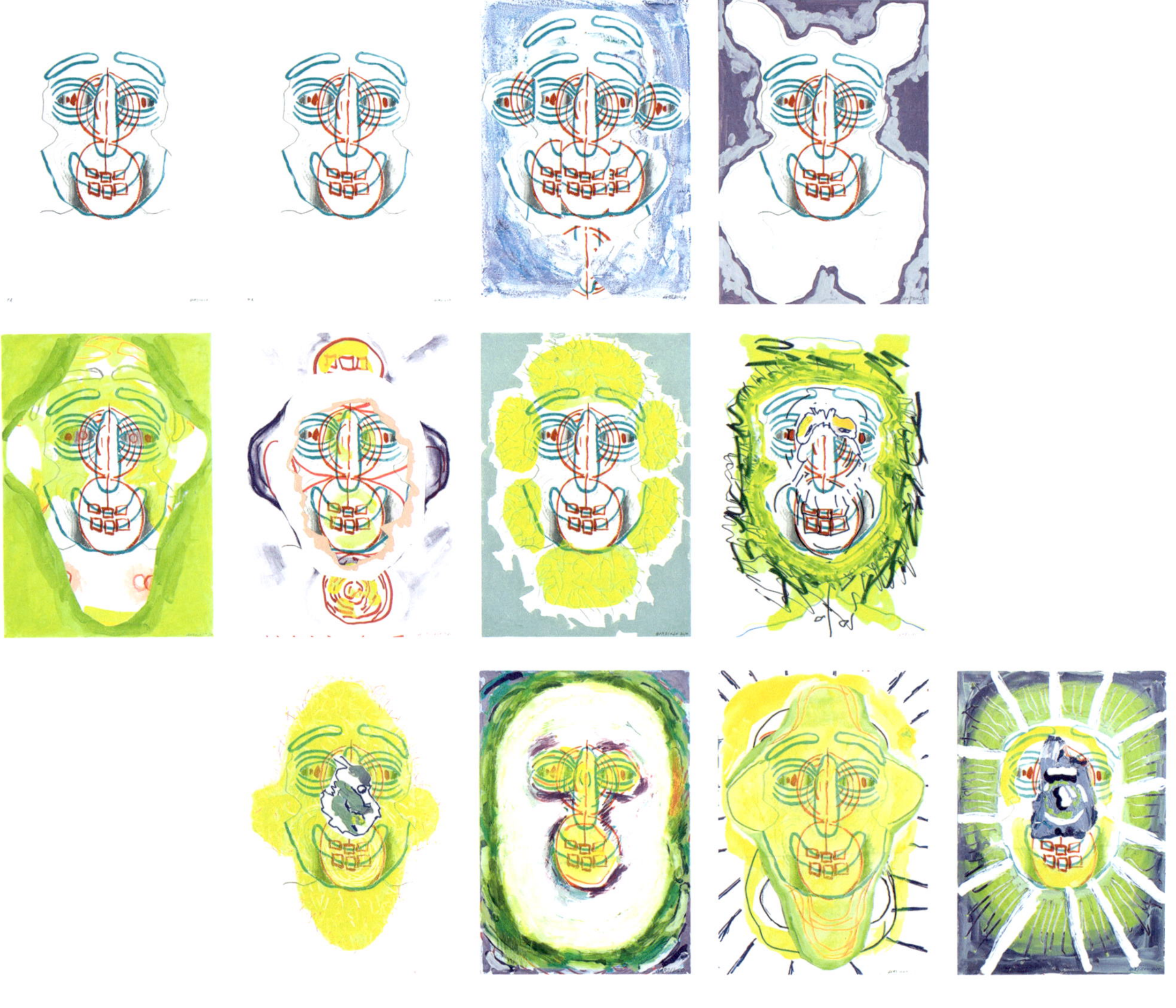

Fluorescent Civilization   *Civilización fluorescente*, 2010

CHUS MARTÍNEZ

THE DEAF HEARS
WHEN HE IS TAPPED*

* Samoan proverb, noted by George Pratt

Organs

In a conversation I once had with a Korean Buddhist nun, who has devoted her life
to recovering the virtues and defining elements of Buddhist cuisine, she spoke of
the importance of paying attention to our organs. At first I didn't quite understand
what she was talking about. The surprised look on my face compelled her to elabo-
rate: "Although everybody appears to believe that the body and its outer features are
what define our identity, the internal organs also form part of it—and yet, we seem
to disregard them. We cannot see inside our bodies and discover what are organs
look like, so we are thus indifferent to their forms and their differences." She was
right, and I'd never thought of it like that before. After a brief pause, she went on:
"For example, if somebody goes to hospital, where there are machines, and they
find out that they only have one kidney, then the absence of that organ becomes part
of that person's identity. Some people discover that the organs in one part of their
body are slightly different or smaller than the organs in the other part. By visual-
ising these differences, we automatically make them part of who we are."
The context of that conversation had nothing to do with art or the work of Luis
Gordillo, but nevertheless I found it really helpful when trying to comprehend this
artist's urge to depict guts, organs and cells in some of his paintings. As the Korean
nun pointed out, the inclusion of those images is related to the technological development of devices that actually allow us to see those organs. However, the need to
understand what we are, beyond the outer appearance and the physiological/social
function of our body, came long before this kind of technology and the possibilities it gives us. Around 1800 onwards, the science of embryology began to emerge,
as well as a new notion of development, based on the visualisation of the different
stages of life. Ignaz von Döllinger (1770-1841), professor of Medicine at Würzburg
and one of the most influential German naturalists of his time, sought to set out
the principles for a new life science: that of biology. Döllinger claimed that while
physics establishes causal links between its individual observations, biology cannot
do the same because life is not about "being", but rather about "becoming". Although
painting and biology can seem far removed from each other, they are perhaps closer
than one might think at first. One of the conceptual inspirations to understand the
concept of "becoming" was the poetry and philosophy of rhythm. The German phi-
losopher Friedrich Nietzsche (1844-1900) was greatly interested in the relationship
between thought and music, and he wrote the essay "Rhythmische Untersuchungen"
(Rhythmic Studies)—published posthumously—which sought to understand the power
of rhythm. This is a key aspect when it comes to comprehending how science, art
and philosophy envision time and the very notion of the sequence. Painting is a
genre that, historically, has been associated with the possibility of capturing an event
and portraying history itself. For an artist like Luis Gordillo, the political and social
transformations that he has lived through have undoubtedly shaped his reflection on
this matter, from a range of perspectives. Do historical events coincide with develop-
ments in biology? Is historical time the same as the time of life, or that of quantum
physics? What needs to be brought into the field of perception, of experience, so that
we mere mortals can experience those events in parallel?

The work of Luis Gordillo cannot be contemplated in terms of unity. Unity exists, just as red blood corpuscles and other cells exist, but the important thing is to comprehend how all these elements flow together, and to acknowledge the potential of all the possible formations that might arise in a future. In a future? The future, in Gordillo's painting, might be a few short steps away, or indeed many metres of canvas away. To maintain most of this work in a state of flux means keeping the fundamental questions permanently open and current, as well as the experience of transformation that takes place before our very eyes. Just like in biology, in the work of Luis Gordillo there are many stem cells or "mother cells", i.e. cells which only decide, in the embryo, what kind of tissue or organ they will form part of as and when the body designates them as components of an optic nerve, of the brain or a kidney. Similarly, in Gordillo's work there many moments when more-or-less abstract forms remain on the alert, flowing around in that river of forms and tissues and structures until, perhaps, they take on a certain form or image. This ever-changing quality is what makes Luis Gordillo's oeuvre an almost natural space: here, as with nature, the artist does not seek to retain, capture or trap a moment in time; instead, he strives to fathom the infinitude of times that make up life's many dimensions. The living world, in particular how it grows and develops, is a crucial aspect in Gordillo's work. This dimension can be approached formally—via concepts such as rhythmic pattern, rhythmic movement, rhythmic representation and the use of motifs and images that determine the composition of the work—but it can also be approached from a more vital, emotional place. As I see it, daring to approach history in terms of "themes" is complex, particularly for a generation of artists and intellectuals like that of Luis Gordillo. The suffering and the surmounting of countless miseries, from our own recent and not-so-recent past—pain which is shared and collectivised in myriad ways, for better and for worse—demand more performative dynamics, rather than ideological illustration. At least, that's what I think I glean from his work. Resisting the temptation to express this directly is, in itself, a political gesture rooted in the need to guarantee freedom and a constant opening where there is space for everything. A dynamic, infinite approach to painting would therefore be his definition of democratic painting, open to a diverse future, with possibilities for many. This explains his greatness, as well as his interest in biology and rhythm.

Infinite Technology

However, there's more to it than that. The open, metamorphic logic of Luis Gordillo's painting is designed to work like a technological pre-occurrence. Painting is a dynamic and extensive place where, in the case of Luis Gordillo, we can understand multiple space-time relationships and the connections they strike up with language and oral culture. As in many Aboriginal traditions and indigenous cultures, the created work immediately forges a narrative link with the spectator. The work's expansion has to do with the gradual and rhythmic formation of motifs and themes, but also with the ability, of each one of us, to perceive and narrate said motifs and themes. Ideally, visiting a Luis Gordillo exhibition should be a group exercise; that way, one member of the group might dare to narrate those sequences to the others, thus creating a link between image and oral history, via that work. Here, the work's "extension" refers to its performative side, as it expands in space, and also to our body which goes inside the work and tries to follow its rhythm. It's almost like going deep into a forest, or placing oneself in the middle of an image-making machine—just like artificial intelligence does—and trying to find a way through that substance. Luis Gordillo's work can be read as intercultural. Not in terms of the creator's ethnic identity, but with regards to the relationship between cultures of analogical creation and those of technological autocreation or generation. There's no need to use software or other such technology to endorse his work in the world of images. Nor should his work be interpreted as being interested in or fascinated by that world of technology; instead, it corresponds to the possibilities put forward by machines, possibilities which bodies and hands already offered. From this perspective, Gordillo's work does better, in the critical sense, than those technologies that can pick apart and reconstruct images automatically. The difference—apart from the execution itself—lies in the fact that the painter Luis Gordillo has memory, a memory coloured by feelings, while the machine has infinite availability and combinatory capacity that only respond to statistics. But I wouldn't say that this work casts judgement on that phenomenon at all, because the technology in question came afterwards. What I would say is that Gordillo's work foreshadows a way of doing that we have since decided to delegate, in the form of code, to machines. His work has an aspect of "speciality" that shouldn't be ignored: future generations might well see in it the advent of a logic, typical of future technologies, that is not necessarily present in the readings of past generations. It helps us realise that certain practices are offered to society as membranes in which the more traditional, modern or archaic ways of understanding painting (and the act of painting, per se) come into contact with other emerging cultures of image-making and pictorial modes. It's like claiming that the work of Luis Gordillo is presented as a precursor to the stupidly named "artificial intelligence". Perhaps, by considering this great oeuvre alongside the capabilities of future machines, we might understand that there is absolutely nothing "artificial" in those programmed forms of intelligence. It is impossible to think that anything in the complex realm of life might be able to escape from mutuality, from the multiple, constant forms of influence that some elements exert upon others. In recent decades, art has made us see that even rocks and stones are interdependent, and they suffer or take pleasure depending on geological events. This way, insisting on the metaphor of artificial intelligence has very clear intentions, aimed at separating the machine from the sphere of life itself. This separation—as mentioned above, with regards to the work of Luis Gordillo—has consequences when it comes to interpreting and guaranteeing human liberty, and the freedom of all living beings. A radically artificial being has, understandably, no empathy, and can be easily thought of as a weapon designed to usher in a new form of slavery. This is why art is so important, and work like that of Luis Gordillo is particularly eloquent in that regard. Art does not contest these metaphors forged in industry. Art reminds and updates us about the importance of paying attention to how relationships are formed between the real and abstract sides of life, and the importance of always heeding that complexity, to prevent oneself from being seduced by a new domain. Creating an atmosphere of iconographic-emotional sustainability is one of the missions of Luis Gordillo's work. Why? It is a way of generating, with that work and in its connection with the spectators, a shared responsibility towards those images, his life and ours.

Expression

An interesting yet sad fact is that the human species, in order to cling on to its place at the top of the pyramid of species, has refused to acknowledge certain features of animals and living beings, features that could actually topple this nasty metaphor. The discovery that some fish can recognise themselves in a mirror would be motive enough to shake up the narrative of that history of a solitary, heroic humanity. And there's yet another fact which speaks volumes about our contempt for life, at least the lives of other beings: the refusal to accept that animals dream. Accepting this would mean accepting that animals have a memory that allows them to replicate, while asleep, the experiences they have when awake. Acknowledging the existence of that memory would mean, for example, having to accept how our actions affect their lives, and that they can suffer pain. It is an aspect of life that has clear ethical dimensions and consequences, ones that would call for changes in our behaviour.

When I was revisiting Luis Gordillo's work, it led me to reflect on the multiple dimensions of the invisible, such as our internal organs or the dreams of those animals that have the need for image and expression. I am sure that these two aspects were not present in the making of the work. However, I highlight them as opportunities to reappraise his work's function of giving expression to forms and images. Expression is the creation of a dynamic within feeling. Art is not only concerned with creating effect and sensation, but also with understanding the relationships between feelings and thought. Leaving traces of expression has long been a constant in painting, over the centuries. Hands don't just touch the canvas by means of paintbrushes: instead, every single recording of the body's movement, upon that surface, is translated in a way that is never purely formal: emotion always comes through. Making emotion arise and evolve, from within the piece itself, is a way of emphasising the metamorphic ability of the colour, of the paint, but also with regards to how it influences us. Would we be able to come to terms with the large transformations without having this great laboratory to experiment in, constantly, with all sides (even the dangerous ones) of the emotions within us? The incredible emotional eloquence of Luis Gordillo's work seems to suggest that we would not. If we want to create a society without violence, we really do need this ongoing exercise in generating spaces for the explosion and reactivation of expression and emotion.

The evolutionary, generative quality of Luis Gordillo's work provides us not only with a great surface, but also a substance that can be used to dramatise the different beats that breathe real life into our existence. In that great dance—which, as German poet Novalis would say, should never aspire to resolve contradictions into one synthesis, and should seek to imbue life with even more life—painting absorbs all the world's evils and takes them away again and again, giving rise to the possibility that we might live in peace. Sensing that peace with our eyes, again and again, feeling it on our skin, transferring that emotion to our hands, perceiving it as a gut feeling: this might make us better people, in a near future.

BIOGRAFÍA
BIOGRAPHY

LUIS GORDILLO

Sevilla, 1934
Vive y trabaja en Madrid

Sin duda, es una de las referencias indiscutibles de la pintura española actual. Posee algunos de los galardones más relevantes que se le pueden conceder a un artista de nuestro país, entre otros, el Premio Nacional de Artes Plásticas (1981), el Premio Andalucía de Artes Plásticas (1991), la Medalla de Oro al Mérito en las Bellas Artes (1996), la Medalla de Oro del Círculo de Bellas Artes de Madrid (2004) o el Premio Velázquez de Artes Plásticas (2007). Igualmente, fue investido doctor *honoris causa* por la Universidad de Castilla-La Mancha en 2008 y nombrado en 2012 hijo predilecto de Andalucía.

Seville, 1934
Lives and works in Madrid

He is, without a doubt, one of the indisputable references of current Spanish painting. He has some of the most relevant awards that can be granted to an artist from our country, such as the National Prize for Plastic Arts (1981), the Andalusia Prize for Plastic Arts (1991), the Gold Medal for Merit in Fine Arts (1996), the Gold Medal from the Círculo de Bellas Artes in Madrid (2004) or the Velázquez Prize for Plastic Arts (2007). Moreover, he was granted an honorary doctorate by the Universidad de Castilla-La Mancha in 2008 and named favorite son of Andalusia in 2012.

01

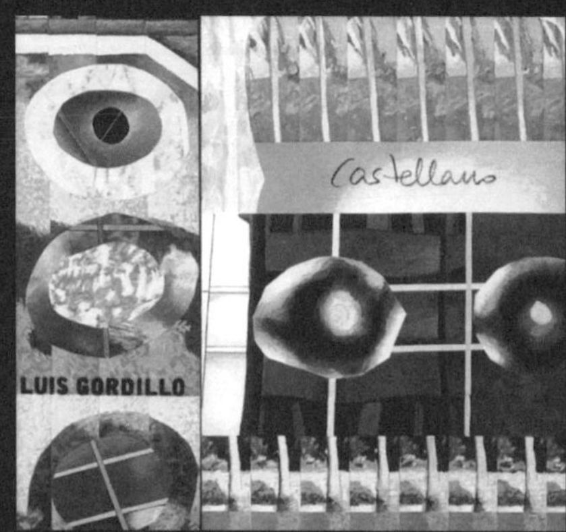

1999
Exposición retrospectiva en el MACBA: *Superyo congelado*

Proyecto comisariado por Manuel Borja-Villel y José Lebrero que luego itineró al Folkwang Museum Essen de Alemania. En el catálogo se incluyen textos del propio Gordillo, de Francisco Calvo-Serraller y de los comisarios.

1999
Retrospective exhibition at MACBA: *Superyo congelado*

Project curated by Manuel Borja-Villel and José Lebrero, which later transferred to the Museum Folkwang in Essen, Germany. The catalogue includes texts by Gordillo himself, by Francisco Calvo-Serraller and by the curators.

02

2000
Premi Ciutat de Barcelona d'Arts Plastiques

2000
City of Barcelona Prize for Fine Art

03

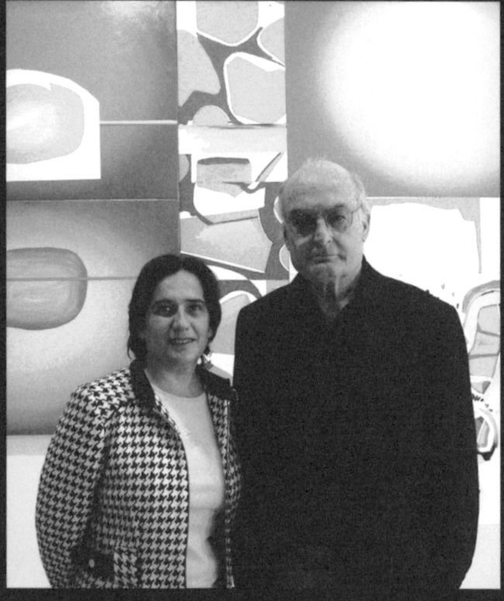

2005
Con Jero Martínez, de la galería Maior de Pollença

Durante mucho tiempo, a principios del siglo XXI, Luis y Pilar hacían coincidir las exposiciones que preparaban en Maior para veranear en Mallorca y pasar unos días con Jero y su marido Amador, que ejercían de excelentes anfitriones.

2005
With Jero Martínez at the Galería Maior, Pollença

Over many years, early on in the 21st century, Luis and Pilar would make the most of the exhibitions held at Galería Maior and stay for a holiday there in Mallorca. They would spend a few days with Jero and her husband Amador, who were superb hosts.

04

2005
Medalla de la Ciudad de Sevilla

2005
Medal of the City of Seville

05

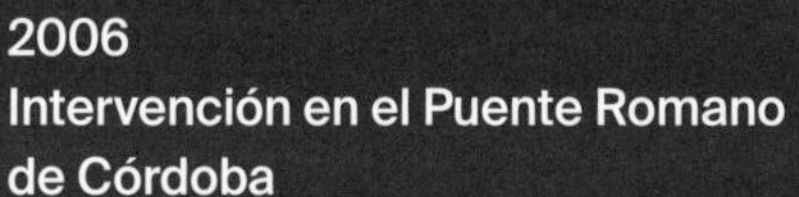

2006
**Intervención en el Puente Romano
de Córdoba**

De la mano del artista Juan Suárez,
Luis Gordillo fue invitado a realizar
una intervención en las lonas que
cubrían las obras de restauración
del Puente Romano de Córdoba
y parte del eje monumental de la
ciudad. Fue su primer proyecto
de obra pública. El revestimiento de
todo el andamiaje superaba los
ochenta metros de largo.

2006
**Intervention on the Roman Bridge
of Córdoba**

Thanks to the artist Juan Suárez,
Luis Gordillo was invited to work
on the sheeting that covered up
the restoration works on the
Roman Bridge of Córdoba and
part of the city's main monumental
route. This was Gordillo's first
public art project. The sheeting,
across all the scaffolding, was over
80 metres long.

06

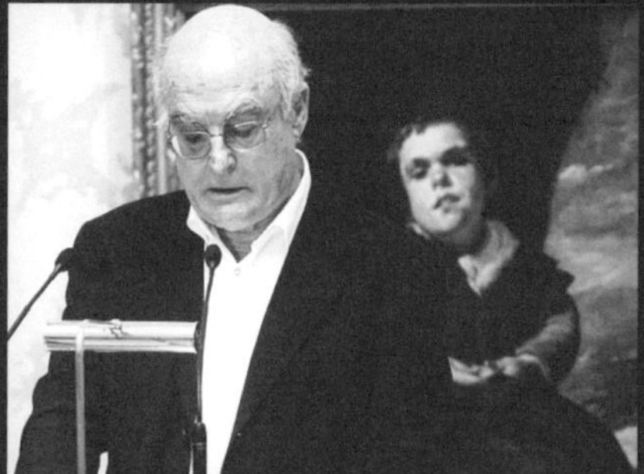

2006
**Premio Velázquez en
reconocimiento a la trayectoria**

En el Museo del Prado leyendo el
discurso de aceptación.

2006
**Velázquez Prize for Lifetime
Achievement**

At the Prado Museum, giving his
acceptance speech.

07

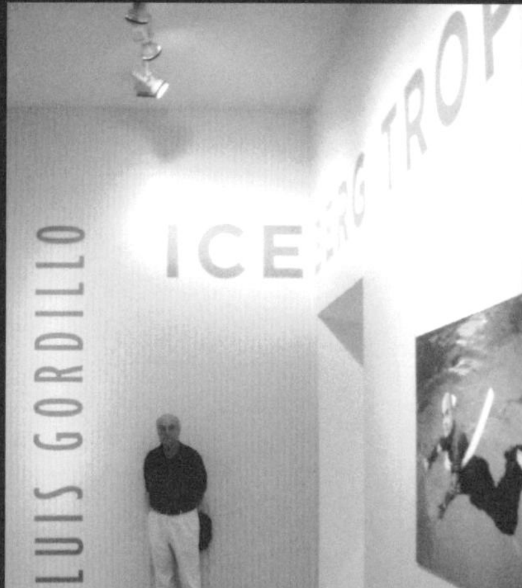

2006
**Exposición *Iceberg Tropical* en el
Museo Nacional Centro de Arte
Reina Sofía**

En junio se inauguró la exposición
retrospectiva más importante del
artista, un proyecto antológico que
repasaba su trayectoria desde sus
inicios hasta ese momento. Además
de por la gran cantidad de obra
expuesta, la muestra destacaba
por su arriesgada propuesta
museográfica.

2006
**Exhibition *Iceberg Tropical* at the
Museo Nacional Centro de Arte
Reina Sofía**

In June, Gordillo's most significant
retrospective exhibition opened.
Iceberg Tropical was an anthology
project that looked back over the
artist's whole career, ranging from
his early work to contemporary
pieces. The show featured a great
amount of the artist's oeuvre,
and it was notable for its bold
exhibition design.

08

2007
Chevalier des Arts et des Lettres
de Francia

2007
Named *Chevalier des Arts et des Lettres* by the French Ministry of Culture

09

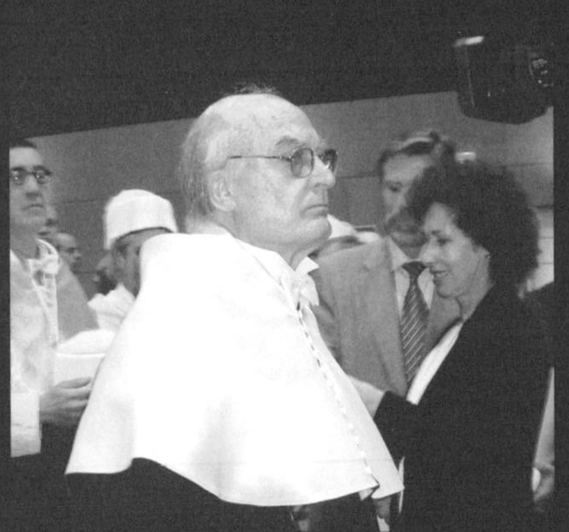

2008
Investido doctor *honoris causa* por la Universidad de Castilla-La Mancha en la Facultad de Bellas Artes de Cuenca

2008
Luis Gordillo was granted an honorary doctorate by the Universidad de Castilla-La Mancha, in a ceremony held at the Fine Arts Faculty, Cuenca

10

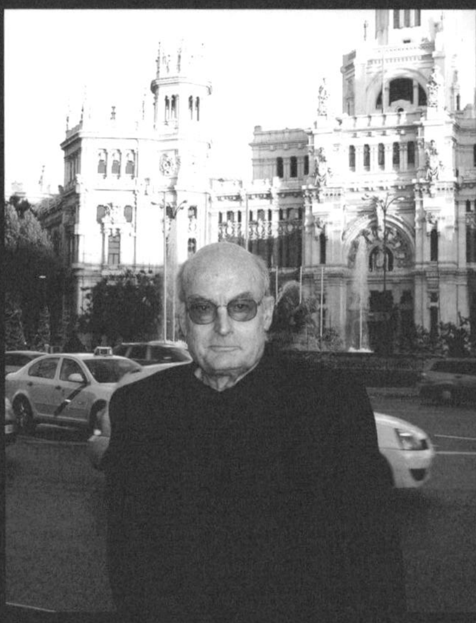

2009
Retrato de Pablo Pérez-Mínguez

Mientras paseaban por Cibeles y la calle Alcalá, Pilar Linares y Luis Gordillo se cruzaron con Pablo Pérez-Mínguez. En un instante, de manera improvisada, sacó su cámara y fotografió al artista.

2009
Portrait by Pablo Pérez-Mínguez

Whilst walking around Cibeles and Calle Alcalá, Madrid, Pilar Linares and Luis Gordillo bumped into Pablo Pérez-Mínguez. In an instant, and completely unplanned, Pérez-Mínguez grabbed his camera and took this snapshot of the artist.

11

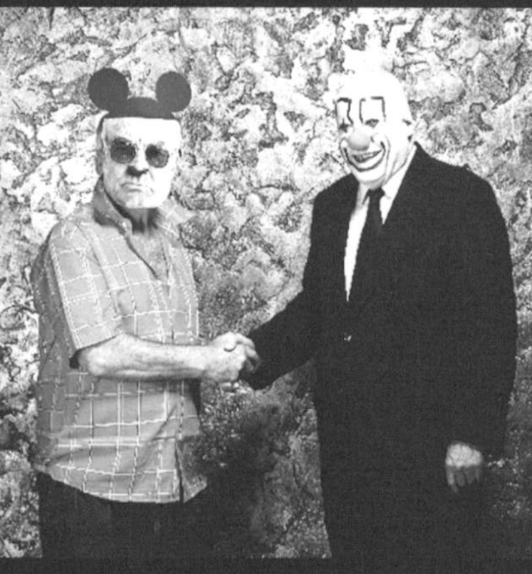

2010
Luis Gordillo y Eduardo Arroyo por Jordi Socías

Algunos de los retratos más emblemáticos de Luis Gordillo en estas dos últimas décadas han sido realizados por Jordi Socías. Entre otros, el que daba la bienvenida al visitante en su exposición del Museo Reina Sofía; también los de la serie *CA-RO-TA* junto a Eduardo Arroyo, que fueron presentados en una exposición en la galería Ivorypress invitados por Elena Ochoa Foster.

2010
Luis Gordillo and Eduardo Arroyo, by Jordi Socías

Some of the most emblematic portraits of Luis Gordillo from the last two decades have been taken by Jordi Socías, such as the one that greeted visitors at Gordillo's exhibition at the Museo Reina Sofía. Similarly noteworthy were the portraits with Eduardo Arroyo for *CA-RO-TA*, a series presented in a show at the gallery Ivorypress, at the invitation of Elena Ochoa Foster.

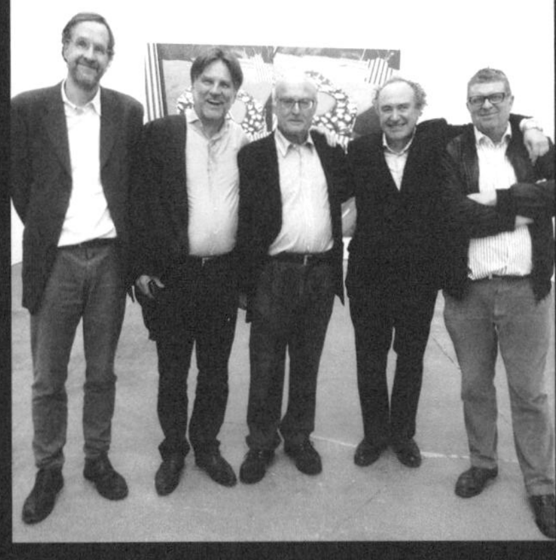

2010
Exposición *Organic Logotypes* en la Hengesbach Gallery, Berlín

Junto a Rolf Hengesbach, Christoph Schreier —que durante muchos años fue subdirector del Kunstmuseum Bonn y comisario de *Iceberg Tropical* en ese centro— y los artistas Olav Christopher Jenssen y Raimund Kummer.

2010
Exhibition *Organic Logotypes* at Hengesbach Gallery, Berlin

With Rolf Hengesbach, Christoph Schreier—deputy director of the Kunstmuseum Bonn for many years, and curator of *Iceberg Tropical* there—and the artists Olav Christopher Jenssen and Raimund Kummer.

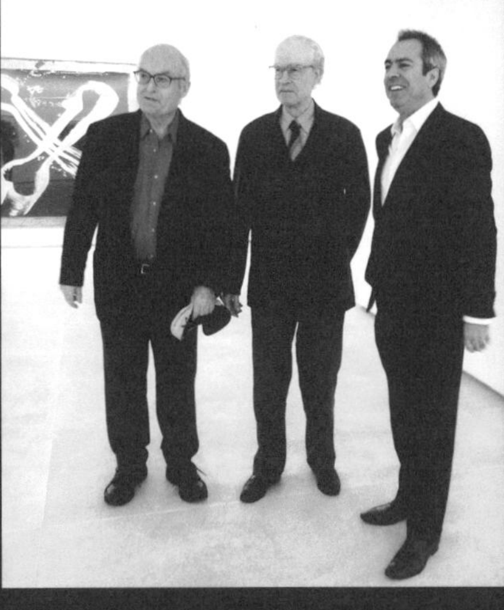

2010
Luis Gordillo, el pintor portugués Nikias Skapinakis y Fernando Santos en la exposición de Antoni Tàpies celebrada en la galería Fernando Santos de Oporto

Dos años después, Luis Gordillo inauguró su exposición *Pintura interrogada* en ese mismo espacio.

2010
Luis Gordillo, the Portuguese painter Nikias Skapinakis and Fernando Santos, at the Antoni Tàpies exhibition held in the Galería Fernando Santos, Porto

Two years later, Luis Gordillo's own show, *Pintura interrogada*, would open in that same space.

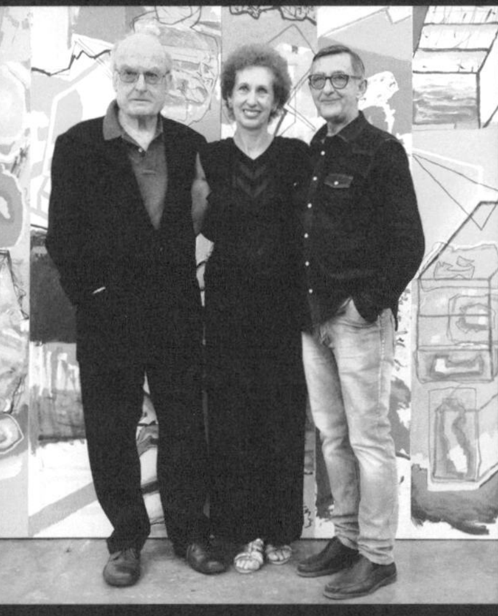

2011
Galería Luis Adelantado, Ciudad de México

Pilar Linares y Luis Gordillo, acompañados de Luis Adelantado, que durante esta época realizó varias exposiciones del artista en su espacio de México. Asimismo, Gordillo ha expuesto en la galería Luis Adelantado de Valencia en varias ocasiones y colaborado con su hija Olga en distintos proyectos.

2011
Galería Luis Adelantado, Mexico City

Pilar Linares and Luis Gordillo, alongside Luis Adelantado, who put on several exhibitions by the artist in his Mexico gallery during this period. Luis Gordillo has also had various shows in the Galería Luis Adelantado in Valencia, and he has collaborated with Luis Adelantado's daughter Olga on various projects.

14

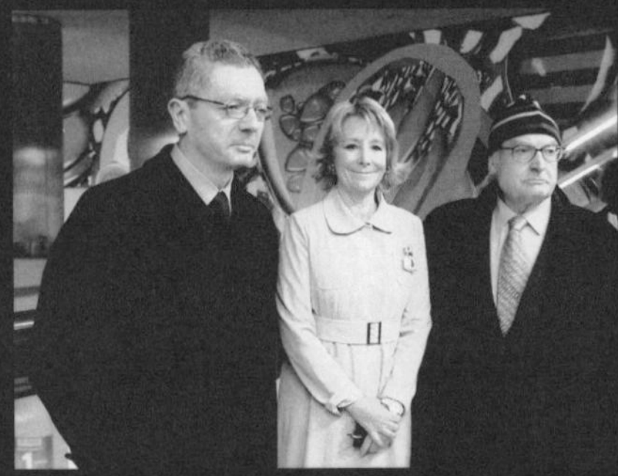

2011
Inauguración de la instalación *Sueños enterrados* en la parada de metro Alsacia, junto a la presidenta de la Comunidad de Madrid, Esperanza Aguirre, y el alcalde, Alberto Ruiz Gallardón

Para esta propuesta en la línea 2, el artista concibió más de mil metros de mural. Luis contó aquí con la inestimable colaboración del especialista Juan Carlos Melero y de Franja Fotográfica.

2011
Inauguration of the installation *Sueños enterrados* at Alsacia metro station, Madrid. With Esperanza Aguirre, President of the Regional Government of Madrid, and Alberto Ruiz Gallardón, Mayor of Madrid

For this piece, installed in Alsacia station on Line 2 of the Madrid metro, the artist designed a mural measuring over a thousand metres. The project was carried out with the invaluable cooperation of the specialist Juan Carlos Melero and Franja Fotográfica.

16

2012
Premio Nacional de Arte Gráfico

2012
National Prize for Graphic Arts

17

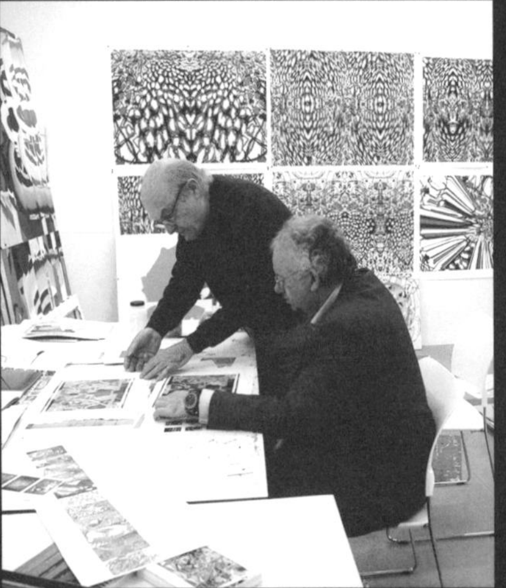

2012
Preparando con Fernando Francés su exposición *Horizontalia* para el CAC Málaga

2012
Preparing the exhibition *Horizontalia* with Fernando Francés, for CAC Málaga

18

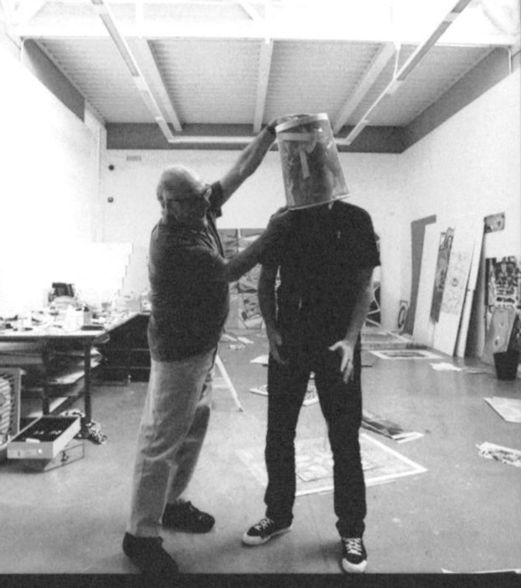

2012
Divirtiéndose con David Barro en el estudio

David Barro fue el comisario de su exposición *Pintura interrogada* en la galería Fernando Santos de Oporto, un proyecto que itineró a varios museos portugueses de la mano de Fernando Santos. Anteriormente, en 2009, fue el comisario de la exposición *Archipiélago, serigrafías y monotipos* en la Caja Negra de Madrid.

2012
Playing around with David Barro in the studio

David Barro curated Luis's exhibition *Pintura interrogada* for the Galería Fernando Santos in Porto, a project which then travelled to various museums around Portugal, thanks to Fernando Santos. Previously, in 2009, Barro had curated the exhibition *Archipiélago, serigrafías y monotipos* at the Caja Negra in Madrid.

19

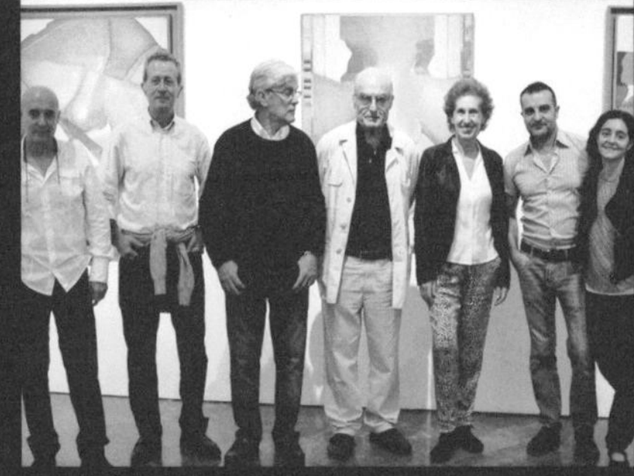

2014
Exposición *Cabezas* en el Real Alcázar de Sevilla

En el centro, el artista junto a su hermano José Manuel, promotor de este proyecto y cocomisario junto a Luis Martínez Montiel. Le acompañan su mujer, Pilar Linares, el arquitecto Juan Pablo Frade, Ignacio Rico y Alicia Pinteño.

2014
Exhibition *Cabezas*, at the Real Alcázar of Seville

Luis (centre) is photographed with his brother, José Manuel, promotor of this project which was co-curated with Luis Martínez Montiel. He is also joined by his wife, Pilar Linares, the architect Juan Pablo Frade, Ignacio Rico and Alicia Pinteño.

20

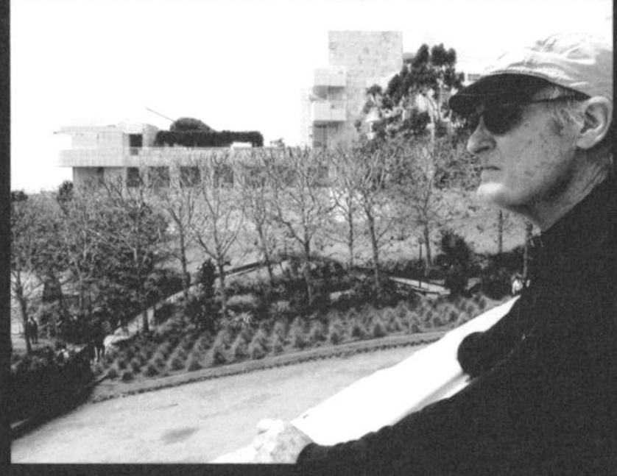

2014
En The J. Paul Getty Museum de Los Ángeles

Ese verano Pilar y Luis recorrieron la Costa Oeste de Estados Unidos.

2014
At the J. Paul Getty Museum, Los Angeles

That summer, Pilar and Luis travelled down the West Coast of the United States.

21

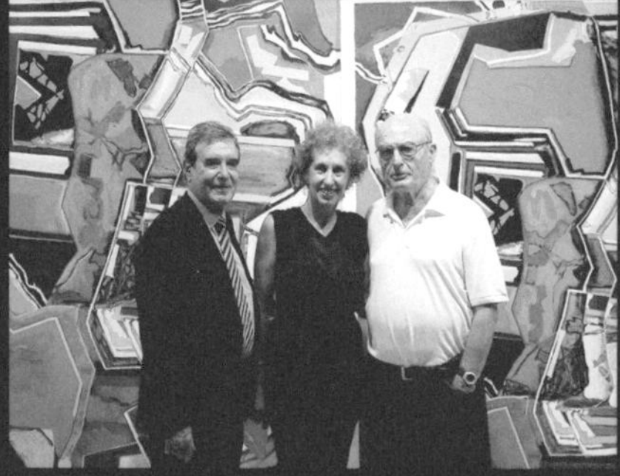

2014
Con Juan Muga, de la galería Joan Prats de Barcelona, en la exposición *Aproximación-aproximándose*

Joan Prats ha sido la galería base de Luis Gordillo en Barcelona en estas dos últimas décadas. La buena relación, tanto profesional como personal, ha continuado con sus hijas, que son ahora responsables de la gestión de la sala.

2014
With Juan Muga, from the Galeria Joan Prats in Barcelona, at the exhibition *Aproximación-aproximándose*

Joan Prats has been Luis Gordillo's main gallery in Barcelona over these last two decades. The good relationship they have forged, on both the professional and personal level, has continued with Prats's daughters, who now run the gallery.

22

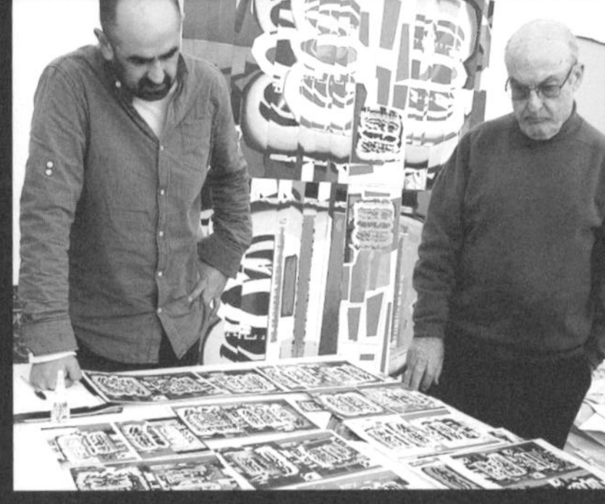

2015
Visita al estudio de Enrique
Martínez Goikoetxea, conservador
de la Colección Permanente del
Artium de Vitoria, para la exposición
XXL/XXI

2015
Visit to the studio of Enrique
Martínez Goikoetxea—curator
of the Permanent Collection at
Artium, Vitoria—for the exhibition
XXL/XXI

23

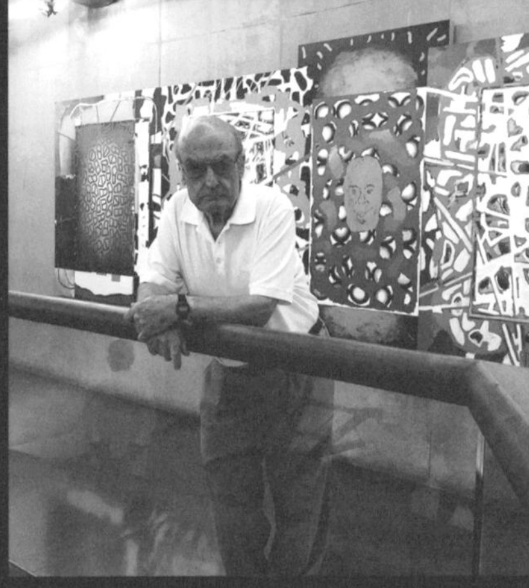

2016
Hall de entrada del CaixaForum
Madrid, donde la obra *Malestar
óptico, malestar épico* (2004)
recibe al visitante

2016
Entrance hall at the CaixaForum
Madrid, where the piece *Malestar
óptico, malestar épico* (2004)
welcomes visitors

24

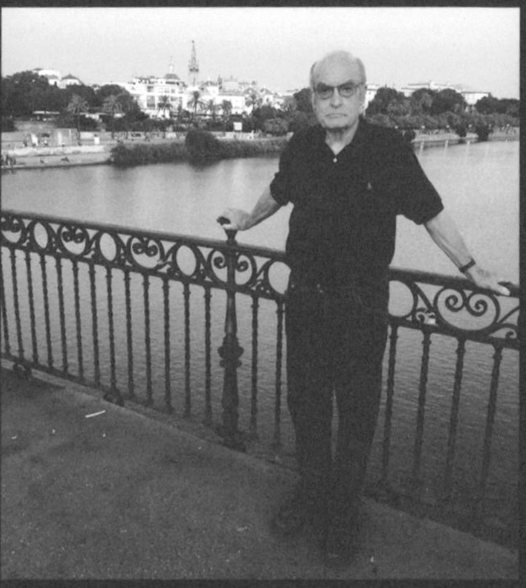

2016
En el puente de Triana, Sevilla

En la última década, Luis ha tenido
un reencuentro con su ciudad de
origen, a la que vuelve cada vez que
puede. Hay que recordar que su
madre era de Triana, un barrio al
que profesa un cariño especial.

2016
On Triana Bridge, Seville

Over this last decade, Luis has
been rediscovering Seville, the
city of his birth, and he goes
back whenever he can. It is worth
remembering that his mother was
from Triana, a neighbourhood
that he is especially fond of.

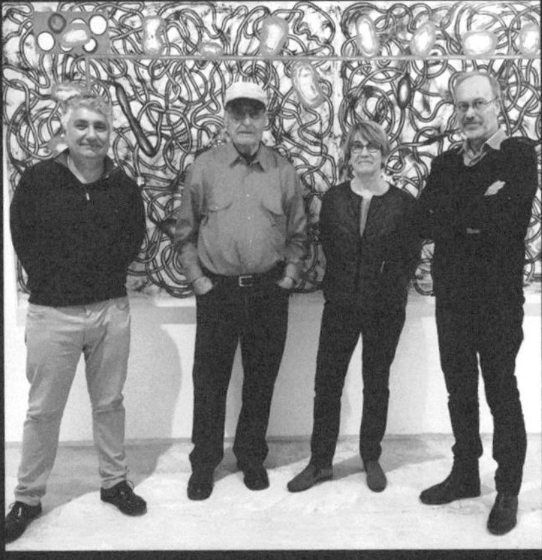

2017
Los comisarios de la exposición
Confesión general

Juan Antonio Álvarez Reyes y Santiago B. Olmo, acompañados de Ana Salaberría, directora del Koldo Mitxelena de San Sebastián, uno de los lugares a los que viajó esta antológica. También pudo verse en Sevilla, Santiago de Compostela y Granada.

2017
Curators of the exhibition
Confesión general

Juan Antonio Álvarez Reyes and Santiago B. Olmo, alongside Ana Salaberría, director of Koldo Mitxelena in San Sebastián, one of the places that this show travelled to. It also went to Seville, Santiago de Compostela and Granada.

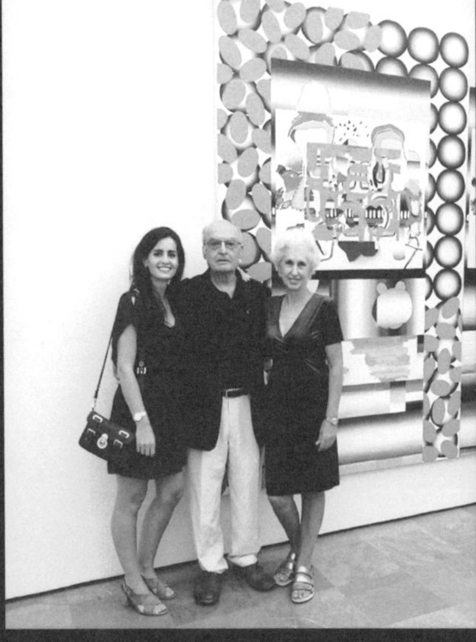

26

2017
Confesión general **en el Centro José Guerrero y la Alhambra de Granada**

Luis y Pilar acompañados por su hija Laura en Granada. La exposición se dividió en dos partes: las obras más recientes se presentaron en el palacio de Carlos V de la Alhambra y las históricas en el Centro José Guerrero, donde el proyecto contó con la complicidad de Paco Baena, director del museo.

2017
Confesión general **at the Centro José Guerrero and the Alhambra, Granada**

Luis and Pilar, with their daughter Laura, in Granada. The exhibition was split in two: the more recent works were presented in the palace of Carlos V at the Alhambra, while the older works could be seen at the Centro José Guerrero, where the project was aided by Paco Baena, the museum's director.

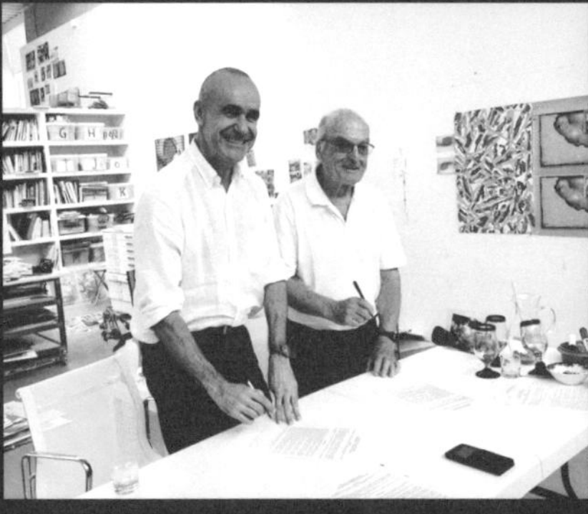

2018
Luis Gordillo y Antonio Muñoz, delegado de Cultura del Ayuntamiento de Sevilla y posteriormente alcalde, firmando el convenio de colaboración de la Fundación Luis Gordillo con el Ayuntamiento

La relación con Antonio Muñoz siempre fue de gran entendimiento y reciprocidad por ambas partes.

2018
Luis Gordillo and Antonio Muñoz, Delegate of Culture for Seville City Council and subsequently Mayor, signing the collaboration agreement between the Luis Gordillo Foundation and Seville City Council

Luis's relationship with Antonio Muñoz was always one of great understanding and reciprocity.

28

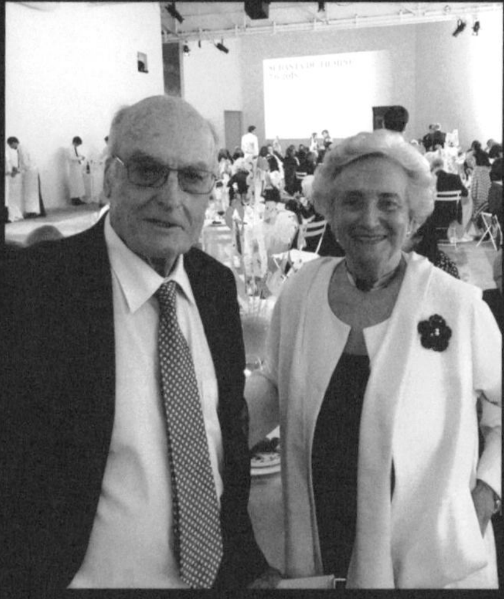

2018
Con Pilar Citoler

Además de ser una de las coleccionistas más prestigiosas de España, amiga de la familia y patrona de la Fundación Luis Gordillo junto con Luis Martínez Montiel y Manuel Borja-Villel.

2018
With Pilar Citoler

As well as being one of the most renowned collectors in Spain, Pilar Citoler is a family friend and patron of the Luis Gordillo Foundation, along with Luis Martínez Montiel and Manuel Borja-Villel.

29

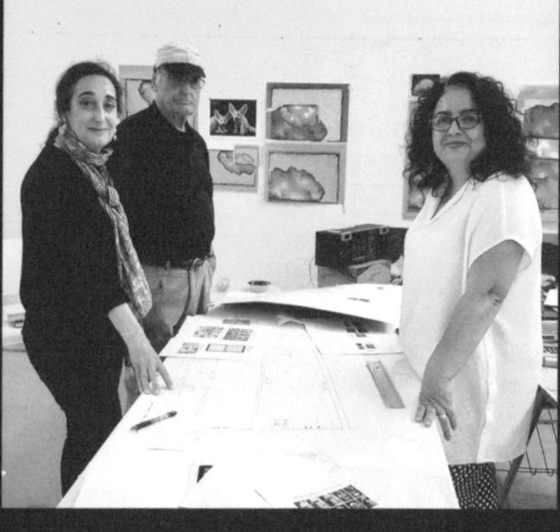

2018
Preparando la exposición *Fotoalimentación* para el MACA de Alicante junto a Rosa María Castell y Begoña Martínez Deltell

La exposición luego viajaría al Centro de Carmen de Cultura Contemporánea de Valencia de la mano de su director, José Luis Pérez Pont.

2018
Preparing the exhibition *Fotoalimentación* for MACA, Alicante, with Rosa María Castell and Begoña Martínez Deltell

The exhibition would later travel to the Centre del Carme Cultura Contemporània, Valencia, thanks to its director José Luis Pérez Pont.

30

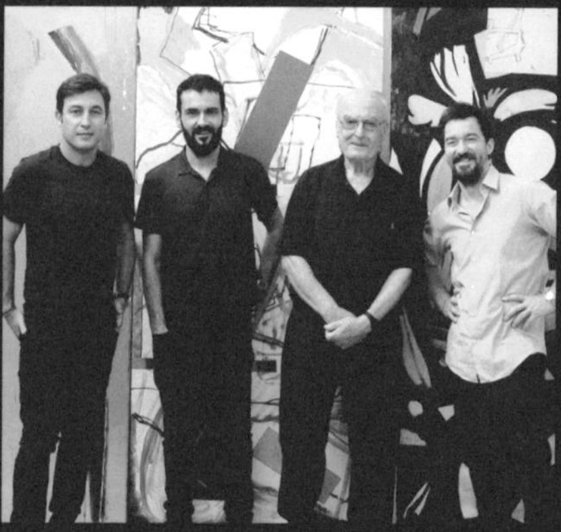

2018
Tríplex

Tríplex fue un proyecto ideado por Sema D'Acosta donde, además de presentar tres cuadros principales realizados en conjunto por Luis Gordillo, Miki Leal y Rubén Guerrero, se pusieron en diálogo sus diferentes estilos.

2019
Tríplex

Tríplex was a project devised by Sema D'Acosta where, in addition to presenting three main paintings carried out jointly by Luis Gordillo, Miki Leal and Rubén Guerrero, their different styles were put into dialogue.

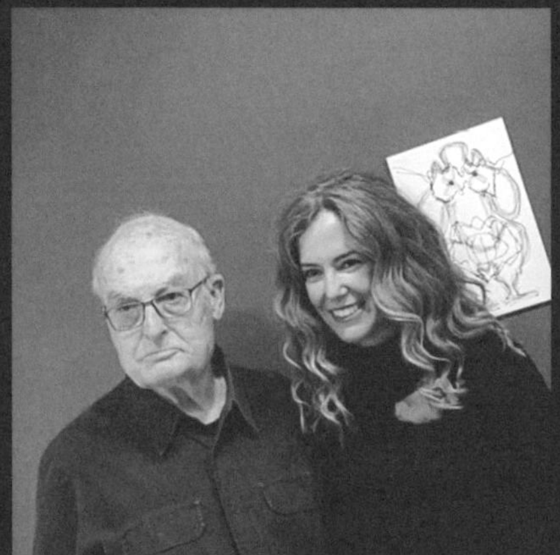

31

2019
Ganador del III Premio Catalina D'Anglade ARCOmadrid

Tras el recibimiento de este galardón, Luis Gordillo concibió junto a Catalina D'Anglade una edición de azulejos titulada *Under my skin.* Fueron realizados en Cerámicas Artísticas San Ginés de Talavera de la Reina.

2019
Winner of the 3rd Catalina D'Anglade ARCOmadrid Award

After receiving this accolade, Luis Gordillo designed, alongside Catalina D'Anglade, a set of tiles called *Under my skin*. They were produced at Cerámicas Artísticas San Ginés in Talavera de la Reina.

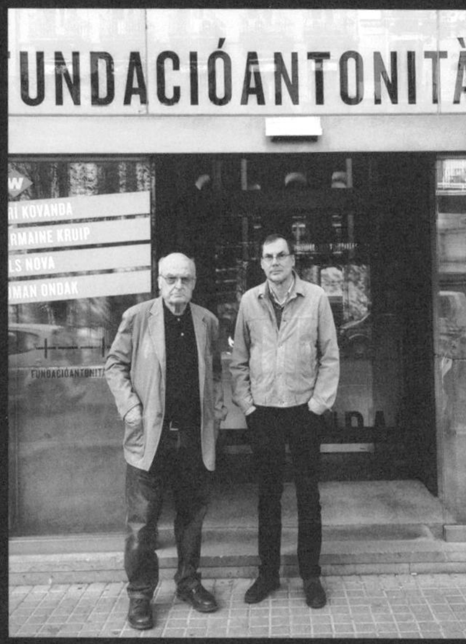

32

2019
Con Toni Tàpies en la Fundació Antoni Tàpies

Al principio de su carrera, Antoni Tàpies fue sin duda uno de los artistas de referencia de Luis Gordillo. La colaboración reciente con su hijo Toni ha sido muy gratificante.

2019
With Toni Tàpies at the Fundació Antoni Tàpies

Early on in Luis Gordillo's career, Antoni Tàpies was undoubtedly one of the artists that most inspired him. The recent collaboration with Toni Tàpies, Antoni's son, has been very gratifying.

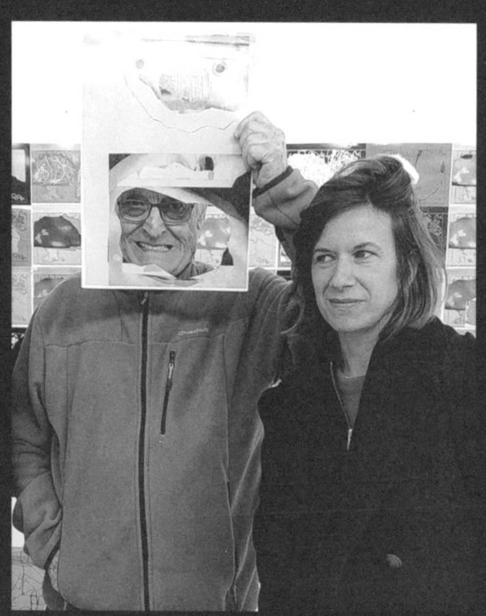

33

2020
Sesión de trabajo con Sara González, diseñadora de sus últimos libros, para preparar el catálogo de la exposición *Memorándum*

2020
Work session with Sara González, designer of Luis Gordillo's most recent books, to prepare the catalogue for the exhibition *Memorándum*

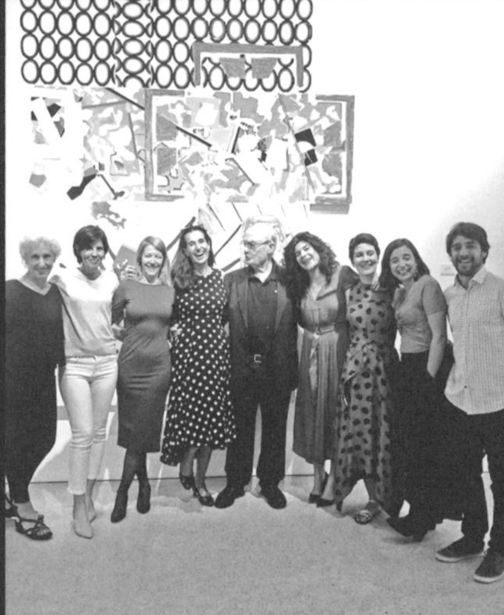

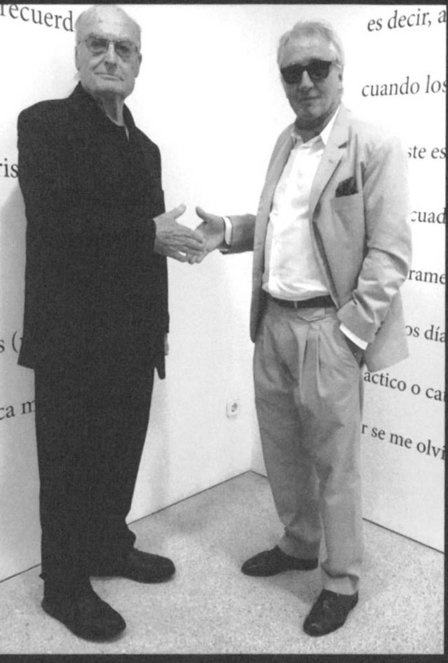

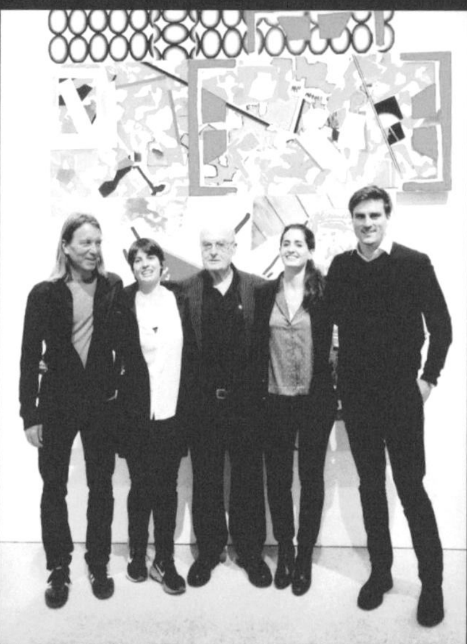

2019
Equipo de la galería Marlborough junto a Luis Gordillo y Pilar en la inauguración de la exposición *Escenografía corporal*

Marlborough, con su magnífico espacio expositivo y su gran equipo de profesionales, ha sido la galería de referencia del artista en Madrid durante muchos años.

2019
The Marlborough Gallery team, with Luis Gordillo and Pilar, at the opening of the exhibition *Escenografía corporal*

Marlborough, with its magnificent exhibition space and superb team of professionals, has been Luis Gordillo's main gallery in Madrid for many years.

2019
Con Carlos Serrano, al que le unen amistad y complicidades

Mientras ha estado activo, prácticamente hasta el año 2020, Carlos Serrano ha sido responsable de algunos de los mejores y más recordados catálogos, libros y ediciones de Luis Gordillo.

2019
With Carlos Serrano, united by friendship and understanding

While he was still working, until practically the year 2020, Carlos Serrano was responsible for some of Luis Gordillo's best and most acclaimed catalogues, books and editions.

2019
Junto a sus hijas Marta y Laura, que están acompañadas de sus respectivas parejas, Frank Waschke y Romain Richard, en la exposición de la galería Marlborough

2019
With his daughters Marta and Laura, and their respective partners Frank Waschke and Romain Richard, in the exhibition at Marlborough Gallery

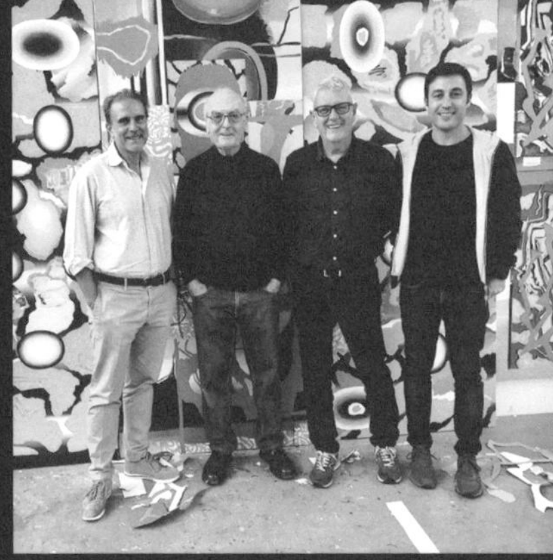

2020
Con Valentin Vallhonrat y Rafael Levenfeld, directores artísticos del Museo Universidad de Navarra de Pamplona, y el comisario Sema D'Acosta, en una visita al estudio para ultimar detalles del proyecto *Memorándum*

2020
With Valentin Vallhonrat and Rafael Levenfeld, artistic directors of the Museo Universidad de Navarra in Pamplona, and the curator Sema D'Acosta, in a studio visit to finalise details for the project *Memorándum*

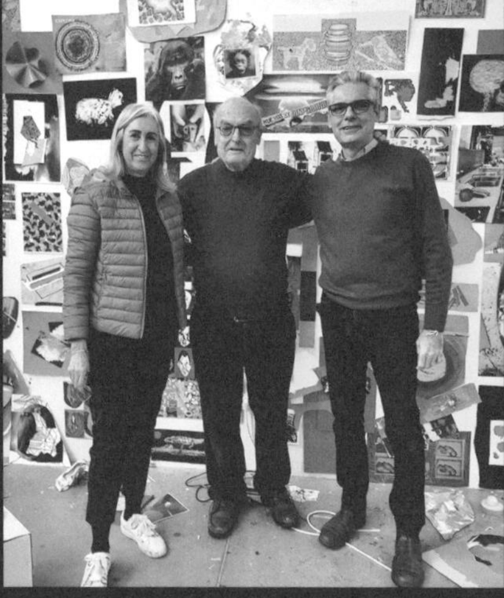

2020
A lado de Raúl y Ángeles Carreño, responsables de muchas de las ediciones recientes de Luis Gordillo, especialmente las fotográficas

2020
With Raúl and Ángeles Carreño, who have produced many of Luis Gordillo's recent print editions, especially the photographic ones

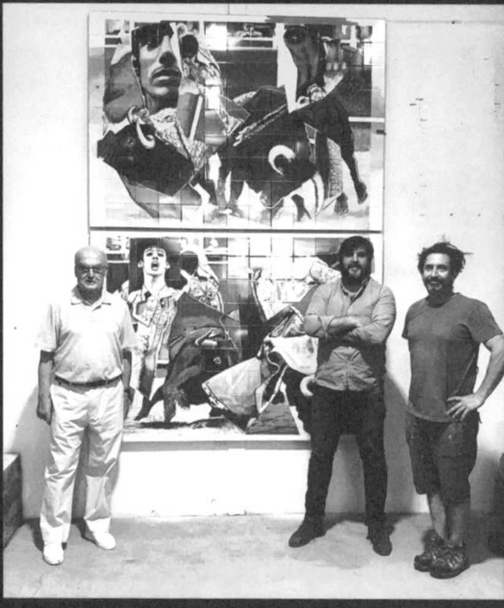

2020
En el taller de MadFaber con Miqui Guillén y Sebas Beyro, montando el mural cerámico homenaje al torero Víctor Barrio, un encargo de la Fundación José Tomás para la plaza de toros de Las Ventas

Luis Gordillo ha colaborado con ellos frecuentemente en el montaje de sus ediciones digitales.

2020
At the MadFaber workshop with Miqui Guillén and Sebas Beyro, setting up the ceramic mural in honour of the bullfighter Víctor Barrio. This project was a commission from the Fundación José Tomás for the bullring at Las Ventas, Madrid

Luis Gordillo has frequently collaborated with them in the production of his digital prints.

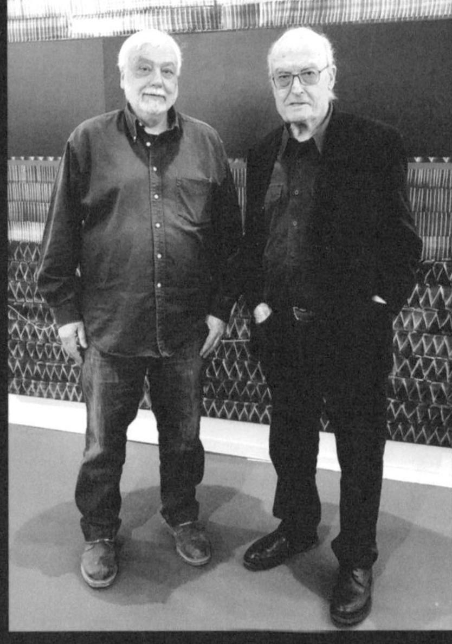

2020
Erik Kirksaether ha sido uno de los editores más destacados de Luis en el siglo XXI, tanto en obra gráfica tradicional como en digital

2020
Erik Kirksaether has been one of Luis's key publishers this century, both in terms of traditional graphic work and digital pieces

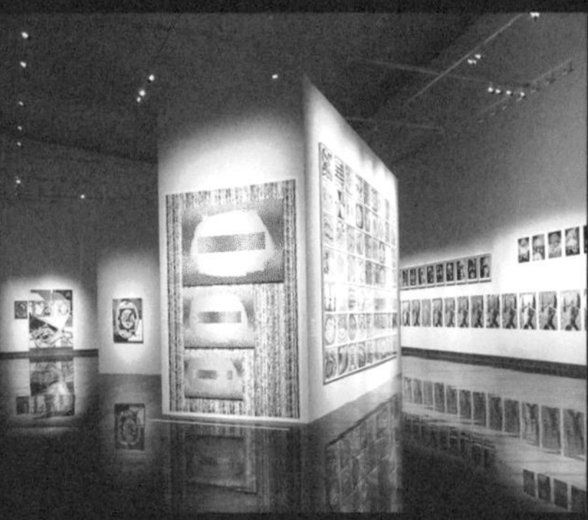

2021
Sala Cero, Museo Universidad de Navarra de Pamplona. Exposición *Memorándum*

2021
Room Cero, Museo Universidad de Navarra, Pamplona. Exhibition *Memorándum*

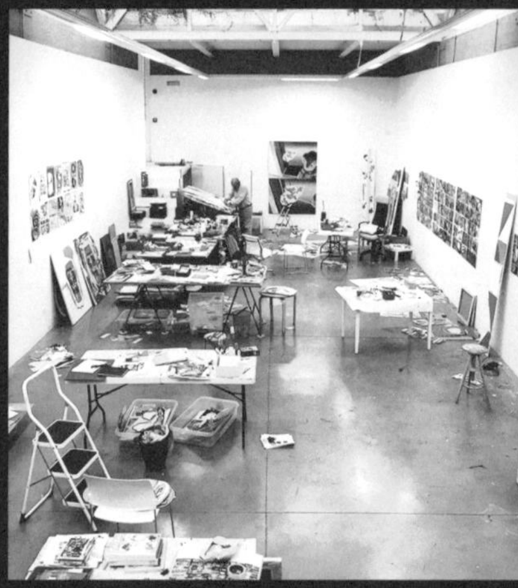

2021
Vista general del estudio

Proyecto de Iñaki Ábalos y Juan Herreros; primero de la vivienda familiar, posteriormente del estudio del artista.

2021
General studio view

Project by Iñaki Ábalos and Juan Herreros; they first designed the Gordillo family home, then the artist's studio.

43

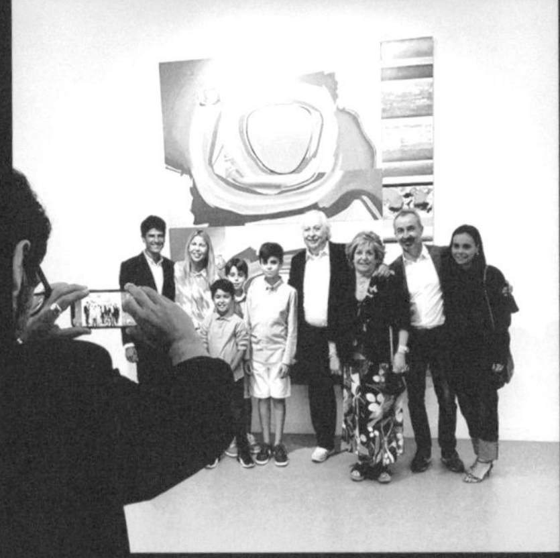

2021
Familia Tranche en la inauguración
de *Genetic Islands*, exposición de
Luis Gordillo en la Fundación
Canaria para el Desarrollo de la
Pintura de Las Palmas de Gran
Canaria

2021
The Tranche family at the
opening of *Genetic Islands*,
exhibition by Luis Gordillo
at the Fundación Canaria para
el Desarrollo de la Pintura,
Las Palmas de Gran Canaria

44

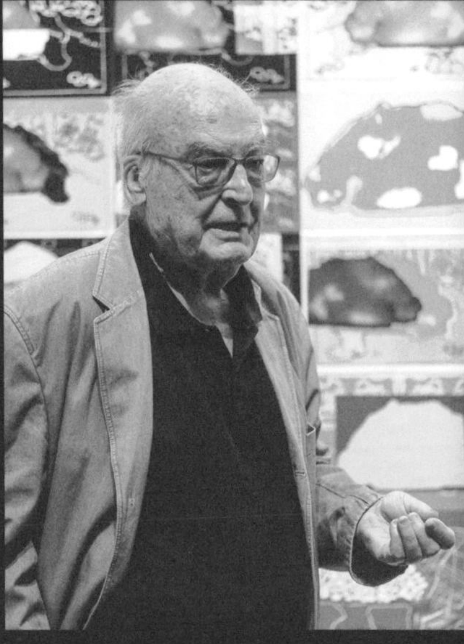

2021
Fotografía de Manuel Castells en el
Museo Universidad de Navarra de
Pamplona

Charla de Luis Gordillo en
septiembre a los patronos del
museo como cierre de la exposición
Memorándum. Fue el primer
acto público del artista tras el
confinamiento por el coronavirus.

2021
Photograph by Manuel Castells
at the Museo Universidad de
Navarra, Pamplona

Luis Gordillo giving a talk in
September, for the museum's
patrons, to mark the end of
the exhibition *Memorándum*.
It was the artist's first public
event following the coronavirus
lockdown.

45

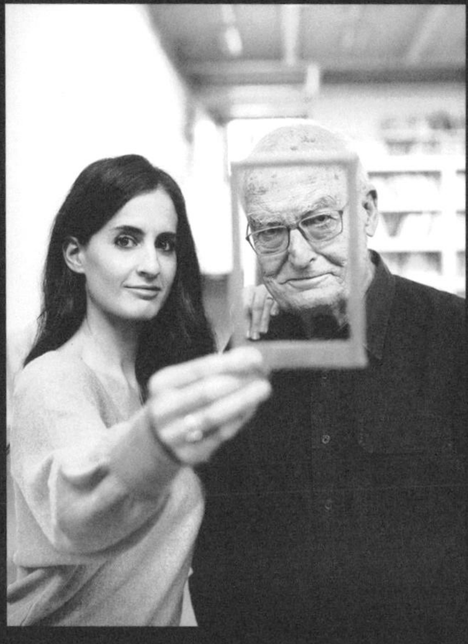

2021
Con su hija Laura posando para la
revista *Elle*

Fotografía de Ximena y Sergio para
el reportaje que publicó la revista
Elle en relación con la colaboración
de Laura y su padre en el proyecto
conjunto *Pon un Gordillo en tu vida*.

2021
With his daughter Laura, posing
for *Elle* magazine

Photograph by Ximena y Sergio,
for the feature in *Elle* magazine
about the collaboration between
Laura and her father for the joint
project *Pon un Gordillo en tu vida*.

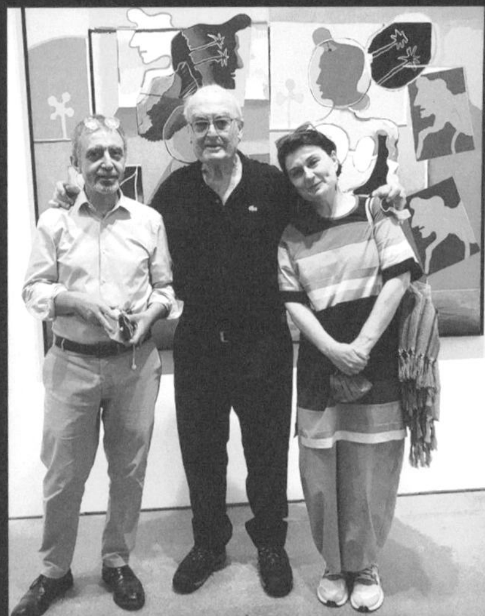

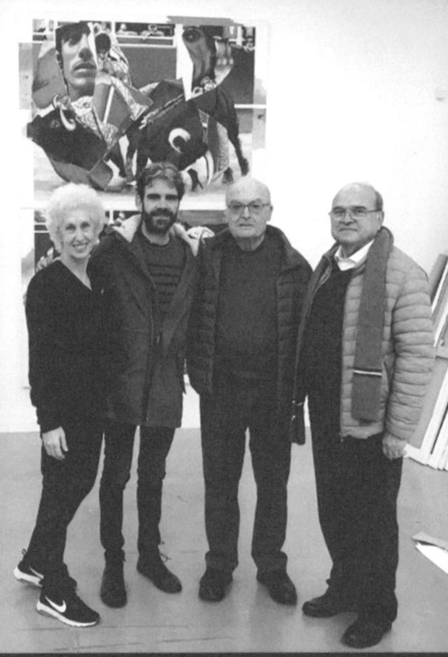

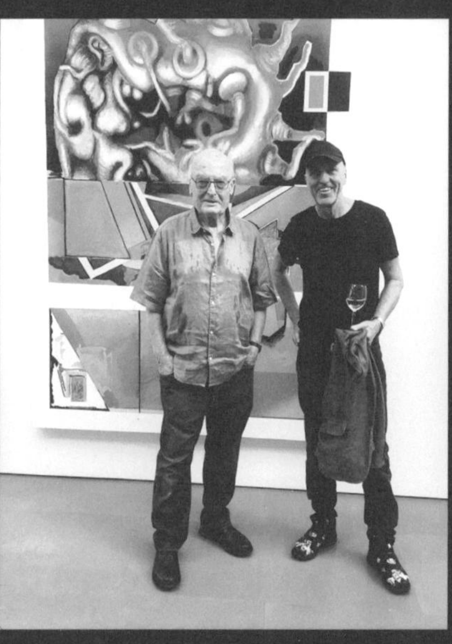

2021
Con Manuel Borja-Villel y Rosario
Peiró en la sala Luis Gordillo del
Museo Nacional Centro de Arte
Reina Sofía de Madrid, tras la
reorganización de los años setenta

2021
With Manuel Borja-Villel and
Rosario Peiró, in the Luis
Gordillo room at the Museo Reina
Sofía in Madrid, following the
reorganisation of its 1970s works

2021
En el estudio con José Tomás y
Rogelio Pérez Cano con motivo de
la colaboración de Luis Gordillo
con la Fundación José Tomás

2021
In the studio with José Tomás
and Rogelio Pérez Cano, on
the occasion of Luis Gordillo's
collaboration with the Fundación
José Tomás

2022
Albert Oehlen y Luis Gordillo en
la inauguración de la exposición
Corazonadas celebrada en la
carlier | gebauer Gallery de Berlín

2022
Albert Oehlen and Luis Gordillo,
at the opening of the exhibition
Corazonadas, held at the carlier |
gebauer gallery in Berlin

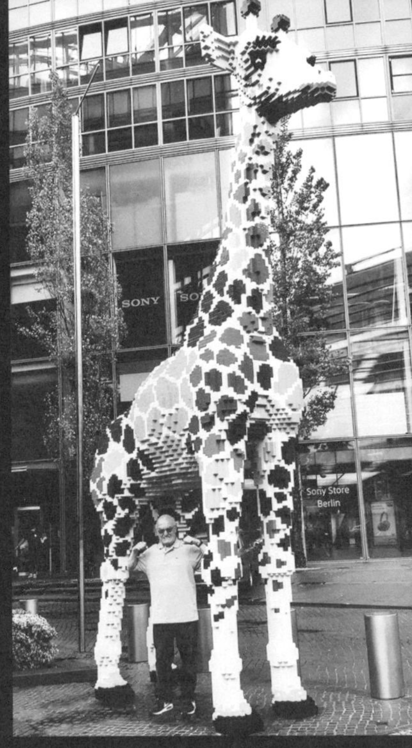

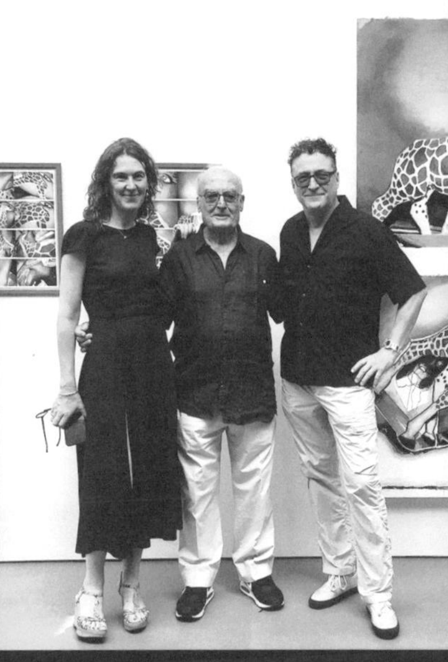

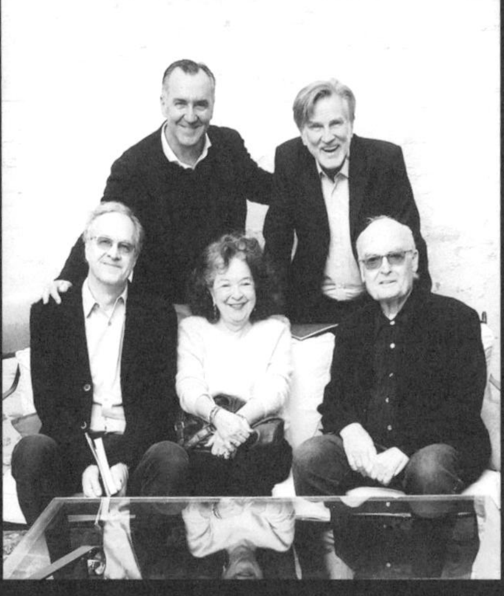

2022
Christophe y Aja Schreier, Rolf Hengesbach y Paco Pérez Valencia en Sevilla durante la inauguración de la exposición *Manicromático* en la sala Luis Gordillo del Espacio Santa Clara

Paco Pérez Valencia ha colaborado con Luis en varios proyectos expositivos, especialmente en la exposición *Iceberg Tropical* en el Museo Reina Sofía y su posterior itinerancia en el Kunstmuseum Bonn.

2022
Christophe and Aja Schreier, Rolf Hengesbach and Paco Pérez Valencia in Seville, during the opening of the exhibition *Manicromático* at the Luis Gordillo room in Espacio Santa Clara

Paco Pérez Valencia has collaborated with Luis on various exhibition projects, particularly *Iceberg Tropical* at the Museo Reina Sofía and its subsequent transfer to the Kunstmuseum Bonn.

2022
En su exposición en Berlín, escoltado por los directores de la galería alemana: Marie-Blanche Carlier y Ulrich Gebauer

2022
At the Berlin exhibition, flanked by the gallery's directors: Marie-Blanche Carlier and Ulrich Gebauer

2022
La jirafa de Berlín

En uno de sus paseos por la ciudad, el artista se encuentra una jirafa de Lego y se queda fascinado. Curiosamente, es uno de los motivos recurrentes de su exposición en carlier | gebauer y lo será en el 2023 en la Sala Alcalá 31 de Madrid.

2022
The Berlin Giraffe

During one of his walks around the city, the artist comes across a Lego giraffe, which he finds captivating. Curiously enough, the giraffe is one of the recurring motifs in his exhibition at carlier | gebauer, and it will be seen again in 2023 at Sala Alcalá 31, Madrid.

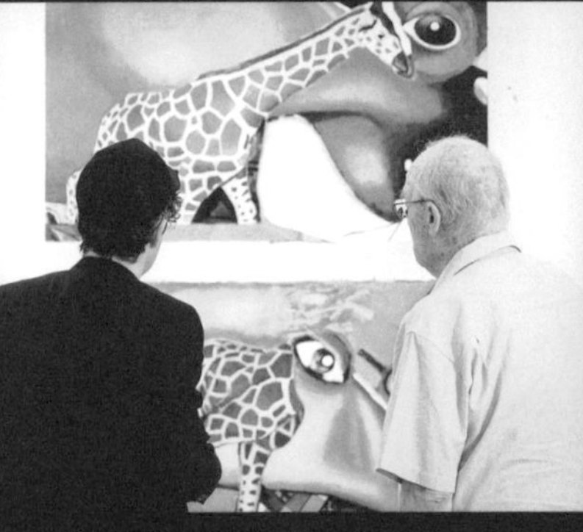

2022
Conversando sobre pintura con Secundino Hernández

Fotografía de Rafael Trapiello.

2022
Talking about painting, with Secundino Hernández

Photograph by Rafael Trapiello.

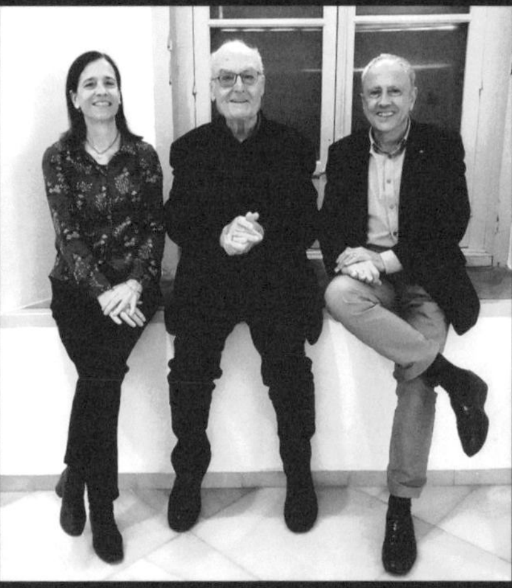

2022
Con Rafael Ortiz y Rosalía Benítez

Desde los años ochenta, Luis mantiene una colaboración estrecha con la galería Rafael Ortiz de Sevilla, una relación que se mantiene después de casi cuatro décadas.

2022
With Rafael Ortiz and Rosalía Benítez

Since the 1980s, Luis has had a close relationship with the Galería Rafael Ortiz in Seville. This relationship is still going strong, almost four decades later.

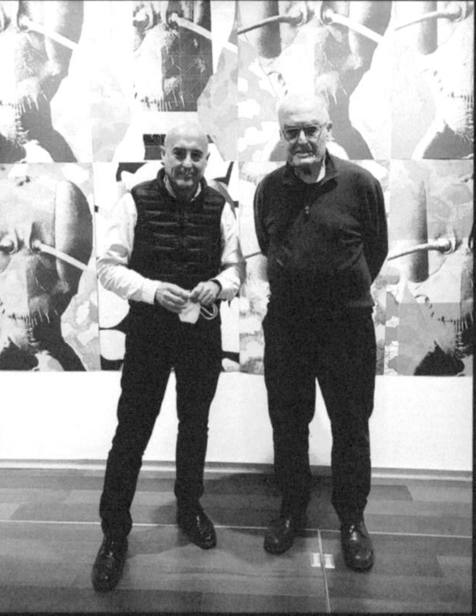

2022
Luis Martínez Montiel, comisario de la exposición *Manicromático* presentada en el Espacio Santa Clara de Sevilla

Tanto Pilar como Gordillo mantienen con Luis M. Montiel una relación profesional y personal de gran entendimiento y aprecio.

2022
With Luis Martínez Montiel, curator of the exhibition *Manicromático*, at the Espacio Santa Clara, Seville

Both Pilar and Gordillo have a very close and trusting relationship with Luis M. Montiel, on the professional and personal level.

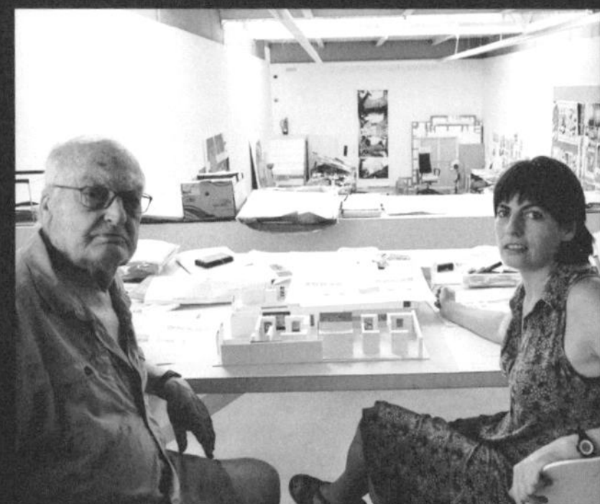

2023
Con su hija Marta trabajando en el diseño expositivo de *dime quién eres Yo* para la Sala Alcalá 31

2023
With his daughter Marta, working on the exhibition design of *who are I, tell me* for Sala Alcalá 31

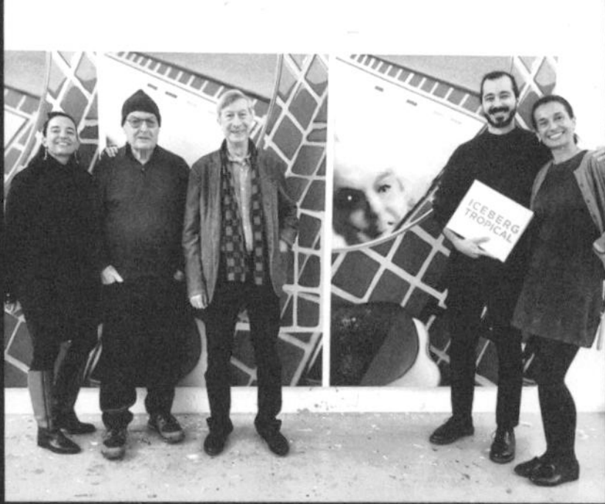

2023
En el estudio con los responsables de la galería Marlborough

Visita al estudio de Tiago de Abreu Pinto, Anne Barthe, Claudia Manzano y el crítico de arte Mariano Navarro antes de la exposición *¡EspEren! ¡peRmanezcan Atentos!*

2023
In the studio, with the Marlborough Gallery team

Studio visit with Tiago de Abreu Pinto, Anne Barthe, Claudia Manzano and art critic Mariano Navarro, before the exhibition *¡EspEren! ¡peRmanezcan Atentos!*

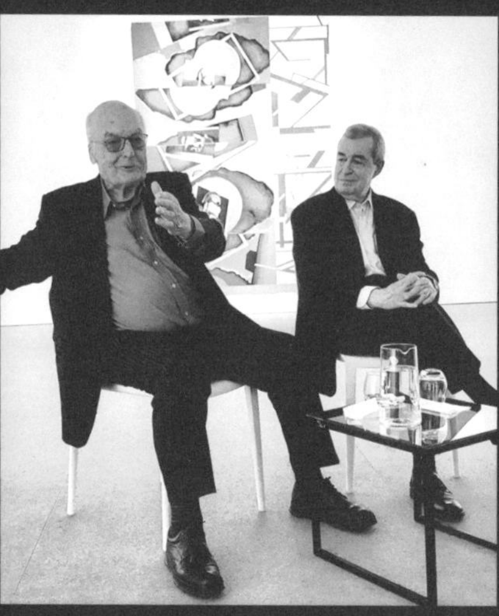

2023
En la galería Marlborough durante una charla con José Jiménez

Jiménez ha escrito importantes textos sobre el trabajo de Gordillo y comisariado varias exposiciones suyas junto con Isabel Durán.

2023
At the Marlborough Gallery, during a talk with José Jiménez

Jiménez has written some key texts on the work of Gordillo, and, alongside Isabel Durán, he has curated several of the artist's exhibitions.

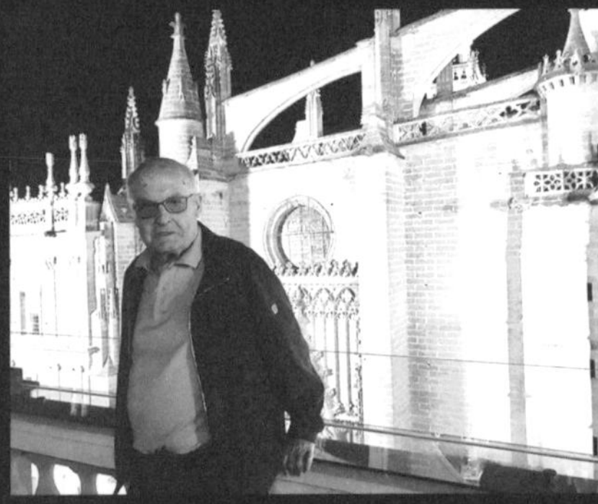

2023
De visita en Sevilla con la catedral
de fondo

2023
On a trip to Seville, with the
cathedral in the background

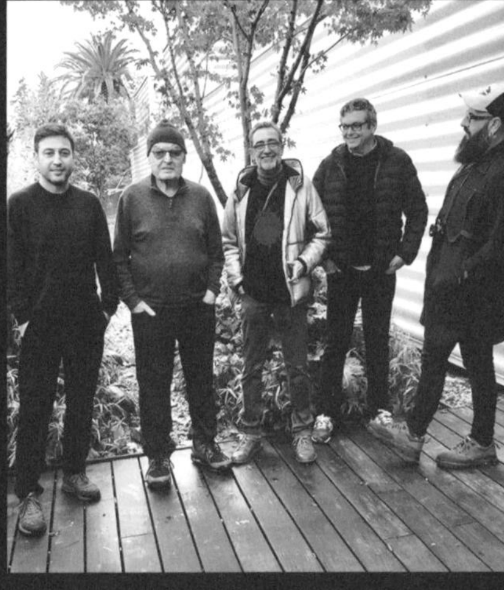

2023
**Equipo de rodaje del documental
*Luis Gordillo: manual de
instrucciones***

Productor: Ángel Tirado. Directores:
Sema D'Acosta y Antonio García-
Jiménez. Director de fotografía:
Antonio Galisteo.

2023
Crew of the documentary
film *Luis Gordillo: manual de
instrucciones*

Producer: Ángel Tirado.
Directors: Sema D'Acosta
and Antonio García-Jiménez.
Director of photography: Antonio
Galisteo.

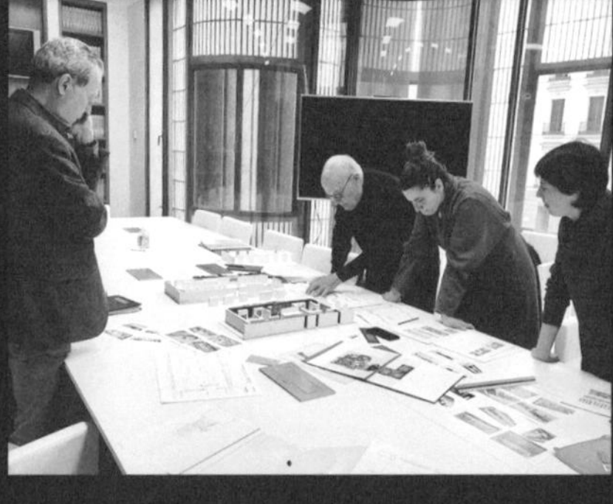

2023
Preparando la exposición *dime
quién eres Yo*

Reunión de trabajo con Bea Espejo,
la comisaria, Juan Pablo Frade
y Marta Rodríguez para definir
cuestiones museográficas de la
exposición de Alcalá 31.

2023
Preparing the exhibition *who are I,
tell me*

Work meeting with Bea Espejo,
the curator, Juan Pablo Frade and
Marta Rodríguez, to finalise details
for the exhibition at Alcalá 31.

Edición 1/1
Colección Luis Gordillo
Producción: Movol

Colectivo Zapp A, B, 2010
120 × 90 cm c/u
Impresión digital en papel Somerset
Edición de 3 ejemplares
Colección Luis Gordillo
Producción: Franja fotográfica

Resucitando doble, 2013
106 × 142 cm
Impresión digital en papel
fotográfico
Edición de 3 ejemplares
Colección Luis Gordillo
Producción: Franja fotográfica

Cabezoides A, B, C, D, E, 2018
115 × 83,5 cm c/u
Impresión digital en papel
Hahnemühle
Edición de 2 ejemplares
Colección Luis Gordillo
Producción: Erik Kirksaether

Soñando, 2018
69 × 49 cm
Técnica mixta sobre cartulina
Colección Luis Gordillo
Foto cedida por la Colección Luis
Gordillo / Fotografía: Manuel Blanco

Transmigración de almas A, 2020
Tríptico, 126 × 325 cm
Impresión UVI sobre dibond y
bastidor de metal con acabado
encerado
Edición de 5 ejemplares
Colección Luis Gordillo
Producción: Madfaber
Foto cedida por la Colección Luis
Gordillo / Fotografía: Manuel Blanco

Nubes de tierra A y B, 2020
Políptico, 201 × 220 cm c/u
Acrílico sobre lienzo
Colección Luis Gordillo
Foto cedida por la Colección Luis
Gordillo / Fotografía: Manuel Blanco

Narrativa alargada, 2020
60 × 43 cm c/u
6 fotografías digitales
Edición de 3 ejemplares
Colección Luis Gordillo
Producción: Erik Kirksaether

Jirafa 2, 2021
Díptico, 140 × 100 cm c/u
Acrílico sobre lona impresa
Colección Luis Gordillo
Producción: Raúl Carreño

Refracciones-refractivas, 2019
Tríptico, 150 × 386 cm
Impresión UVI sobre dibon
encerado con bastidor de aluminio
Edición de 3 ejemplares
Colección Luis Gordillo
Producción: Madfaber
Foto cedida por la Colección Luis
Gordillo / Fotografía: Manuel Blanco

J+C (jirafas + caballos), 2021
220 × 233 cm
Acrílico sobre lienzo y 2 fotografías
enmarcadas
Colección Luis Gordillo
Foto cedida por la Colección Luis
Gordillo / Fotografía: Manuel Blanco

ROBOT: ¡Electrízame!, 2021-2022
200 × 225 cm
Acrílico sobre lienzo
Colección Luis Gordillo. Cortesía
carlier | gebauer, Berlín
Foto cedida por la Colección Luis
Gordillo / Fotografía: Manuel Blanco

RATÓN: ¡No gravity!, 2021-2022
200 × 225 cm
Acrílico sobre lienzo
Colección Luis Gordillo. Cortesía
carlier | gebauer, Berlín
Foto cedida por la Colección Luis
Gordillo / Fotografía: Manuel Blanco

Director de orquesta vertical,
2023
264 × 140 cm

Impresión digital sobre tela y
acrílico
Colección Luis Gordillo
Producción: Raúl Carreño

Director de orquesta, 2022
Tríptico, 105 × 149 cm c/u

Impresión digital con tintas UVI
sobre dibond y bastidor de
aluminio con acabado encerado
Edición de 2 ejemplares
Colección Luis Gordillo
Producción: Madfaber
Foto cedida por la Colección Luis
Gordillo / Fotografía: Manuel Blanco

Naufragio, 2020
75 × 57 cm c/u
18 fotografías. Impresión digital
en papel Canson Platine
Edición de 3 ejemplares
Colección Luis Gordillo
Foto cedida por la colección
Luis Gordillo / Fotografía: Erik
Kirksaether

Materia TIEMPO: narrativa, 2023
272 × 900 cm
Técnica mixta y *collage* montado
sobre paneles de madera
Colección Luis Gordillo
Foto cedida por la Colección Luis
Gordillo / Fotografía: Manuel Blanco

Camellos en la piscina A, B,
2020-2023
41 × 29,5 cm c/u
Técnica mixta sobre papel
Colección Pilar Linares
Foto encargada por la Comunidad
de Madrid / Fotografía de Manuel
Blanco y Alejandro Amador

Colouring Book, 2016
29,9 × 21,4 cm c/u
Collage y dibujo sobre 29 hojas
de cuaderno infantil
Colección Pilar Linares. Cortesía
La Caja Negra
Foto cedida por la Colección Pilar
Linares / Fotografía: Manuel Blanco

Pp. 34–35

Chromatic Martyrology, 2006
Polyptych of 5 pieces, 220 × 100 cm
each (300 × 490 cm, complete work)
Acrylic on canvas and microperfo-
rated plastic sheet with digital print
Museo Nacional Centro de Arte
Reina Sofía, Madrid
Photograph from the Photographic
Archive of the Museo Nacional
Centro de Arte Reina Sofía

P. 37

Elastic Perspective A, 1998
250 × 198 cm
Acrylic on canvas
Mariano Yera Collection
Photograph courtesy of Mariano
Yera Collection / Photograph
from the Mariano Yera Collection

Pp. 38–39

Perspective by Adherence, 1998
Diptych, 250 × 257 cm
Acrylic on canvas
Luis Gordillo Collection
Photograph courtesy of Luis
Gordillo Collection / Photograph
by Antonio Zafra

Pp. 40–41

The Compasses with No Appetite,
2000
196.8 × 233 × 4 cm (horizontal
piece) and 232.7 × 99.4 × 4 cm
(vertical piece)
Acrylic on canvas
Colección de Arte Fundación
Mediterráneo. Held at the Museo
de Arte Contemporáneo de
Alicante (MACA)
Photograph commissioned by the
Regional Government of Madrid
/ Photograph by Manuel Blanco
and Alejandro Amador

P. 42

Recording Toadsong, 2000
196 × 233 cm
Acrylic on canvas
Private collection
Photograph acquired by the
Regional Government of Madrid,
from Rafael Trapiello

P. 43

Recording Frogsong, 2000
196 × 233 cm

Acrylic on canvas
Luis Gordillo Collection
Photograph courtesy of Luis
Gordillo Collection / Photograph
by Antonio Zafra

P. 45

Darwin in the Lift, 2002
248 × 192 cm
Acrylic on canvas
Luis Gordillo Collection
Photograph courtesy of Luis
Gordillo Collection / Photograph
by Manuel Blanco

Pp. 46–47, 48–49 (detail)

The Oyster Factory, 2007
Triptych, 220 × 430 cm
Acrylic on canvas
Luis Gordillo Collection
Photograph courtesy of Luis
Gordillo Collection / Photograph
by Manuel Blanco

Pp. 50–51

Sterilised Trash Factory, 2007
Polyptych, 220 × 430 cm
Acrylic on canvas
Luis Gordillo Collection
Photograph courtesy of Luis
Gordillo Collection / Photograph
by Manuel Blanco

Pp. 52–53

Ovarian Capitalism, 2004-06
Polyptych, 220 × 394 cm
Acrylic on canvas
Luis Gordillo Collection
Photograph courtesy of Luis
Gordillo Collection / Photograph
by Manuel Blanco

Pp. 54–55

Garry Winogrand in the Sixties,
2008
Polyptych, 220 × 504 cm
Acrylic on canvas
Luis Gordillo Collection
Photograph courtesy of Luis
Gordillo Collection / Photograph
by Manuel Blanco

Pp. 56–57

Lee Friedlander in the Sixties, 2008
Polyptych, 220 × 504 cm
Acrylic on canvas
Luis Gordillo Collection
Photograph courtesy of Luis

Gordillo Collection / Photograph
by Manuel Blanco

Pp. 58–59

Focusing-Defocusing, 2017
Triptych, 220 × 245 cm
Acrylic on canvas
Luis Gordillo Collection
Photograph courtesy of Luis
Gordillo Collection / Photograph
by Manuel Blanco

Pp. 60–61

Marilyn Ascending, 2018-19
Triptych, 220 × 264 cm
Acrylic on canvas
Luis Gordillo Collection
Photograph courtesy of Luis
Gordillo Collection / Photograph
by Manuel Blanco

P. 63

Objectual Abstraction, 2018
Diptych, 312 × 221 cm
Acrylic on canvas
Luis Gordillo Collection
Photograph courtesy of Luis
Gordillo Collection / Photograph
by Manuel Blanco

P. 64

Landscape in Patches, 2018
Diptych, 312 × 221 cm
Acrylic on canvas
Allegra Arts, S.L.U.
Photograph courtesy of the artist
/ Photograph by Manuel Blanco

P. 67, cover

Bear Infinitive, 2021
190 × 173 cm
Acrylic on canvas
Luis Gordillo Collection.
Courtesy of carlier | gebauer Berlin
Photograph courtesy of Luis
Gordillo Collection / Photograph
by Manuel Blanco

Pp. 68–69

CHOIR (four mixed voices), 2023
29.7 × 21 cm each
Mixed media on paper
Pilar Linares Collection
Photograph commissioned by the
Regional Government of Madrid
/ Photograph by Manuel Blanco
and Alejandro Amador

P. 71

Reasoned Zoology, 2020
256 × 198 cm
Acrylic on canvas
Luis Gordillo Collection.
Courtesy of Marlborough Gallery
Photograph courtesy of Luis
Gordillo Collection / Photograph
by Manuel Blanco

P. 73

Solid Time. Thing Time, 2021-22
220 × 160 cm
Acrylic on canvas
Luis Gordillo Collection
Photograph courtesy of Luis
Gordillo Collection / Photograph
by Manuel Blanco

Pp. 74–75

*It Was a Happily Ascending
Dynamic*, 2021
Diptych, 180 × 260 cm
Acrylic on canvas
Luis Gordillo Collection
Courtesy of carlier | gebauer, Berlin
Photograph courtesy of Luis
Gordillo Collection / Photograph
by Manuel Blanco

P. 77

Do Not Know, No Answer, 2015
Diptych, 220 × 155 cm
Acrylic on canvas
Luis Gordillo Collection
Photograph courtesy of Luis
Gordillo Collection / Photograph
by Manuel Blanco

Pp. 78–79, 80–81 (detail)

Situations, 2014
50 × 70 cm each
8 photographs on photo rag
baryta paper
Edition 1/1
Pilar Linares Collection
Production by Movol/Raúl
Carreño

Pp. 82–83

Payseyes Triptych 2, 2015
160.72 × 333 cm
Digital photographs on
Hahnemühle canvas with mineral
pigments, subsequently modified
with acrylic paint and mounted
onto frames
Edition of 5 copies

Luis Gordillo Collection
Production by Raúl Carreño

Pp. 84–85

Arborescent Geometry, 2007
Polyptych, 220 × 224 cm
Modified photographs and mixed
media on canvas
Luis Gordillo Collection
Photograph courtesy of Luis
Gordillo Collection / Photograph

Pp. 86–87

3x12, 2003
49.5 × 35.5 cm each
36 digital photographs on aluminum frame with methacrylate
Edition 1/1
Luis Gordillo Collection
Production by Movol

Pp. 88–89

Zapp Collective A, B, 2010
120 × 90 cm each
Digital print on Somerset paper
Edition of 3 copies
Luis Gordillo Collection
Production by Franja fotográfica
Photograph courtesy of Luis
Gordillo Collection / Photograph
by Manuel Blanco

P. 91

Double Resuscitating, 2013
106 × 142 cm
Digital print on photo paper
Edition of 3 copies
Luis Gordillo Collection
Production by Franja fotográfica

Pp. 92–96

Headz A, B, C, D, E, 2018
115 × 83.5 cm each
Digital print on Hahnemühle
cotton paper
Edition of 2 copies
Luis Gordillo Collection
Production by Erik Kirksaether

P. 97

Dreaming, 2018
69 × 49 cm
Mixed media on cardboard
Luis Gordillo Collection
Photograph courtesy of Luis
Gordillo Collection / Photograph
by Manuel Blanco

Pp. 98–99

Transmigration of Souls A, 2020
Triptych, 126 × 325 cm
UV print on Dibond and metal
frame with waxed finish
Edition of 5 copies
Luis Gordillo Collection
Production by Madfaber
Photograph courtesy of Luis
Gordillo Collection / Photograph
by Manuel Blanco

Pp. 100–101

Cloud of Land A, B, 2020
Polyptych, 201 × 220 cm each
Acrylic on canvas
Luis Gordillo Collection
Photograph courtesy of Luis
Gordillo Collection / Photograph
by Manuel Blanco

P. 102

Elongated Narrative, 2020
60 × 43 cm each
6 digital photographs
Edition of 3 copies
Luis Gordillo Collection
Production by Erik Kirksaether

P. 103

Giraffe 2, 2021
Diptych, 140 × 100 cm each
Acrylic on sheet with digital print
Luis Gordillo Collection
Production by Raúl Carreño

Pp. 104–105

Refractions-Refractive, 2019
Triptych, 150 × 386 cm
UV print on waxed Dibond with
aluminum frame
Edition of 3 copies
Luis Gordillo Collection
Production by Madfaber
Photograph courtesy of Luis Gor-
dillo Collection / Photograph by
Manuel Blanco

Pp. 106–107

G+H (Giraffes + Horses), 2021
220 × 233 cm
Acrylic on canvas and two
framed photographs
Luis Gordillo Collection
Photograph courtesy of Luis
Gordillo Collection / Photograph
by Manuel Blanco

P. 109

ROBOT: Electrify Me!, 2021-22
200 × 225 cm
Acrylic on canvas
Luis Gordillo Collection.
Courtesy of carlier | gebauer, Berlin
Photograph courtesy of Luis
Gordillo Collection / Photograph
by Manuel Blanco

P. 111

MOUSE: No Gravity!, 2021-22
200 × 225 cm
Acrylic on canvas
Luis Gordillo Collection.
Courtesy of carlier | gebauer, Berlin
Photograph courtesy of Luis
Gordillo Collection / Photograph
by Manuel Blanco

P. 113

Vertical Orchestra Conductor,
2023
264 × 140 cm
Digital print on canvas and acrylic
Luis Gordillo Collection
Production by Raúl Carreño

Pp. 114–115

Orchestra Conductor, 2022
Triptych, 105 × 149 cm each
Digital print with UV inks,
dibond and aluminum frame with
waxed finish
Edition of 2 copies
Luis Gordillo Collection
Production by Madfaber
Photograph courtesy of Luis
Gordillo Collection / Photograph
by Manuel Blanco

Pp. 116–117

Sinking, 2020
75 × 57 cm each
18 photographs in digital print on
Canson Platine paper
Edition of 3 copies
Luis Gordillo Collection
Photograph courtesy of Luis
Gordillo Collection / Photograph
by Erik Kirksaether

Pp. 118–119

TIME Matter: Narrative, 2023
272 × 900 cm
Mixed media and collage on
wood panels
Luis Gordillo Collection

Photograph courtesy of Luis
Gordillo Collection / Photograph
by Manuel Blanco

Pp. 121–128

Camels in the Swimming Pool A, B,
2020-23
41 × 29.5 cm each
Mixed media on paper
Pilar Linares Collection
Photograph commissioned by the
Regional Government of Madrid
/ Photograph by Manuel Blanco
and Alejandro Amador

Pp. 131–138

Colouring Book, 2016
29.9 × 21.4 cm each
Collage and drawing on 29 pages
of a children's book
Pilar Linares Collection.
Courtesy of La Caja Negra
Photograph courtesy of Pilar
Linares Collection / Photograph
by Manuel Blanco

LUIS GORDILLO

who are I, tell me   dime quién eres Yo

Sala Alcalá 31
C/ Alcalá, 31, 28014 Madrid

27 de septiembre de 2023 – 14 de enero de 2024
Esta exposición es un proyecto de la Dirección General
de Promoción Cultural, de la Consejería de Cultura, Turismo
y Deporte de la Comunidad de Madrid

27 September 2023 – 14 January 2024
This exhibition is a project by the General Directorate for
Cultural Promotion, within the Department of Culture,
Tourism and Sport of the Regional Government of Madrid

COMUNIDAD DE MADRID
MADRID REGIONAL GOVERNMENT

PRESIDENTA, PRESIDENT
 Isabel Díaz Ayuso

CONSEJERO DE CULTURA, TURISMO Y DEPORTE
REGIONAL MINISTER FOR CULTURE, TOURISM
AND SPORT
 Mariano de Paco Serrano

VICECONSEJERO DE CULTURA, TURISMO Y DEPORTE
DEPUTY REGIONAL MINISTER FOR CULTURE,
TOURISM AND SPORT
 Daniel Martínez Rodríguez

DIRECTOR GENERAL DE PROMOCIÓN CULTURAL
GENERAL DIRECTOR FOR CULTURAL PROMOTION
 Gonzalo Cabrera Martín

SUBDIRECTORA GENERAL DE BELLAS ARTES
DEPUTY GENERAL DIRECTOR FOR FINE ARTS
 Asunción Cardona Suanzes

ASESORA DE ARTE, FINE ARTS ADVISOR
 Tania Pardo Pérez

EXPOSICIÓN, EXHIBITION

COMISARIA, CURATOR
 Bea Espejo

RESPONSABLE DE EXPOSICIONES TEMPORALES
HEAD OF TEMPORARY EXHIBITIONS
 Alicia Nieto Fernández

COORDINACIÓN GENERAL SALA ALCALÁ 31
GENERAL MANAGER, SALA ALCALÁ 31
 Julia Moñino Fernández

COMUNICACIÓN, COMMUNICATION
 María Jesús Cabrera Bravo

PROGRAMAS PÚBLICOS, PUBLIC PROGRAMMES
 Macu Ledesma Cid

DISEÑO DE MONTAJE, EXHIBITION DESIGN
 Frade Arquitectos S.L.
 Marta Rodríguez Luxán

CONSERVACIÓN, CONSERVATION
 TEKNE Conservación y Restauración, S.L.

MONTAJE, SET-UP
 Arteria Logística del Arte S.L.

ILUMINACIÓN, LIGHTING
 Intervento

TRANSPORTE, TRANSPORT
 Hasenkamp Relocation Services Spain S.L.

SEGURO, INSURANCE
 Premium Quality Investments/Hiscox

CATÁLOGO, CATALOGUE

EDICIÓN, PUBLISHER
Turner

TEXTOS, TEXTS
Bea Espejo
Chus Martínez
Luis Gordillo
Sema D'Acosta (Biografía / Biography)

DISEÑO GRÁFICO, GRAPHIC DESIGN
Happening Estudio / Sara González

EDICIÓN, EDITORS
Laura Badsey (Turner)
Laura Estévez (Turner)
Marta Rodríguez Luxán (Antipoemas / Antipoems)

TRADUCCIÓN, TRANSLATION
George Hutton

FOTOGRAFÍAS, PHOTOGRAPHS
Archivo Fotográfico Museo Nacional Centro de Arte
Reina Sofía, Alejandro Amador, Manuel Blanco,
Raúl Carreño, Manuel Castells, Franja fotográfica,
Damián González, Hubertus von Hohenlohe,
Erik Kirksaether, Pilar Linares, Movol, Pablo
Pérez-Mínguez, Lluc Queralt, Jordi Socías,
Rafael Trapiello, Ximena y Sergio, Antonio Zafra

PRODUCCIÓN, PRODUCTION
María José Fresneda (Turner)
Artes Gráficas Palermo

ISBN TURNER: 978-84-19539-08-3
ISBN COMUNIDAD DE MADRID: 978-84-45140-67-3
DL: M-26945-2023

© De esta edición: Turner y Comunidad de Madrid, 2023
© De los textos: sus autores
© De las reproducciones autorizadas: Luis Gordillo © VEGAP,
Madrid, 2023

© of this edition: Turner and Regional Government of
Madrid, 2023
© of the texts: the authors
© of the authorised reproductions: Luis Gordillo © VEGAP,
Madrid, 2023

AGRADECIMIENTOS, ACKNOWLEDGEMENTS

Nuestro agradecimiento a todas las instituciones,
colecciones privadas, galerías y personas que han hecho
posible este proyecto:

We would like to thank all the institutions, private
collections, galleries and other people who have made
this project possible:

Museo Nacional Centro de Arte Reina Sofía, Madrid
Fundación Mediterráneo
Colección Mariano Yera
Allegra Arts, S.L.U.
MACA, Museo de Arte Contemporáneo de Alicante
Carlos Figueroa Matus (asistente, Estudio Luis Gordillo)

Nuestro especial agradecimiento a Pilar Linares por su
dedicación y apoyo en la consecución de esta publicación.
Sin ella, este libro no habría sido posible.

We would like to give a very special thanks to Pilar Linares
for her dedication and support in achieving this publication.
This book would not have been possible without her.

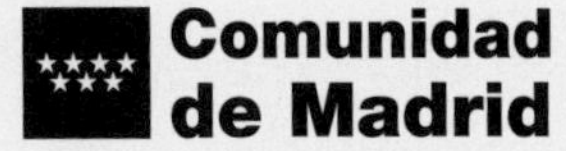
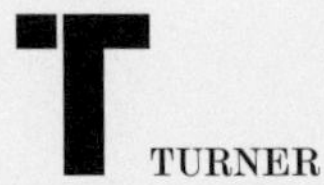
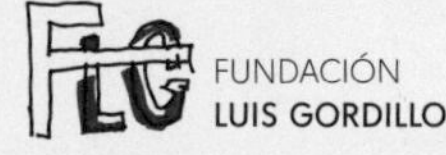

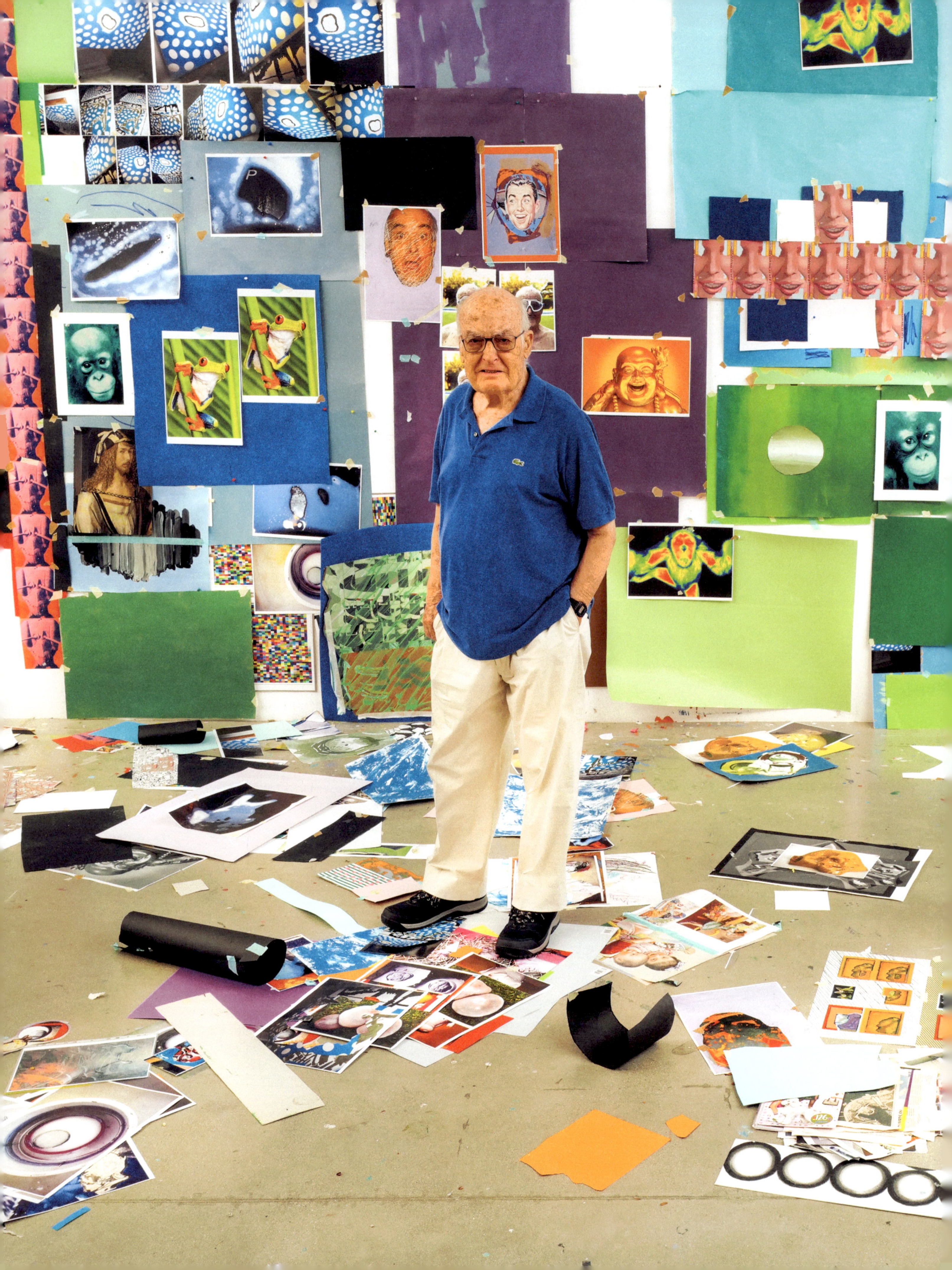